Patricia Gucci

In Guccis Namen

Patricia Gucci

In Guccis Namen

Eine Familiengeschichte von Liebe und Verrat

Unter Mitwirkung von Wendy Holden

Aus dem Englischen
von Judith Elze und Anne Emmert

orell füssli Verlag

Die englische Originalausgabe erschien 2016 unter dem Titel »In The Name Of Gucci. A Memoir« im Verlag Crown Archetype, New York.

This translation published by arrangement with Crown Publishers, an imprint of the Crown Publishing Group, a division of Penguin Random House LLC.

Umschlaggestaltung: Hauptmann & Kompanie Werbeagentur, Zürich
Umschlagbild: Roger Powers_HP/ ©Houston Chronicle
Druck und Bindung: CPI books GmbH, Leck

ISBN 978-3-280-05633-2

Die Deutsche Nationalbibliothek verzeichnet diese Publikation in der Deutschen Nationalbibliografie; detaillierte bibliografische Daten sind im Internet unter www.dnb.de abrufbar.

FSC
www.fsc.org
MIX
Papier aus verantwortungsvollen Quellen
FSC® C083411

Für meine Mutter

Dieses Buch stützt sich auf meine Erlebnisse, Erfahrungen und die Erzählungen meiner Eltern und anderer Menschen. Ich habe die Fakten so weit wie möglich verifiziert, doch sicher deckt sich meine Darstellung nicht in allen Punkten mit den Erinnerungen anderer. In einigen Fällen habe ich Namen geändert, um Menschen zu schützen und Verletzungen zu vermeiden. Für eventuelle Fehler trage ich die alleinige Verantwortung.

PROLOG

An dem Tag, an dem mein Vater beerdigt wurde, spürte ich keinen festen Boden unter den Füßen. Die Erde hatte sich entlang ihrer Achse geneigt, ohne mich mitzunehmen.

Ich war sechsundzwanzig und stand einen knappen Monat vor der Geburt meines zweiten Kindes, als ich, von Trauer gezeichnet, zusehen musste, wie Papas Sarg in Rom in die Kirche getragen wurde. Es war die erste Beerdigung meines Lebens, und die Vorstellung seiner körperlichen Gegenwart in dieser Holzkiste brachte mich vollends aus der Fassung.

Ich klammerte mich an der Kirchenbank fest und sah meine Mutter Bruna an, die regungslos neben mir saß. Die großen braunen Augen hatte sie hinter einer riesigen Sonnenbrille verborgen. Sie war so versunken in ihre eigene Trostlosigkeit, dass sie mir keinen Trost spenden konnte. Nicht zum ersten Mal fühlte ich mich verwaist.

Mama und Papa hatten schon lange in ihrer eigenen Welt gelebt, ehe ich mich hineindrängte. Seit den ersten Tagen ihrer verbotenen Liebe in den 1950er Jahren hatten die beiden eine tiefe Bindung aufgebaut. Ich war das uneheliche Kind, das meine Mutter auf Wunsch meines Vaters im Ausland zur Welt brachte, um einen Skandal zu vermeiden.

Aldo Gucci, der kreative Visionär hinter dem berühmten Modehaus, duldete keinen Widerspruch. Der Pionier und Geschäftsmann hatte mit seiner ungeheuren Energie die kleine väterliche Reisegepäckmanufaktur in Florenz in ein globales Phänomen verwandelt, das sich zum Sinnbild für italienischen Chic entwickelte. Später erlebte ich aus nächster Nähe die katastrophale Wende des Schicksals, seinen furchtbaren Sturz und die Zerstörung des Familienerbes, um dessen Erhalt er so gekämpft hatte. Eine Reihe von Vertrauensbrüchen, die an den tragischen Fall des König Lear erinnern, endete in seinen letzten fünf Lebensjahren im Verkauf des Unternehmens und letztlich in seinem Tod.

Für mich gehörte mein Vater allerdings nicht zu den Menschen, die man kritisiert oder gar bemitleidet. Für mich war er der gut aussehende, immer lächelnde Daddy mit dem prägnanten Eau de Cologne, der wirbelnd und lärmend in unser Leben stürmte wie ein exotischer Vogel und uns ebenso schnell wieder verließ. Wenn der schlaksige, energiegeladene Mann in unser Haus schneite, füllte er die stillen Räume mit seinem Temperament und seinem Lachen. Er war unvergleichlich, gütig, verletzlich und nicht frei von Fehlern. Obwohl wir ihn nicht oft oder lang genug zu sehen bekamen, bildete er für Mama und mich den Klebstoff, der uns verband.

Nun hatte er uns verlassen, und wir mussten seine Beerdigung durchstehen – nach dem stundenlangen Gottesdienst bedeutete das auch eine beschwerliche dreistündige Reise zum Familiengrabmal der Gucci bei Florenz. Nach den vorangegangenen langen und schwierigen Wochen wollte dieser Tag einfach kein Ende nehmen. Mama, Papa und ich hatten uns in eine private katholische Klinik zurückgezogen und auf das Ende gewartet, ohne uns je wirklich vorstellen zu können, dass es eintreten würde.

Während die Nonnen lautlos ein- und ausgingen, saß meine Mutter auf der einen Seite seines Bettes, ich auf der anderen. Wir waren die Hüterinnen seiner Geheimnisse und die Wächterinnen seiner Wahrheit: zwei Frauen, die den echten Aldo Gucci kannten und ihn bedingungslos liebten.

Als mein verheirateter Vater »*la bella Bruna*« zum ersten Mal zu Gesicht bekam – sie war damals Verkäuferin in seinem Geschäft in

Rom –, verlor er Kopf und Herz. Die schüchterne Achtzehnjährige entwickelte sich zum Ruhepol meines Vaters, zu seinem Kompass, an dem er sich den Rest seines Lebens orientierte. In den drei Jahrzehnten, die er kreuz und quer über den Globus jettete und sein Imperium aufbaute, war Bruna immer diejenige, zu der »Dottore« Gucci, wie er häufig genannt wurde, heimlich zurückkehrte und bei der er Unterstützung und Ruhe fand. Und sie war es, die ihm beim Sterben die Hand hielt.

Die junge Schönheit, die mit den berühmtesten italienischen Filmstars ihrer Zeit verglichen wurde, zahlte jedoch einen hohen Preis für diese uneheliche Beziehung, denn sie musste sich all die Jahre verstecken. Und mir erging es nicht anders. Ich war ein zurückhaltendes Kind, das schnell erwachsen werden musste, und konnte mir nicht erklären, warum sich meine Mutter langsam in eine eigene Welt voller Kummer zurückzog und mich aus ihrer Zweisamkeit ausschloss.

Am Morgen der Beerdigung, im Januar 1991 in der Chiesa de Santa Chiara im Nordwesten Roms, schien ihrer beider außergewöhnliche Geschichte jedoch vergessen. Franco, der Chauffeur meines Vaters, fuhr uns schweigend zu der terrakottafarbenen Kirche. Wir schlossen uns der Schar der Trauernden an, stiegen wie betäubt die ausladende Steintreppe hinauf und wurden in eine Kirchenbank geleitet. Dort saßen wir neben Angestellten und Geschäftspartnern, die aus aller Welt angereist waren, um dem berühmten Gucci-Patriarchen ihren Respekt zu erweisen.

Auf der anderen Seite des Gangs saß Olwen, die erste Frau meines Vaters, neben meinen drei Halbbrüdern Giorgio, Paolo und Roberto, von deren Existenz ich erst im Alter von zehn Jahren erfahren hatte. Nie zuvor waren beide Familien gemeinsam unter einem Dach vereint gewesen, und es herrschte eine kühle Atmosphäre. Für mich war es auch das erste Mal, dass ich Olwen überhaupt zu sehen bekam. Wenn ich mir überhaupt ein Bild gemacht hatte, so war es wohl das einer eleganten älteren Engländerin gewesen, stocksteif im Twinset und mit Perlenkette. Stattdessen saß da eine kleine ältere Dame von einundachtzig Jahren zusammengesunken im Rollstuhl. Ihre körperliche und geistige Schwäche erschreckte mich. Meine Mutter, die vor Trauer wie versteinert war, schien Papas Ehefrau nicht einmal zu bemerken.

Auch die klare Trennung von der anderen Familie meines Vaters fiel uns nicht weiter auf. Wir kannten das nicht anders. An diesem traurigen Vormittag in der hässlichen Kirche saß ich da, breitete die Hände schützend über mein ungeborenes Kind und fragte mich, wie wir ohne meinen Vater künftig die familiären Unwetter überstehen sollten. Er war vor nicht einmal einer Woche gestorben, und meine Mutter sah ihn noch jede Nacht in ihren Träumen. Doch fühlten wir uns beide völlig verlassen.

Typisch für meinen Vater, hatte er seine Angelegenheiten schon lange geregelt, bevor er in sein tödliches Koma fiel. Er hatte sein Begräbnis selbst organisiert und die Verantwortung seinen engsten Mitarbeitern übertragen. Er wünschte sich einen einfachen Gottesdienst ohne Blumen und mit nur wenigen Grabreden.

Um meine Mutter zu würdigen, hatte er seinen Nachruf selbst verfasst. Aldo Gucci, so schrieb er, hinterlasse seine *Frau* Bruna Palombo und seine *Weggefährtin* Olwen Price. Einige italienische Zeitungen druckten diese Unterscheidung zwischen den beiden Frauen getreulich so, wie mein Vater es gewollt hatte.

Nicht so die *New York Times*. Sie zitierte in ihrem Nachruf zwei Tage nach seinem Tod Präsident John F. Kennedy, der Papa als »den ersten italienischen Modebotschafter« bezeichnet hatte. Der Artikel schloss mit dem Satz: »Mr. Gucci hinterlässt seine Frau, ehemals Olwen Price, und drei Söhne, Roberto, Giorgio und Paolo.«

Meine Mutter und ich wurden nicht erwähnt.

An dieser himmelschreienden, vermutlich von der anderen Seite der Familie inszenierten Unterschlagung konnten wir nichts ändern. Genauso wenig konnten wir gegen andere unliebsame Dinge vorgehen, die nach dem Tod meines Vaters über ihn geschrieben wurden. Aus rechtlichen Gründen musste ich lange unsichtbar bleiben und durfte mich auch nicht äußern.

Bis heute.

Fünfundzwanzig Jahre nach dem Tod von Papa erzähle ich die bislang nie erzählte Geschichte meines Vaters, meiner Mutter und des globalen Imperiums, das Papa aufbaute und das letztlich unser aller Leben prägte.

Heute gehört diese Geschichte mir. Heute darf ich sie erzählen.

EINS

Die ersten Jahre nach dem Tod meines Vaters waren für meine Mutter und mich alles andere als einfach. Wir hatten immer ein schwieriges Verhältnis gehabt, doch nun schlugen wir uns mit unseren jeweils eigenen Problemen herum, und seine Abwesenheit machte alles nur noch schlimmer.

Meine Mutter hatte den Mann verloren, der für sie gleichzeitig Vaterfigur, Freund, Ehemann und Sohn gewesen war; Schmerz und Angst überwältigten sie. Ohne seine Kraft, die uns angetrieben hatte, driftete sie orientierungslos durchs Leben. Wenn ich versuchte, sie zu trösten, wimmelte sie mich ab, und bald hatte ich zu viel anderes um die Ohren, als dass ich es weiter probieren konnte. Meine eigene Ehe zerbrach. Ich hatte mein Baby zur Welt gebracht und musste mich mit den Anwälten um das Erbe meines Vaters kümmern. Für Trauer blieb da keine Zeit. Und weil ich meiner Mutter keine Orientierung geben konnte, musste ich hilflos zusehen, wie der Verlust sie völlig aus der Bahn warf.

In einer Phase, in der ich meine Mutter am nötigsten gebraucht hätte, versperrte ihre Hilflosigkeit sämtliche Kommunikationswege zwischen uns. In den folgenden Jahren brach der Kontakt praktisch ab. Dann, mit über vierzig, blickte ich auf zwei gescheiterte Ehen zurück und musste mir eingestehen, welchen Tribut sie meinen drei Töchtern abgefordert hatten. Aus mir damals unverständlichen Gründen zog ich offenbar die falsche Sorte Männer an, und darunter litt ich schrecklich. Wahre Liebe, wie sie meine Eltern in ihrer langen und komplizierten Beziehung verbunden hatte, war mir versagt geblieben.

Zum Glück hatte ich wunderbare Freunde, die mich unterstützten, wo sie konnten, doch konnten sie mir nur begrenzt helfen. Gebet und Meditation waren eine Hilfe, doch mir wurde bewusst, dass meine Probleme auch aus einem fehlenden familiären Fundament herrührten. Meine Großeltern hatte ich nie kennengelernt, und mit meinen Brüdern verband mich nur wenig. Meinem Vater war ich eigentlich erst in der letzten Phase seines Lebens richtig nahegekommen, und meine Mutter war und blieb mir ein Rätsel. Je tiefer ich in meiner Psyche nachforschte, desto deutlicher wurde mir, dass die Missgriffe in meinem Leben ihre Ursache in meiner unsteten Kindheit und meinen gestörten familiären Beziehungen hatten. Wenn ich das überwinden wollte, musste ich zu meinen Wurzeln zurückkehren und mich mit der Vergangenheit versöhnen.

Mir kam der Gedanke, dass es helfen könnte, wenn ich ein Buch über meinen Vater schrieb. Ich wollte über unser Leben mit ihm erzählen, eine Chronik meiner Familie erstellen. Sie sollte auch meinen Kindern ein besonderes und ehrliches Andenken sein, das unberührt ist von den sensationslüsternen Verzerrungen anderer. Meiner Ansicht nach verdient mein Vater seinen rechtmäßigen Platz in der Geschichte, nicht nur wegen seiner Verdienste um Gucci, sondern auch als Pionier des Gütesiegels »Made in Italy«, das sich auf der ganzen Welt durchsetzte.

Was mich überraschte, war, dass mich meine Nachforschungen zurück zu meiner Mutter führten. Nach Jahren der Entfremdung konnte ich endlich die einzigartige Verbindung zwischen den beiden und Mamas Rolle angemessen würdigen.

Den Anfangspunkt meiner Recherche bildete ein Besuch bei Mama in Rom im Jahr 2009. Nachdem wir uns sechs Monate lang nicht gesehen und nur zweimal wöchentlich miteinander telefoniert hatten, setzte ich mich mit ihr zusammen und sprach mich mit ihr aus. Weil ich aus ihrer langjährigen Selbstfindung lernen wollte, erzählte ich zunächst, was ich in den vorangegangenen Monaten auf Reisen und an spirituellen Ruheorten erlebt hatte. Ich gab ihr zu verstehen, dass ich noch auf der Suche nach mir selbst war.

»Ich habe viele interessante Leute kennengelernt, und in Gesprächen ist mir klar geworden, dass es in meinen Kindheitserinnerungen viele Leerstellen gibt«, sagte ich vorsichtig. »Genauer gesagt ist da ein großes schwarzes Loch. Ich habe natürlich nie danach gefragt, aber ich weiß furchtbar wenig über dich und Papa und euer Leben, als ihr jünger wart. Ich würde gern mehr darüber erfahren.«

Der Körpersprache meiner Mutter konnte ich entnehmen, dass ihr die Richtung, die unser Gespräch nahm, widerstrebte und sie lieber nicht darüber gesprochen hätte. Früher hatte sie mich jedes Mal, wenn ich sie darauf angesprochen hatte, abblitzen lassen und behauptet, sie erinnere sich nicht oder – was ich bezeichnend fand – wolle sich nicht erinnern. Dass sie immer alles in sich hineinfraß und mich grundsätzlich im Dunkeln ließ, hatte mein Leben mitbestimmt. Ich ging auch jetzt nicht davon aus, dass sich daran etwas ändern würde.

Tatsächlich warf sie mir einen missbilligenden Blick zu und zuckte dann die Schultern. »Was soll das nach all der Zeit nützen?«

»Ich dachte, es hilft dir vielleicht auch, wenn du mir mal alles erzählst«, erwiderte ich. »Du hast dich doch nie richtig verstanden gefühlt.«

Sie sah mich einen Augenblick schweigend an. Als sie plötzlich aufstand und in ihr Schlafzimmer ging, dachte ich, ich hätte den Bogen überspannt, und unser Gespräch wäre gleich wieder beendet. Doch irgendeiner meiner Sätze an jenem Tag musste offenbar etwas in ihr bewegt haben, denn sie kehrte mit einem Lederbeutel zurück, auf dem das markante Gucci-Zeichen prangte. Sie reichte ihn mir. »Dein Vater hat mir viele Briefe geschrieben«, sagte sie. »Ich habe sie alle aufgehoben. Hier, ich möchte sie dir geben.«

Bis zu diesem Gespräch in ihrer sonnendurchfluteten Wohnung in Rom hatte ich keine Ahnung gehabt, dass Papa auch nur eine einzige

Zeile an meine Mutter geschrieben hatte. Er war immer in vollem Galopp durch sein Leben gestürmt, und ich konnte mir nur schwer vorstellen, dass er die Zeit für so viele *lettere d'amore* gefunden hatte.

Klugerweise hielt ich den Mund, öffnete den Beutel und zog ein Bündel Briefe heraus, einige auf blauem Luftpostbriefpapier, andere auf Briefbögen mit Hotel-Logo, die einen getippt, die anderen in der markanten Handschrift meines Vaters und alle auf Italienisch. In dem Archiv seines Liebeswerbens aus den Jahren 1958 bis 1961 fanden sich auch Telegramme, die er ihr aus dem Ausland geschickt hatte. Warum hatte sie sie fünfzig Jahre lang aufbewahrt?

Als ich kurz durch die Briefe blätterte, blieb ich an einem Satz hängen: »Mein Schatz, meine Liebe, verlass mich nicht! Zerstöre nicht diesen besten Teil meines Lebens [...] Weise mich nicht ab; meine Gefühle sind keine Schwärmerei, sondern große und grenzenlose Liebe.«

Ich konnte kaum glauben, was ich da las. Meine Mutter sah mir eine Weile zu, wie ich in den Papieren blätterte, und stand dann auf, um uns einen Tee zu kochen. »Sie sind wunderschön«, sagte sie leise. »Dein Vater konnte so wunderbar mit Worten umgehen. Das war eines der Dinge, die mir von Anfang an gefielen.«

»Willst du sie mir vorlesen?«, fragte ich. Sie hob abwehrend die Hand und schüttelte den Kopf.

»Das kann ich nicht. Ich kann mich noch genau erinnern, welche Gefühle sie damals in mir weckten. Mehr brauche ich nicht.«

Meine Augen füllten sich mit Tränen, denn mir wurde plötzlich bewusst, was für ein unschätzbares Vermächtnis sie mir soeben überlassen hatte. Zwei Jahrzehnte nach dem Tod meines Vaters hatte sie ein Fenster zu ihrem heimlichen Leben mit ihm geöffnet. Erstmals erlaubte sie mir einen Blick in einen Bereich, der für mich bis dahin ein Buch mit sieben Siegeln gewesen war.

»Aber die sind einfach unglaublich, Mama!«, rief ich aus.

»Ja«, erwiderte sie. »Es war eine *fiaba* [Märchen] – wenn auch nicht unbedingt mit glücklichem Ausgang.«

Mit diesem Geschenk begann meine Suche nach den Puzzleteilchen, aus denen sich das Leben meiner Eltern und letztlich auch mein eigenes Leben zusammensetzten. Die Briefe meines Vaters lösten tausend Fragen aus, von denen mir meine Mutter im Lauf der folgenden Jahre viele beantworten sollte. Die Recherche führte mich auf eine faszinierende Reise zu meinen florentinischen und römischen Wurzeln, auf der ich unglaublich viel lernte.

Über die Geschichte des Hauses Gucci wurde schon viel geschrieben, und oft standen dabei der Sturz meines Vaters, die skandalträchtigen familiären Beziehungen, Scheidung und sogar Mord im Mittelpunkt. Was für ein großartiger Mann Papa war oder wie sehr er meine Mutter liebte, kam dabei so gut wie gar nicht vor.

Dank der Macht seiner Worte entdeckte ich einen leidenschaftlichen und empfindsamen Menschen, der wenig gemein hatte mit seinem öffentlichen Image als skrupelloser Firmenchef, der mit eiserner Faust regierte. Die Briefe erlaubten es mir, die unkonventionelle Liebesgeschichte zwischen meinen Eltern im goldenen Zeitalter des *dolce vita* mit völlig neuen Augen zu sehen. Für mich war das nach meiner unsteten Kindheit eine ungemein lehrreiche Erfahrung. Ich kann mittlerweile nicht nur nachvollziehen, mit welchen Unbilden und Widrigkeiten mein Vater zu kämpfen hatte, sondern auch, welche Opfer meine Mutter erbrachte, nachdem das Schicksal sie als junge Frau zur Geliebten und lebenslangen Gefährtin eines unbesungenen Helden des modernen Italien auserkoren hatte.

Im Verlauf meiner Reise in die Vergangenheit konnte sich Mama mir nach und nach anvertrauen und das Bild des unbekannten Aldo Gucci zeichnen, von dem ich selbst erst am Ende seines Lebens eine Ahnung bekommen hatte. »Es gab auch eine andere Seite«, sagte sie. »Eine Seite, die nur ich kannte. Das war der echte Aldo.«

Und indem mir Mama einen neuen Blick auf meinen Vater öffnete, war es auch mir zum ersten Mal möglich, sie durch seine Augen sehen.

ZWEI

Da ich in England aufwuchs und mich ungeachtet meiner italienischen Eltern als Britin fühle, passt es recht gut, dass die Geschichte der Gucci vor mehr als einem Jahrhundert in London begann.

Mein Großvater väterlicherseits wurde auf den Namen Guccio Giovanbattista Giacinto Dario Maria Gucci getauft. Ein Name, der vermutlich bombastisch wirkte, als er 1897 in London am Dienstboteneingang des Savoy Hotels an der Themse stand. Der schlanke Teenager aus der Toskana war in einer Kleinstadt vierzig Kilometer westlich von Florenz aufgewachsen und im Alter von sechzehn Jahren ausgebüxt, um in der Fremde sein Glück zu machen. Er schlug sich bis zur Nordseeküste durch und verdiente sich die Schiffspassage nach England, indem er auf einem Frachtschiff im Maschinenraum Kohle schaufelte. Die Strohhutmanufaktur, die sein Onkel in Florenz führte und bei der sein Vater angestellt war, steckte in der Krise. Als sie bald darauf verkauft wurde, verlor die Familie alles.

Guccio, der den Seinen nach Kräften helfen wollte, hatte sicher gehört, dass man im Vereinigten Königreich Königin Victorias um die Jahrhundertwende sein Glück machen konnte. Es war die Zeit der Dandys und des Jugendstils, die Oberschicht schwelgte in Frivolität, Pomp und Überfluss. Reisen auf den Kontinent kamen in Mode, und reiche Amerikaner und Briten aus den Kolonien, die mit Diamanten,

Eisenbahnen, Industrie oder Gold Millionenvermögen angehäuft hatten, strömten nach London, um von dort aus extravagante Europareisen anzutreten.

Da mein Großvater zehn Jahre vor meiner Geburt starb, konnte ich ihn nie fragen, wer ihm geraten hatte, sich um eine Anstellung im größten Luxushotel der britischen Hauptstadt zu bemühen. Aus dem Savoy-Archiv geht hervor, dass damals schon zahlreiche Italiener dort arbeiteten. Die südländischen Jungen mit ihrer olivfarbenen Haut und dem Engelsgesicht waren als Pagen begehrt. Die gestärkten weißen Handschuhe, die kecke Kappe und die schicke Livree boten sicher einen angenehmen Anblick für die High Society, die auch die neuesten Errungenschaften der Hotels, den erstklassigen Service, die neuartige Elektrizität und das fließend warme und kalte Wasser im eigenen Bad zu schätzen wusste. Mittlerweile stieg man lieber im Hotel ab, als ein zugiges Stadthaus mit Gasbeleuchtung zu unterhalten, das viel weniger Luxus bot. Das Savoy verfügte sogar über eigene Aufzüge, die »aufsteigenden Zimmer«, die in zwei Geschwindigkeiten fuhren, damit die Ladies nicht in Ohnmacht fielen.

Die Etikette des Reisens in den 1890er Jahren forderte, dass die Gäste aus den Pferdekutschen stiegen und auf der Flussseite des Hotels zur Rezeption im ersten Stock geleitet wurden. Ihre Lakaien blieben im Hof und erklärten den Pagen, wem welches Gepäck gehörte. Die wunderschönen handgefertigten Taschen und Koffer, häufig mit den Initialen und dem Wappen der Familie, stammten aus einer Handvoll Lederwaren-Manufakturen in Europa, allen voran vermutlich Louis Vuitton in Paris, H. J. Cave & Sons in London und die Firma Asprey in der Bond Street, die noch heute Hoflieferant für Reisenecessaires, Koffer und Taschen ist.

Obwohl der junge Guccio bei seiner Ankunft vermutlich kaum Englisch sprach, wurde er als Page eingestellt und arbeitete vier ganze Jahre im Savoy. Er war wohl überwiegend damit beschäftigt, Türme von Taschen und Koffern aus dem Innenhof – in den man damals durch ein großes Granittor am Savoy Hill gelangte – über die Treppen und einen Dienstbotenaufzug in die opulenten River-Suiten mit Blick auf die Themse zu bringen. Dort hatte er das Gepäck zu sortieren und zu verteilen, ehe er es den Dienstmädchen und Kammerdienern zum Auspacken überließ. Für seine Arbeit brauchte er eine servile Haltung, Ausdauer und Grundlagen der Zeichensprache.

Das Einkommen eines Pagen war mit knapp zwei Shilling und Sixpence in der Woche plus Unterkunft und Logis (das sind heute etwa zwei Dollar) eher bescheiden, doch ein halber Sovereign (fünf Dollar) Trinkgeld von einem großzügigen Gast konnte einem jungen Mann schon mal den Monat vergolden.

Nach seiner eher provinziellen Kindheit muss es meinen Großvater beeindruckt haben, im besten Hotel Londons zu arbeiten, einem Haus, das erst im Jahr 1889 mit Pomp und Champagner eröffnet worden war. Heute gilt das Savoy, das mir immer besonders am Herzen lag, als eines der ehrwürdigsten Hotels in London. Man kann sich leicht vorstellen, wie erfrischend modern es damals gewirkt haben muss.

Das Berkeley, das Carlton und das Ritz waren noch nicht einmal erbaut worden, und das Claridge's – das dem Besitzer des Savoy, dem Theaterdirektor Richard D'Oyly Carte gehörte – glich eher einer Art gemütlichem Herrenclub für den Adel. Das Savoy mit Hotelier César Ritz und dem ersten Starkoch Auguste Escoffier als *maître de cuisine* verwirklichte das bahnbrechende Konzept, nach dem ein Hotel ein respektabler Ort für die Aristokratie war, an dem sich sogar die königliche Familie sehen lassen konnte. Das Savoy war eben nicht etwa nur eine Unterkunft zum Übernachten, sondern ein Anlaufpunkt für die High Society. Prominente wie Noël Coward und George Gershwin unterhielten dort ihre Gäste des neuen »internationalen Jetsets«, zu dem Unterhaltungsstars wie Sarah Bernhardt, Dame Nelly Melba und Lillie Langtry gehörten. Für sie alle wurden im Hotel eigene Gerichte kreiert.

Ich frage mich oft, ob mein Großvater je einem dieser Stars begegnet war. Hat ihm Noël Coward eine Münze zugeworfen? Hat ihn Lillie

Langtry freundlich angelächelt? Wie auch immer es gewesen sein mag: Sicherlich konnte er sich nicht vorstellen, dass sie alle, wenn sie länger gelebt hätten, den Namen Gucci im Munde geführt hätten.

Das mir so vertraute River Restaurant des Hotels war damals einer der ersten Orte, an denen Damen öffentlich dinieren konnten. Dadurch wuchs das Interesse an Mode und neuen Modetrends. All das wiederum führte dazu, dass es für junge Pagen wie meinen Großvater noch mehr Hutschachteln, Reisetaschen, Gladstone-Taschen und Parasol-Futterale zu tragen gab.

Im Jahr 1901 veränderte sich die Stimmung in Großbritannien. Am 22. Januar starb Königin Victoria nach einer fast vierundsechzig Jahre währenden Herrschaft, und ihr Volk verfiel in einen tiefen Schockzustand. Der Zweite Burenkrieg brachte weitere Unsicherheit und politische Unruhen mit sich, und die goldenen Zeiten schienen vorbei zu sein. In diesem Jahr kehrte der zweiundzwanzig Jahre alte Guccio der Stadt, die er inzwischen lieben gelernt hatte, den Rücken und machte sich mit den Half Sovereigns, die er gespart hatte, auf den Heimweg nach Florenz.

In den Schoß seiner Familie zurückgekehrt, suchte er nach einer neuen Arbeit, fand aber zuerst eine Frau. Es war die charismatische alleinerziehende Mutter Aida Calvelli, die als Näherin arbeitete und deren Vater im Ort Schneider war. Guccio adoptierte Aidas unehelichen Sohn Ugo, dessen Vater gestorben war, ehe er sie hatte heiraten können. Das muss damals ein ziemlicher Skandal gewesen sein, doch Guccio brach mit der Konvention, machte Aida zu seiner Frau und nahm ihren Sohn an Kindes statt an. Allerdings konnte er Ugo nie richtig akzeptieren, und die beiden blieben sich sehr fremd.

Nach wenigen Jahren bekamen Guccio und Aida eine Tochter, meine Tante Grimalda. Es folgen vier Söhne, darunter mein Vater Aldo, der am 26. Mai 1905 zur Welt kam. Einer der vier starb noch als Kind, sodass drei Brüder blieben, deren Schicksal später untrennbar mit dem meinen verbunden sein sollte.

Mit dem Zeugnis des Savoy fand mein Großvater bald Arbeit in dem belgisch geführten Unternehmen Compagnie Internationale des Wagons-Lits, die die luxuriöseren Dampfeisenbahnen Europas betrieb, darunter den Train Bleu und den Orientexpress. Doch Guccios Hoffnung, dort Karriere zu machen, wurde von seiner Einberufung in den Wehrdienst zunichtegemacht. Als Italien 1915 in den Ersten Weltkrieg eintrat, war er vierunddreißig Jahre alt. Er hatte sich als Fahrer bei einer Transporteinheit zu melden.

Von seiner Zeit im brutalen Stellungskrieg zwischen Italien und Österreich-Ungarn weiß ich nur, dass er irgendwie ungeschoren davonkam, während mehr als 700 000 Soldaten den Tod fanden. Nach dem Krieg fing er bei Franzi an, der Mailänder Lederwaren-Manufaktur, die Rocco Franzi und sein Sohn Felice 1864 gegründet hatten und die den italienischen Markt für anspruchsvolles Reisegepäck beherrschte. Die modischen Schrankkoffer und der Koffer aus mit exotischen Essenzen behandeltem »Franzi-Leder« waren auf so gut wie jedem Transatlantik-Dampfschiff und in jedem 1.-Klasse-Zugabteil anzutreffen und wahrscheinlich auch im Savoy ein gewohnter Anblick. Ob mein Großvater diesen Karriereschritt gezielt vornahm oder ob ihm die Arbeit nur zufällig angeboten wurde, ist nicht überliefert.

Schon nach kurzer Zeit in der Firma war er jedoch davon überzeugt, dass seine Zukunft in der Luxus-Lederwaren-Branche lag. Er lernte, Tierhäute auszuwählen und zu behandeln, aus denen qualitativ hochwertige und haltbare, gleichzeitig raffinierte Produkte gefertigt wurden, und schon bald leitete er die Franzi-Gerberei in Rom. Da sich meine Großmutter hartnäckig weigerte, ihre junge Familie zu entwurzeln und das heimische Florenz zu verlassen, pendelte er in die italienische Hauptstadt. Nach und nach brachte die mit großer Überzeugungskraft gesegnete Aida ihren Mann jedoch dazu, das wohl größte Risiko seines Lebens einzugehen: Er reichte seine Kündigung ein, kehrte in den Bezirk Oltrarno südlich des Arno zurück und gründete seine eigene Firma.

Meine Großeltern erwarben einen kleinen Laden in einer Gasse nördlich vom Fluss, nicht weit von dem schicken Mode- und Kaffeehausviertel rund um die Via de' Tornabuoni. Die neuen Räumlichkeiten lagen in fußläufiger Entfernung zum berühmten Ponte Vecchio, den praktisch jeder Florenz-Besucher einmal überquert. Berichten aus dieser Frühzeit zufolge war der bescheidene Laden bis zur Decke vollgestopft mit Koffern, Handtaschen, Aktentaschen und Schrankkoffern jeder Form und Größe. Es gab auch eine Werkstatt. Guccio füllte sie mit Leder aus Deutschland, das er im Großhandel dank der günstigen Nachkriegswechselkurse zu erschwinglichen Preisen erstanden hatte.

Mein Großvater war ein Mann mit erstklassigem Geschmack. Er wollte exquisite Lederwaren herstellen, wie er sie schon als junger Mann in der Hand gehabt hatte, allerdings günstigere Häute dafür verwenden, deren Qualität sich durch moderne Färbeverfahren und Behandlungstechniken aufwerten ließ. Seine eleganten Entwürfe, die sich lose am englischen Vorbild und Stil orientierten, wurden von Florentiner Handwerkern mit dem ihnen eigenen Auge fürs Detail umgesetzt. Jedes neue Stück trug das erste Gucci-Emblem – das winzige Bild eines jungen Pagen in Livree und Kappe, in der einen Hand einen Koffer und in der anderen eine Gladstone-Tasche. Das war Großvaters Hommage an seine ihn prägende Zeit in London.

Im Jahr 1921 eröffnete Guccio Gucci sein Geschäft in der Via della Vigna Nuova 7. Der Straßenname bedeutet »neuer Weinberg«, und sicher erhoffte sich auch mein Großvater einen guten Neubeginn. Über der Art-Deco-Tür war der Schriftzug »G. GUCCI & Co.« in Silber in den schwarzen Marmor eingelassen. Ich bin oft dort gewesen. Heute gehört das Haus zum Gucci-Firmengelände, dessen Haupteingang an der Via de' Tornabuoni liegt. Aber man kann sich noch recht gut vorstellen, wie es vor fast hundert Jahren aussah.

Eine Anzeige in der Florentiner Zeitung *Sassaiola Fiorentina* beschrieb den Laden als *»valigeria inglese«* (Geschäft für englische Reisekoffer). Außerdem wurden *»articoli finissimi per regali«* angeboten (feinste Geschenkartikel). Mein Großvater wurde als *direttore comprietario* tituliert (Mitinhaber, gemeinsam mit einem nicht genannten Investor), »vormals angestellt bei der Ledermanufaktur Franzi«. Guccio, vierundvierzig Jahre alt und Vater dreier Kinder, muss, nachdem er als Junge solche Koffer getragen hatte, zwar nervös, aber doch stolz gewesen sein, als er mit seinem gewachsten Schnurrbart hinter der Ladentheke mit der Glasplatte stand und auf seinen ersten Kunden wartete.

Es war sicher ein kluger Schachzug, dass er für die Haltbarkeit seiner Gepäckstücke warb. Er soll auf seinen Koffern herumgesprungen sein, um zu demonstrieren, wie stabil sie waren. Qualität ging ihm über alles, und seine Waren sollten sich über Mundpropaganda verkaufen. Das Geschäft lief langsam an, doch seine Zeitungsannoncen brachten ihm bald Zulauf, und auch die Empfehlungen zufriedener Kunden zahlten sich wie erhofft aus. Nach und nach übernahm mein Großvater auch Reparaturen für Gepäckstücke, die auf beschwerlichen Reisen per Schiff, Eisenbahn oder Automobil beschädigt worden waren – ein Problem, das er aus seiner Zeit als Page nur zu gut kannte. Die Reparatur gerissener Gurte und das Herauspolieren hässlicher Kratzer entwickelte sich zu einem so profitablen Nebenerwerb, dass Guccio seinen wachsenden Appetit auf geschäftlichen Erfolg mit einer neuen Werkstatt stillen konnte.

Bei der Gründung des Familienunternehmens war mein Vater Aldo vierzehn Jahre alt und damit nicht viel jünger als sein eigener Vater, als sich dieser mit dem Schaufeln von Kohle die Überfahrt nach England verdient hatte. Zwar belegte Papa Botanikkurse (und behielt sein Leben lang ein Faible fürs Gärtnern), doch kam eine Universitätsausbildung wohl schon nicht mehr infrage, als er und sein jüngerer Bruder Vasco begannen, nach der Schule und an den Wochenenden mit dem Fahrrad Waren auszuliefern. Ihr kleiner Bruder Rodolfo, damals neun, war noch zu jung und hing anderen Träumen nach.

Gemeinsam mit meiner tatkräftigen Großmutter Aida stand meine damals achtzehn Jahre alte Tante Grimalda im Laden an der Kasse. Aida führte in ihrer gestärkten weißen Schürze die Firma so perfekt wie ihren Haushalt und stellte hohe Anforderungen an die tadellos gekleideten Mitarbeiter. Papa verehrte sie, räumte aber ein, dass sie »diabolisch« sein konnte. Er beschrieb sie als völlig furchtlos, und tatsächlich traute sie sich alles zu und fackelte nie lange – genau wie mein Vater.

Guccio, ein rechtschaffener Mann mit vielen guten Eigenschaften, verhielt sich aber oft rücksichtslos und bisweilen tyrannisch. Er war unbeherrscht, ungeduldig und perfektionistisch. Diese letzte Eigenschaft gab er an meinen Vater und über ihn an mich weiter. Guccio erwartete absolute Perfektion, sei es in der Hausarbeit oder bei der Körperpflege. Er war ein Geschäftsführer alter Schule, der sich um alles selbst kümmerte und überprüfte, ob das Geschäft auch wirklich in tadelloser Ordnung war, ehe er auf den Schlag seiner Taschenuhr die Ladentür aufschloss. Während der Geschäftszeiten wartete er in seinem eleganten Dreiteiler auf Kunden, die er mit seinem geballten Charme bediente.

Mein Großvater wollte seine Firma mindestens so erfolgreich machen wie Franzi. Wie im Konkurrenzunternehmen sollten sich auch seine Söhne ebenso aufopferungsvoll um das Geschäft kümmern wie er selbst. Familie und der Einsatz für die Firma stünden an erster Stelle, betonte er immer wieder. Guccio spielte seine Söhne gern gegeneinander aus und förderte damit schon früh den Kampfgeist der Jungen heraus. Auch von meiner Tante Grimalda wurde Mitarbeit erwartet, aber als Frau spielte sie in den unternehmerischen Plänen nie eine Rolle.

Unabhängig von ihrem Geschlecht erwartete mein Großvater aber von all seinen Kindern, dass sie beste Manieren, ein tadelloses Äußeres und anständiges Benehmen an den Tag legten und den Ansprüchen einer Spitzenfirma mit Spitzenleistung genügten. Er vertrat die alte italienische Tradition der *bella figura:* Man präsentiert sich der Welt gut gekleidet, charmant und vornehm, um den bestmöglichen Eindruck zu hinterlassen.

Papa enttäuschte ihn nicht. Mit seinen feinen Gesichtszügen und den blauen Augen, die er als einziges Kind hatte, war der älteste Sohn der Familie ohne Zweifel die *numero uno*. Der geborene Geschäftsmann, der die List seiner Mutter und den Unternehmergeist seines Vaters geerbt hatte, erwies sich als eifriger Lehrling und übernahm gern die Aufgabe, das Familienunternehmen weiter auszubauen. Er war flink und verließ als Frühaufsteher meist als Erster das Haus. Mit dem Fahrrad wich er in den engen Gassen von Florenz geschickt den Pferdekutschen aus, um wunderschön verpackte Lederwaren an Kunden auszuliefern.

Mit zwanzig arbeitete Papa bereits voll im Unternehmen mit. Er hatte die Pingeligkeit meines Großvaters übernommen, überprüfte sorgfältig die Schaufensterauslagen und kontrollierte jeden Stich an jedem Artikel, der in der Firma hergestellt wurde. Beide Guccis ließen die Verkäufer Überstunden machen, damit sie mit den Kunden in Kontakt blieben und das Geschäft, das ihren Namen trug, zu einem leuchtenden Vorbild für Qualität und Güte machten. Hinter den Kulissen allerdings ging es der Firma nicht so gut. Anfangs schwankten die Umsätze, und einmal musste mein Großvater das Geschäft fast zumachen. Gerettet wurde er durch einen Kredit, den ihm der Verlobte meiner Tante Grimalda gab. Damit hielt er die Firma über Wasser, bis die Geschäfte wieder anliefen. Mein Großvater konnte anschließend nicht nur seine Schulden zurückzahlen, sondern auch ein zweites Geschäft in der nahe gelegenen Via del Parione eröffnen.

Schon bald hatte Papa so viel Erfahrung angesammelt, dass er als erster Handelsvertreter der Firma Gucci auf Reisen gehen konnte, eine Aufgabe, die seiner angeborenen Wanderlust und seinem Faible fürs Flirten entgegenkam. Frohgemut packte er im Zug die Gepäckablage mit seinen Musterkoffern voll, bis kaum noch Platz für die Mitreisenden blieb. Mit seiner angeborenen Unverfrorenheit, der sogenannten *faccia tosta*, kam er irgendwie immer durch. Der attraktive und betuchte Junggeselle entdeckte schnell die Vorteile, die der tägliche Kontakt mit anderen Ladenbesitzern, ausländischen Besuchern, reichen Kunden und ihren Angestellten mit sich brachte. Besonders, wenn sie zufälligerweise weiblich waren.

Er kam viel herum, doch die erste Frau, die sein Leben wirklich veränderte, lernte er in Florenz kennen.

DREI

Vom Hochzeitsfoto meines Vaters und seiner Frau schaut mir ein erstaunlich ängstlicher junger Mann entgegen. Seine geballten Fäuste und der unsichere Gesichtsausdruck verraten, wie er mit seinen gerade mal zweiundzwanzig Jahren unter der Last der Verantwortung gelitten haben muss. Zugleich erkenne ich mich selbst in ihm – an der Form der Nase, den schräggestellten Augen und dem langen Gesicht.

Seine Braut sieht dagegen viel entspannter aus. Ihr Kopf ist ein wenig dem Gatten zugeneigt, der Mund steht offen, als setze sie gerade zu einer Bemerkung an. Sie wirkt erwartungsvoll, nicht nur, weil sie damals schwanger war, sondern wegen der Zukunft, die vor ihr lag.

Olwen Prince war ein hübscher strohblonder Teenager. Sie stammte aus Shropshire in Mittelengland, nahe der Grenze zu Wales. Ihre evangelische Familie war im Holzgewerbe tätig, in der Herstellung von Möbeln, Rädern und Särgen. Als Älteste von sechs Kindern hatte sie Schneidern gelernt, es aber irgendwie geschafft, der harten Arbeit in der Provinz zu entkommen und im Teenageralter Kammerzofe zu werden.

Im Dienst für eine rumänische Prinzessin namens Elisabeth, die König Georg II. von Griechenland geheiratet hatte, gehörte es zu Olwens Aufgaben, die Besorgungen ihrer Arbeitgeberin im exklusiven Einzelhandel abzuholen. Der kleine Laden von G. Gucci & Co. in der florentinischen Via della Vigna Nuova war eines der vielen Geschäfte, die Elisabeth frequentierte. Hier verfiel Olwen dem Zauber meines Vaters.

Im Frühjahr 1927 stattete Prinzessin Elisabeth dem Laden einen unerwarteten Besuch ab – allein. Ein Besuch aus einem europäischen Fürstenhaus wurde immer besonders gewürdigt (im Savoy läutete man bei einer solchen Gelegenheit eine Glocke), doch diesmal gab es wenig Anlass zur Freude. Die Prinzessin war nicht gekommen, um etwas zu kaufen, sie kam mit einer Beschwerde. Ihre unverheiratete Angestellte Miss Price, für die sie eine gewisse Verantwortung trage, habe eine heimliche Affäre mit meinem Vater, berichtete sie meinem Großvater kurz und knapp. Schlimmer noch, Olwen sei von ihm schwanger.

Guccio war das unendlich peinlich. Er wusste, dass sich sein heißblütiger Sohn nicht in der Hand hatte und buchstäblich jede Frau in Reichweite verführte. Seine zunehmend nichtsnutzigen Geschichten wurden schon in der Werkstatt herumerzählt, darunter auch die Anekdote, dass er einmal im Zug mit einer Nonne angebändelt habe und sie habe streicheln dürfen. Bis dahin war alles im Rahmen geblieben, doch ein Mädchen in Schwierigkeiten zu bringen, ging eindeutig zu weit.

Bis zur Nachricht von Olwen Schwangerschaft muss mein Vater noch gedacht haben, er könne tun, was er wolle. Die Standpauke, die ihm sein Vater über den Respekt vor der Familie hielt, muss jedoch Eindruck auf ihn gemacht haben. Außerdem mochte er das hübsche junge Dienstmädchen wirklich und war – angeregt durch meinen Großvater – schon immer von allem Britischen fasziniert gewesen. Ohne sich die Konsequenzen vollends klar zu machen, bot Papa also an, die Neunzehnjährige zu heiraten und für das ungeborene Kind aufzukommen.

Die Prinzessin fand das Angebot akzeptabel, und so heiratete Olwen, deren Schwangerschaft nach den ersten drei Monaten noch nicht sichtbar war, meinen Vater in der katholischen Kirche *Our Lady and St. Oswald's*, nicht weit von ihrem englischen Zuhause in Oswestry. Es war der 22. August 1927. Olwen, die viel kleiner war als mein Vater, trug ein knielanges weißes Kleid, einen kurzen Schleier und einen halbmondförmigen, mit Perlen besetzten Kopfschmuck. Ein großer Blumenstrauß verdeckte ihren Bauch. Ihren Gesichtsausdruck könnte man durchaus als triumphierend bezeichnen.

Meine Großeltern fuhren nicht extra über den Ärmelkanal, um an der Hochzeit teilzunehmen, denn dann hätten sie das Geschäft schließen müssen und somit unnötige Ausgaben gehabt. Für den Eintrag im Kirchenregister bezeichnete mein Vater sich als Lederwarenhändler und trug den lokalen Tabakwarenverkäufer als Trauzeugen ein.

Wie es damals in Italien Brauch war (und teilweise auch heute wieder ist), zog die Braut zum Bräutigam und seinen Eltern, in diesem Fall in deren bescheidenes zweistöckiges Haus in Florenz. Obwohl Olwen weit herumgekommen war, fühlte sie sich hier jedoch nicht sonderlich wohl, weil sie die Sprache nicht beherrschte, sich mit ihrer Schwiegermutter nicht vertrug und auch vom Essen nicht gerade begeistert war.

Nach der Geburt des kleinen Giorgio, der am 2. Februar 1928 zur Welt kam und all ihre Aufmerksamkeit forderte, hatte sie keine Zeit mehr für gesellschaftliche Kontakte, sodass mein Vater immer öfter allein ausging, geschäftlich und vergnügungshalber. Nachdem in kurzer Folge zwei weitere Söhne geboren waren – Paolo im März 1931 und Roberto im November 1932 –, widmete sich seine Frau der Erziehung ihrer Söhne. Da sie nun mehr Platz brauchten, zogen sie in ein eigenes Haus außerhalb der Stadt, wo Olwen nur um so abgeschnittener von dem dynamischen Gatten mit dem südländischen Temperament war, dessen Hunger nach Leben – und Frauen – nie nachgelassen hatte.

Das Italien zwischen den Kriegen lag in weiten Teilen dem Premierminister und Chef der faschistischen Partei Benito Mussolini zu Füßen. Unter dem Namen *Il Duce* bekannt, versprach Mussolini seinem Volk Wirtschaftswachstum und verstand es, mittels Propaganda einen wahren Kult um seine Person zu etablieren. Mithilfe seiner gefürchteten Schwarzhemden herrschte er als Einparteien-Diktator.

Mein Vater hatte nie auch nur das geringste Interesse an Politik und ohnehin keine Zeit für die Faschisten. Er und mein Großvater waren vollauf damit beschäftigt, Pläne zu schmieden. Obwohl das Land in einer Depression steckte, waren sie fest entschlossen, mithilfe der importierten Tierhäute zu expandieren. Meine Onkel Vasco und Rodolfo arbeiteten zunächst zwar fleißig mit, letztlich aber interessierten sie sich nie so für die Zukunft des Geschäfts wie mein Vater. Als Papa 1935 gerade 30 Jahre alt geworden war, durchkreuzte ihm die Politik unversehens die Pläne. Wegen permanenter Grenzstreitigkeiten mit der italienischen Kolonie Italienisch-Somaliland befahl Mussolini den Einmarsch in Abessinien (heute Äthiopien). Der siebenmonatige Krieg rief weltweit Empörung hervor, und der Völkerbund, dem beide Länder angehörten, ordnete eine Reihe von Sanktionen an, die in ein Handelsembargo gegen Italien mündeten.

Da sie Gefahr liefen, den Zugang zu dem unverzichtbaren deutschen Ledernachschub zu verlieren, mussten mein Vater und mein Großvater schnell handeln. Damals konnten sie noch nicht ahnen, wie sehr sie mit ihren Entscheidungen die Zukunft der Firma Gucci prägten. Papa trieb in einer Gerberei in Santa Croce, einem historischen Viertel am Südostrand von Florenz, einige Kalbslederhäute auf. Mit diesem hochwertigen und viel teureren Material, das auch unter dem Namen *cuoio grasso* bekannt ist, musste man natürlich viel geiziger umgehen. Daher suchte er italienische Lieferanten von Jute, Stricken, Leinen und neapolitanischem Hanf, die das normale Leder ersetzen sollten.

Für ihren späteren Koffer-Bestseller wählte er hellbraunes Segeltuch, das mit einem charakteristischen geometrischen und später als »*rombi*-Design« bezeichneten Muster dunkelbraun bedruckt war. Diesen Stoff in Kombination mit Lederverkleidung findet man bei Gucci-Produkten noch heute. Später wurde er zusammen mit zwei ineinander verschlungenen »Gs« für den Namen Guccio Gucci – eine weitere kluge, von meinem Vater eingeführte Neuerung – zu einem der Markenzeichen.

Der italienisch-abessinische Krieg endete im Monat seines einunddreißigsten Geburtstags, die Auswirkungen des Krieges auf das Gucci-Design und -Gefühl sollten dagegen bleiben. Das Unternehmen hatte das Handelsembargo nicht nur überlebt, die Geschäfte boomten sogar. Papa fühlte sich trotz des in der Ferne aufziehenden, neuen Krieges unbesiegbar. Mein Onkel Vasco hatte sich in seine Rolle als Fabrikleiter eingefunden, während sich Onkel Rodolfo seinen Traum erfüllt und unter dem Bühnennamen Maurizio D'Ancora Schauspieler geworden war.

Mein Vater, immer noch Sohn Nummer eins, brannte darauf, nach Rom und von dort aus weiter zu expandieren. Aber erst nach zwei Jahren zahlreicher erhitzter Diskussionen mit meinem Großvater schaffte er es, diesen vom finanziellen Nutzen eines solchen Risikos zu überzeugen. Guccio war mit den Jahren vorsichtiger geworden, nachdem er die Firma schon einmal fast verloren hätte. Die Geschäfte in Florenz liefen besser als erwartet, mehr brauchte er nicht. »Wieso sollten wir das alles mit einem Wagnis riskieren, das wir nicht einschätzen können, in einer Stadt, zu der wir keine Verbindung haben? Noch dazu, wenn es Gerüchte über einen neuerlichen Krieg gibt?« Unter seinem barschen Gebaren gab es jedoch auch noch den abenteuerlustigen jungen Mann, der auf der Suche nach seinem Glück nach England ausgerissen war. Und insgeheim bewunderte er meines Vaters Mut und unbeugsamen Willen – den die Italiener später seine *forza* nannten.

Da mein Vater jedoch nicht lockerließ, erlaubte er ihm schließlich, in Rom in der Via Condotti 21, einem schicken, zentralen Standort nahe der Spanischen Treppe, einen Laden zu erwerben. Zunächst wurde dieser großzügig umgebaut, bis hin zu den Elfenbeingriffen in Olivenform. Für die Schaukästen, die Auslegware und die Beleuchtung wurden keine Kosten gescheut. Das zweistöckige Eckhaus bot im Obergeschoss sogar eine geräumige Wohnung für Olwen und ihre drei Söhne. Rom wurde zu ihrem neuen Zuhause.

Am 1. September 1938 eröffnete Papa die neue *Bottega* in der Via Condotti. Ich kann mir die Begeisterung lebhaft vorstellen, die er angesichts dieser ersten Zweigstelle außerhalb von Florenz verspürt haben muss, wo sein Ehrgeiz endlich ein Ventil gefunden hatte. Die wachsenden Zahlen an Amerikanern und anderen Touristen, die in die Stadt strömten und nur zu begierig waren, Qualitätslederwaren mit nach Hause zu nehmen, garantierten seinem Vater hohe Verkaufszahlen.

Was er allerdings nicht vorhergesehen hatte, war der Ausbruch des Zweiten Weltkrieges auf den Tag genau ein Jahr nach der offiziellen Geschäftseröffnung. Und als Mussolini sich 1940 mit Deutschland zusammentat, sah die Zukunft finster aus – nicht nur fürs Tagesgeschäft, sondern überhaupt für alle geschäftlichen Unternehmen in ganz Europa. Wären nicht die Stärke der ihnen wohlgesonnenen Bank und ein Vertrag gewesen, mit dem die Handwerker der Firma auf die Produktion von Stiefeln für die italienische Infanterie ausweichen konnten – G. Gucci & Co. wäre höchstwahrscheinlich eingegangen.

Um die Leute bei Laune zu halten, legte der *Duce* Wert darauf, dass die Gewerbe in der italienischen Hauptstadt weiterliefen wie sonst. Dadurch konnte mein Vater den Wehrdienst umgehen. Seine Brüder in Florenz hatten dieses Glück nicht, beide mussten an die Front. Aber auch Rom blieb nicht völlig vom Krieg verschont: Die Stadt wurde 1943 und 1944 von den Alliierten bombardiert, Tausende von Zivilpersonen kamen dabei ums Leben. Der Vatikan blieb politisch streng neutral, und Papst Pius XII. verteilte in den Straßen Roms Almosen an diejenigen, die es am schlimmsten getroffen hatte. Schließlich jedoch konnte er Präsident Roosevelt dazu bringen, Rom als »offene Stadt« zu deklarieren – als eine Stadt, die alle ihre Verteidigungsaktionen eingestellt hat –, was die Bevölkerung und die größten Schätze der Stadt schlussendlich schützte.

Während mein Vater darum kämpfte, die Geschäfte am Laufen zu halten, konzentrierte sich seine Frau auf ihre Söhne, die sie zweisprachig erzog und mit denen sie nach dem Krieg so schnell wie möglich in England ihre Familie besuchen wollte. Die Jungen gingen auf die *Mater Dei School* unter der Leitung irischer Nonnen und hatten es ansonsten mit den üblichen Geschwisterrivalitäten zu tun. Giorgio, der Älteste, stotterte und war ein ziemlich unsicheres Kind. Paolo, der typische mittlere Sohn, war laut und gesellig, während Roberto als Nesthäkchen maßlos verwöhnt wurde. Da ihr »Daddy«, mit dem Olwen in einer lieblosen Ehe gefangen war, durch Abwesenheit glänzte, versorgte sie die Söhne auch mit der emotionalen Grundlage.

Heutzutage mutet es merkwürdig an, dass vor nicht einmal hundert Jahren eine Scheidung nicht nur völlig unvorstellbar war, sondern eine direkte Verletzung des kanonischen, katholischen Rechts (das im Übrigen auch heute noch gilt) bedeutet hätte. Erst in den 1970er Jahren wurde sie staatlich legalisiert. Selbst im protestantischen Großbritannien war die Scheidung verpönt. Wenn Olwen nicht nach Shropshire zurückkehren und ohne die Kinder weiterleben wollte, hatte sie keine Wahl. Sie musste in Italien bleiben und die Söhne aufziehen, so gut sie konnte. Also fand sie sich damit ab, dass sich mein Vater ihrem Leben weitgehend fernhielt und völlig in seiner brennenden Suche nach beruflichem, persönlichem und wirtschaftlichem Gewinn aufging.

Als der Krieg geendet hatte und Mussolini von den Partisanen getötet worden war, traten in Rom an die Stelle der geschlagenen Nationalsozialisten triumphierende amerikanische Soldaten, die Zigaretten rauchten und Kaugummis verteilten. Die anscheinend grenzenlose Versorgung der GIs mit Dollarnoten wurde nirgends herzlicher willkommen geheißen als bei Gucci. Wenn Papa abends die Tageseinnahmen zusammenzählte, muss er mächtig erleichtert gewesen sein, dass sich sein bis dahin als leichtsinnig betrachtetes Abenteuer nun endlich doch auszahlte.

Vor neuen Ideen sprudelnd und in der Hoffnung, sich einen internationalen Ruf aufbauen zu können, steigerte er schnell die Produktion leicht transportierbarer Accessoires wie Handschuhe, Gürtel, Anstecknadeln und Schlüsseltäschchen. Außerdem begann er seine Kinder auf ihren Platz in der Gucci-Dynastie vorzubereiten, die er, wie auch von seinem Vater gewünscht, einzurichten gedachte.

Die Leidenschaft, mit der mein Großvater sein Geschäft betrieb, war so groß, dass er seinen Enkeln angeblich schon bald nach ihrer Geburt gern mit einem Stück Leder unter der Nase herumwedelte mit den Worten: »Das ist der Geruch von Leder, der Geruch eurer Zukunft!« Ich bin mir nicht sicher, wie ich als Baby reagiert hätte, wenn mein Vater das mit mir gemacht hätte. Doch aus der Sicht der Erwachsenen schätze ich die natürliche und schon fast primitive Beschaffenheit fetter Tierhäute, die mich an die besten Momente in meinem Leben erinnern.

Wie schon sein Vater förderte Papa die eiserne Konkurrenz zwischen seinen jugendlichen Söhnen und ihr lebhaftes Interesse an dem Geschäft, das sie eines Tages erben sollten. Er gab ihnen Arbeit im Lager und beauftragte sie mit Auslieferungen – genauso wie er selbst in ihrem Alter eingespannt worden war. Als er sie in jenen aufregenden frühen Tagen des Unternehmens so fröhlich auf ihren Rädern losschickte, konnte mein Vater unmöglich ahnen, dass sie eines Tages gemeinsam seinen Ruin herbeiführen würden.

VIER

Mythos definiert sich als »eine traditionelle Erzählung, oft über die Frühgeschichte eines Volkes«. Er kann auch »eine verbreitete, aber falsche Überzeugung oder Vorstellung« sein. Als Mädchen, das vor der Öffentlichkeit abgeschirmt aufwuchs, war ich daran gewöhnt, dass die Wahrheit verschleiert wurde. Als ich daher herausfand, dass der Name Gucci schon lange vor meiner Geburt in gewisser Weise neu erfunden worden war, überraschte mich das nicht weiter.

Seit seinen frühesten Tagen am Savoy Hotel hatte Großvater Guccio die Bedeutung der Tradition als Statussymbol zu schätzen gewusst. Ahnentitel, Familienwappen und geprägte Initialen waren Kennzeichen für den Adel. Sollte das Gucci-Label also ein Synonym für Luxus werden und die Reichen und Aufstrebenden anziehen, dann musste mein Vater die bescheidene Herkunft der Familie vertuschen und eine glanzvollere Herkunft erfinden, so viel war ihm klar. Jedenfalls konnte es nicht im Interesse der Familie sein, den bescheidenen Start meines Großvaters als Page publik zu machen.

In Papas Darstellung lautete das so: »Ein Statussymbol wird nicht als solches geboren. Es wird erst dann eines, wenn es von einer gewissen Elite angenommen wird und jeder es gern kaufen will.« Daher heckten er und sein Vater in den Jahren direkt nach dem Krieg einen genialen Plan aus, um dem Namen Gucci eine bessere Vorgeschichte zu verschaffen. Die beiden waren aufgewachsen in einer Ära, in der es keine Autos gab, dafür aber adelige Kunden zu Pferd. So erfanden sie eine Abstammungslinie florentinischer Sattler, die dem mittelalterlichen Adel nahestanden.

Das passte gut zu der langlebigen Produktreihe im Reiterstil, die sie ins Programm nahmen; darunter rot-grün-gestreifte, Sattelgurten nachempfundene Gürtel, Stoffe in den Farben von Jockeykleidung, Eisenwaren und Griffe in Form von Steigbügeln und Kandaren und der Doppelstepp, wie er normalerweise nur bei den besten Ledersätteln angewendet wird.

Ein cleverer Winkelzug war zudem die Aufwertung der winzigen Gucci-Insignie, die per Hand in jede Tasche gestickt wurde, bevor sie die Fabrik verließ. Sie wurde nun zu einer Art Wappen mit einem Schild unter dem Familiennamen, geschmückt mit einer Rose und einem Rad. Ein edler Ritter in Rüstung ersetzte den bescheidenen Diener, der die Koffer trug.

Und wieder einmal war ein Mythos geboren.

Als ich noch ein kleines Mädchen war, schenkte mir mein Vater einen winzigen Siegelring mit diesem Gucci-Wappen. Er war aus achtzehnkarätigem Gold gefertigt und passte genau an meinen kleinen Finger. Auch wenn ich noch zu klein war, um seine Bedeutung zu erfassen, trug ich ihn mit Stolz und hege ihn noch heute.

Mein Vater hatte noch mehr Ideen, um das Geschäft am Brummen zu halten. In den schwierigen Nachkriegsjahren, in denen Italien in der Depression steckte und Leder noch zu den staatlich regulierten Waren gehörte, experimentierte er weiterhin mit anderen Materialien zur Herstellung finanziell tragfähiger Produkte. Not macht erfinderisch, und so entstand 1947 die Bambustasche. Keiner weiß mehr, wer von den Guccis als Erster auf die Idee dieser unverwechselbaren Schweinsledertasche kam, die in ihrer Form an die Konturen eines Sattels erinnert und mit einem Griff aus poliertem Bambusrohr versehen ist. Jedenfalls war es ein absoluter Geniestreich.

Die Tasche war sofort ein Verkaufsschlager, in einem Film von Roberto Rossellini trug sie sogar Ingrid Bergman am Arm. Nach all den Jahren des wirtschaftlichen Niedergangs und der faschistischen Herrschaft stellte die stattliche kleine Bambustasche etwas Neues, Aufregendes dar. Sie stand sinnbildlich für den Aufschwung des Landes und war ein unverkennbares Leitmotiv, das in vielen späteren Ausführungen angewandt werden sollte und bis heute als Statussymbol Kult ist unter den beliebten Vintage-Modellen. Ich besaß selbst eine schwarze, ein Geschenk meiner Mutter, das zu meinen kostbarsten Schätzen gehörte und mir Jahre später zusammen mit einer ganzen Reihe von Gucci-Taschen gestohlen werden sollte.

Inzwischen waren mein Vater und beide Onkel Vollzeit im Unternehmen beschäftigt. Nachdem Rodolfo während der Kriegszeit vor allem die Truppen unterhalten hatte, kam seine Schauspielkarriere nun zum Erliegen. Arbeitslos geworden bezog er mehr oder weniger widerwillig im Erdgeschoss des Ladens in der Via del Parione Stellung, während er seine Freizeit der Erstellung eines autobiografischen Films widmete, in dem seine größten Kinomomente vorkamen. Auch er bastelte an seinem eigenen Mythos.

Der leichtlebige Vasco, der während des Krieges die Militärstiefelproduktion geleitet hatte, wurde nun Chef der Florentiner Fabriken, zu denen – extra für die Produktion der Bambustasche – noch eine weitere gekommen war. Um die Söhne für ihre Bemühungen zu belohnen, gab mein Großvater jedem von ihnen einen Direktorenposten und gleiche Anteile an der Firma, auch wenn jeder akzeptierte, dass er und Papa das Sagen hatten. Dieser Schachzug weckte trotzdem Vertrauen und den Familienstolz. Qualifizierte Täschner strömten der Firma zu, deren Ruf als verlässlicher Arbeitgeber kontinuierlich wuchs, der Innovationen förderte und angemessen vergütete.

Den cleveren Schachzug, dass jeder Handwerker seine eigene Erkennungsnummer bekam, die in alles, was er hergestellt hatte, eingedruckt wurde, hatte sich mein Großvater womöglich bei Franzi abgeguckt. So wurden Verantwortungsgefühl und Kreativität gefördert. Wenn etwas fehlerhaft war, ließ es sich direkt bis zum Hersteller zurückverfolgen, was zur Sicherung eines höchstmöglichen Standards beitrug.

Alle Hände wurden gebraucht, um die steigende Auftragszahl abzuarbeiten, denn der römische Laden sorgte für ständige Nachfrage. Mein Vater, der mit Guccis wachsendem internationalen Prestige Kasse machen wollte, prägte das Motto »An Qualität erinnert man sich, auch wenn der Preis schon lang vergessen ist«, ließ es in Goldlettern auf Ledertafeln prägen und platzierte diese strategisch vor den Geschäften. Tatsächlich waren die Produkte damals so gut gemacht, dass die Mütter meiner Freunde noch heute sagen, dass die damals gekauften Taschen zeitlos sind und auch nach Jahrzehnten wie neu aussehen. Mein von Kunstfertigkeit und Langlebigkeit besessener Großvater wäre stolz gewesen.

In seiner rastlosen Art, die meine Mutter und ich später noch allzu gut kennenlernen sollten, unternahm Papa immer weitere Reisen, um Messen in ganz Europa zu besuchen und Ausschau nach neuen Materialien zu halten. In London bestellte er große Mengen fuchsroten und scheckigen Schweinsleders von spezialisierten Gerbern aus Walsall in Staffordshire. Diese butterweichen Leder wurden so wichtig für das Gucci-Geschäft, dass er die Fabrik dann auch persönlich aufsuchte, um die Leder auszusuchen. Je mehr er reiste, umso klarer wurde ihm, dass die Firma expandieren musste, um von dem weltweiten Wirtschaftsboom zu profitieren. Als Erstes visierte er Mailand an, das sich bereits gut von der Flächenbombardierung durch die Alliierten erholt hatte.

Mein Großvater blieb skeptisch gegenüber all diesen Expansionsplänen. Er und meine Großmutter Aida lebten noch immer in demselben Haus und hatten sich kaum äußere Zeichen von Wohlstand zugelegt. Eines seiner Mottos lautete »Bleib klein, dann bist du groß«, und er war fest entschlossen, meinen Vater an der Kandare zu halten. Der vernünftige Vasco, dessen Aufgabe es war, das Personal einzustellen und die Produktion zu überwachen, stand Papas brennendem Ehrgeiz ebenfalls sehr zurückhaltend gegenüber. Onkel Rodolfo, das von allen nur »Foffo« genannte Nesthäkchen, hatte da eine etwas andere Einstellung. Als Filmstar hatte er etwas von der Welt gesehen und mit mondänen Leuten zu tun gehabt. Ihm war klar, dass es einen noch unerschlossenen Markt für Qualitätsgüter gab. Auch wenn er seine Hollywood-Pläne inzwischen an den Nagel hatte hängen müssen, konnte er doch meines Vaters Träume nachvollziehen und wurde bald zu seinem wichtigsten Verbündeten.

Mit Unterstützung seines jüngeren Bruders konnte Papa 1951 endlich seinen Willen durchsetzen und in der Via Monte Napoleone 7 – der elegantesten Straße von ganz Mailand, umgangssprachlich einfach »Montenapo« genannt – neue Geschäftsräume erwerben. Mit einem verblüffenden Gespür, das typisch für ihn werden sollte, hatte mein Vater das Geschäft gerade zur rechten Zeit am rechten Ort eingerichtet. Sicherheitshalber setzte er Rodolfo ans Ruder der eleganten *bottega*, denn er wusste, dass dieser seine Verbindungen aus dem Filmgeschäft spielen lassen würde. Und tatsächlich drängte sich die Crème de la Crème der italienischen Filmstudios bald schon lautstark an der Tür von Gucci Mailand. Stars wie Marcello Mastroianni aus Fellinis *La Dolce Vita* und Gina Lollobrigida schnappten sich gleich die neuesten Designs.

Papa jedoch hatte noch größere Pläne. Schon lange bevor mein Großvater im Savoy Koffer geschleppt hatte, war ein Strom von über drei Millionen Italienern nach Amerika ausgewandert. Die sogenannte »Neue Immigration« wurde zu einem wichtigen Teil der US-amerikanischen Wirtschaft. Als die GIs nach und nach als inoffizielle Botschafter für modische Lederwaren dorthin zurückkehrten, weckten sie einen frischen Appetit auf alles, was italienisch war. Meinem Vater ging es darum, Italien, das die Amerikaner als Nation armer Pizza essender Immigranten betrachteten, ein höheres Ansehen zu verschaffen und das Land zu einem Synonym für Qualität und Design zu machen. Er spürte, dass er Gucci nach New York bringen musste, das Kerngebiet, aus dem seine Lieblingskunden kamen. Es war eine Pionierzeit und genau wie die Goldsucher im vorangehenden Jahrhundert wusste er, dass man, wenn man kühn handelte, ein Vermögen gewinnen konnte. Als er 1952 die Überfahrt auf einem Passagierschiff buchte, war er fest entschlossen, zu den Gewinnern zu gehören.

Die Stadt mit dem Spitznamen »Big Apple« bot mehr, als er sich erhofft hatte. Von dem Augenblick an, wo er an der *Luxury Liner Row* am Hafen von New York an Land ging, war es um ihn geschehen. Mit dem Namen eines Anwalts in der Brusttasche sah er sich voller Ehrfurcht in der Stadt um. Von den Wolkenkratzern bis zu den breiten Straßen und den vielen Autos mit den aufgestellten Heckflossen – all das spiegelte die Begeisterung und den boomenden Handel wider. Er war fasziniert. Es war der Beginn einer Liebesgeschichte mit Amerika, die viele Jahre anhalten sollte.

In Begleitung des Anwalts besichtigte Papa in Midtown Manhattan eine Reihe infrage kommender Läden. Dabei ging er genauso vor wie bei den Räumlichkeiten, die er in Italien ausgewählt hatte: Er betrachtete von der gegenüberliegenden Straßenseite das Geschäft mit halb zugekniffenen Augen und stellte sich den charakteristischen Gucci-Schriftzug über der Tür vor. Ich habe das später selbst genauso erlebt. Wenn der Grundriss nicht passte oder die Fassade nicht mit der Umgebung harmonierte, schüttelte er nur den Kopf, und auf ging's zum nächsten Objekt.

Ein Ladengeschäft stach ihm ganz besonders ins Auge. Es befand sich ebenerdig unter seinem Hotel, dem angesehenen Savoy-Plaza (von wo er meiner Mutter Briefe schrieb, aber davon später). An der Ecke 58. Straße Ost und Fifth Avenue überragte das Hotel mit dem vielversprechenden Namen den Central Park. Die Geschäfte im Erdgeschoss des Hotels zeigten zwar nicht direkt auf die Fifth Avenue, wie mein Vater es sich gewünscht hätte, aber sie waren von dem neunstöckigen Luxuskaufhaus Bergdorf Goodman aus sichtbar, dem im Beaux-Arts-Stil gebauten »Inbegriff von Eleganz«. Im Vergleich dazu mochte Papa an dem Geschäft in der Nummer 7 der 58. Straße Ost die Schlichtheit, und für 1500 Dollar im Jahr wollte er sich das nicht entgehen lassen. Er war einfach begeistert.

Um die Unterstützung meines Onkels Rodolfo zu sichern, bat er ihn, sich nach New York einzuschiffen, damit er sich die Immobilie mit eigenen Augen ansehen konnte, bevor sie beide mit den Bankern über den Aufbau von Gucci Shops Incorporated in den USA verhandelten. In einem Akt blanken Ungehorsams schickten sie meinem Großvater das Telegramm mit der Neuigkeit erst, als der Mietvertrag bereits unter Dach und Fach war. Aus viertausend Meilen Entfernung konnte Guccio nichts ausrichten – er hatte angenommen, sie wären in die Vereinigten Staaten gereist, um ein allgemeines Gefühl für den Einzelhandel dort zu bekommen. Er warf Papa sogleich vor, mit seiner Tollkühnheit werde er sie noch alle in den Ruin treiben. Telegrafisch forderte er sie auf, den Vertrag rückgängig zu machen und sofort heimzukehren. Doch vergeblich.

In die auf ihre Rückkehr folgenden Gespräche im Büro von Gucci & Co. waren nur wenige eingeweiht. Sie müssen heftig gewesen sein. Meinen Großvater, der den finanziellen Ruin gerade noch so verhindert und zwei Weltkriege überlebt hatte, muss die Geschwindigkeit, mit der sein Ältester die Geschäfte vorantrieb, beängstigt haben. Am 2. Januar 1953 starb er, mit seiner getreuen Frau an seiner Seite, plötzlich an einem Herzanfall. Er war einundsiebzig Jahre alt. Meine unbeugsame Großmutter, die allen Konventionen zum Trotz ein uneheliches Kind zur Welt gebracht und Guccio dann auch noch davon überzeugt hatte, ein Geschäft aufzubauen, bei dem sie ihm tatkräftig zur Seite stand, folgte ihm weniger als zwei Jahre danach ins Grab.

Ich denke, es war meines Großvaters Verdienst, dass er – der die Firma gegründet und darin all seine Träume verwirklicht hatte – sich den Wünschen seines Sohnes wenige Wochen vor seinem Tod beugte. Nachdem er die überzeugenden Argumente meines Vaters angehört hatte, gab er ihm seinen Segen für ihr neues ehrgeiziges Abenteuer in Amerika. Er hatte den Staffelstab weitergegeben.

Zehn Monate nach Guccios Beerdigung auf dem Friedhof von Soffiano am Rande von Florenz, wo sich das mir später so vertraut gewordene Familiengrab befindet, organisierte mein Vater im November 1953 die große Eröffnung seines ersten Geschäfts auf amerikanischem Boden. Als Pionier des italienischen Designs, war sein Geschäft das erste in den Vereinigten Staaten, in dem hochwertige italienische Produkte verkauft wurden.

Obwohl er und seine Brüder offiziell gemeinschaftlich als Teilhaber firmierten, zweifelte doch niemand daran, dass Papa jetzt de facto Chef von G. Gucci & Co. war. Aus diesem Anlass lancierte die Firma ein neues Sortiment, darunter den ersten Gucci-Slipper, einer meiner Favoriten, als ich ein junges Mädchen war. Der elegante Slipper aus Krokodil- oder Wildleder mit einer Metallverzierung in Form einer Kandare prägte die Zukunft des Unternehmens.

Mit der Eröffnung des Ladens in Manhattan kannte meines Vaters Elan keine Grenzen mehr. Er war enorm stolz, dass alle drei Söhne bereits für den Familienbetrieb arbeiteten. Giorgio und Roberto waren eifrig hinter den Kulissen zu Gange, während der schillernde Paolo – ganz der Vater – in seinen kreativen Impulsen ermutigt wurde und neue Designs schuf. Wenn Papa sie beobachtete, wie jeder seine individuellen Fähigkeiten in die Firma einbrachte, wusste er: Er hatte nicht nur einen Mythos, er hatte ein Vermächtnis geschaffen.

Die New Yorker Geschäftsräume waren elegant und richtungsweisend zugleich. Sie strahlten Raffinesse, Luxus und Glamour aus und schufen damit einen Trend, der ein weltweites Echo fand. Als die Kameraverschlüsse klickten, stand er neben seinem Lieblingssohn Roberto, hinter ihnen die Onkel Rodolfo und Vasco, eine berührende Demonstration familiärer Geschlossenheit. Damit sendeten sie ein klares Signal aus: Diese Firma wurde von den Männern in der Familie geführt.

Meine Tante Grimalda war hingegen mit dem falschen Geschlecht geboren worden. Obwohl sie ihr Leben lang in dem Florentiner Geschäft gearbeitet und ein Darlehen ihres Verlobten die Firma zu einem frühen Zeitpunkt vor dem Ruin bewahrt hatte, fiel für sie im Testament meines Großvaters nichts ab. Er teilte das Geschäft in drei Teile, und sie erbte nur ein wenig Land sowie zwölf Millionen Lire (was in etwa 20 000 Pfund entspricht). Diese Entscheidung entfachte den ersten Rechtsstreit in der Familie, denn Grimalda focht die ungerechte Verteilung des Erbes an. Vor Gericht schmetterten die Anwälte ihrer Brüder sie jedoch gnadenlos ab, was sie und ihre Familie über Jahre verbitterte.

Dieser für die Geschichte der Guccis wichtige Prozess ereignete sich zehn Jahre vor meiner Geburt und legte den Grundstein für spätere vernichtende Kämpfe.

Die Familie war fortan nicht mehr dieselbe.

FÜNF

Es gibt Schlüsselmomente im Leben, da treffen wir Entscheidungen, die unsere Zukunft bestimmen. Mir fallen mehrere solche Momente in meinem Leben ein, und oft frage ich mich, wie sich die Dinge wohl entwickelt hätten, wenn ich einen anderen Weg eingeschlagen hätte.

In der Geschichte meiner Familie war gewiss Guccios Entscheidung, Florenz zu verlassen, um sein Glück in London zu versuchen, ein solch entscheidender Augenblick. Für Papa muss es der Tag gewesen sein, an dem er sich nach New York einschiffte. Und für meine Mutter Bruna war es mit Sicherheit der Augenblick, als sie an einem milden Freitagmorgen im April 1956 erstmals den Fuß in das Gucci-Geschäft in der Via Condotti 21 setzte.

Es war, »als beträte ich eine andere Welt«, erzählte sie. Sie war gerade achtzehn und Tochter einer verwitweten Schneiderin. Und jetzt versuchte sie krampfhaft, das Zittern ihrer Hände zu verbergen, indem sie sich an ihrer Handtasche festhielt, die – wie ihr plötzlich klar wurde – von ausgesprochen minderwertiger Qualität war. Sie trug ihr bestes Stück, ein taubenblaues Hemdkleid, und dazu schwarze Pumps. Die Wohnung ihrer Mutter in der Viale Manzoni im Westen Roms hatte sie am Morgen aufgeregt und ängstlich zugleich verlassen. Nachdem ihr Freund Pietro ihr ein Vorstellungsgespräch bei seinem Schwager vermittelt hatte, der Abteilungsleiter in diesem Vorzeigegeschäft war, hatte sie tagelang überlegt, was sie anziehen und was sie sagen sollte.

»Wenn ich diesen Job ergatterte, konnte ich mein eigenes Geld verdienen und mir kaufen, was ich wollte«, erzählte sie. »Es war eine gute Gelegenheit, und wer weiß, was sonst aus mir geworden wäre.«

Als jüngstes von drei Kindern wurde Mama inmitten des Neujahrsfeuerwerks von 1936 gezeugt und exakt neun Monate später am 1. Oktober 1937, zwei Jahre vor Beginn des Zweiten Weltkriegs geboren. Mein Großvater Alfredo Palombo war ein Staatsbeamter im mittleren Dienst und begeisterter Faschist. Großmutter Delia war eine Liberale und nach Aussage meiner Mutter ein »Engel«. Als Nesthäkchen in der Familie wurde Bruna von ihrer Mutter bedingungslos vergöttert und bekam von ihr die Brust, bis sie zwei war. Mit ihrem zu Zöpfen geflochtenen dunkelbraunen Haar, das bei ihrer Geburt zu ihrem Namen geführt hatte, war meine Mutter ein glückliches und doch sehr anhängliches Kind, ein Charakterzug, der sie fast ihr Leben lang verfolgte und ihre Beziehung zu meinem Vater und mir beeinflusste. Sie hatte Angst vor dem Alleinsein, schlief bis zum Alter von sechs Jahren bei ihren Eltern im Bett und hing meiner Großmutter ständig am Rockzipfel.

Mit dem Zweiten Weltkrieg änderte sich alles für ihre Familie. Kaum hatte Italien die Seiten gewechselt und die Regierung aufgelöst, verlor mein Großvater Alfredo den eigentlich auf Lebenszeit angelegten Arbeitsplatz. Mussolini wurde verhaftet und in den Bergen gefangen gehalten, bis Nazikommandos herbeirauschten, ihn kühn mit einem Segelflieger retteten, um ihn als Marionette wiedereinzusetzen. Sein neues Regime wurde in Gargnano am Gardasee in der Lombardei eingerichtet. Achthundert frühere Regierungsbeamte, unter denen sich auch mein Großvater befand, wurden zum Arbeiten dorthin zitiert. Da sie in Rom praktisch unbrauchbar waren, hatten sie kaum eine Wahl, und Alfredo schätzte sich besonders glücklich, denn so konnte er nochmals seinem Duce dienen.

Meine Mutter war fünf, als sie zusammen mit ihrem älteren Bruder Franco und der Schwester Gabriella in den Zug gesetzt wurde. Die Familie verließ Rom und zog in ein kleines Haus in dem Ferienort Maderno in der Nähe von Gargnano. Abgesehen von ihrer Begeisterung über den ersten Schnee in ihrem Leben fand sie es schwer, Fuß zu fassen in einer Stadt, in der wegen der plötzlichen Zuzüge fast alles beschlagnahmt worden war. Die Einheimischen, die auf die Menschen vom Süden herabblickten, waren den Neuankömmlingen nicht wohl gesonnen. In der Schule wurde meine Mutter wegen ihres römischen Akzents gehänselt, sie fühlte sich fehl am Platz und wurde unsicher.

Von Soldaten bewacht und von Luftschutzbunkern umgeben, war diese bis dahin friedliche Region nun auch häufigen Luftangriffen der Alliierten ausgesetzt. Als eine Reihe von Mussolinis Soldaten getötet wurden, mussten die Bewohner der Stadt, darunter auch meine Mutter, Spalier stehen, während die Leichen in offenen Särgen vorbeigetragen wurden. Die Palombos gewöhnten sich nie an die neue Umgebung, sie vermissten ihr Zuhause, blieben aber dennoch bis zum Ende des Krieges, der Ankunft der Amerikaner dort. Nach Mussolinis Hinrichtung hatten sie dann wiederum keine Wahl: Sie mussten nach Rom zurückkehren. Die Erfahrung hatte sie alle verändert.

Mein Großvater musste sich nun mit einer wesentlich niedrigeren Regierungsstelle und geringerer Bezahlung abfinden. Sein Groll schlug sich auf die Gesundheit nieder. Ein schon vorhandenes Magengeschwür und ein Nierenleiden verschlimmerten sich, was seine Stimmung nur noch verschlechterte. Mama wurde oft zum Opfer seiner Launen – er schlug sie wegen jeder kleinsten Unbesonnenheit. Mein Onkel Franco hielt sich bedeckt, und meine Tante Gabriella, hübsch, schlau und in gewisser Weise ein »Papakind«, war die Einzige, die seinen ständigen Nörgeleien entging, und wurde meiner Mutter auch oft als Vorbild vor die Nase gehalten, sodass sie das Gefühl hatte, nichts mit ihren Geschwistern gemein zu haben. Einsam und auf sich gestellt schuf sie sich zum Spielen eine eigene Welt. Ihre Einsamkeit als Kind kann ich jedenfalls sehr gut nachvollziehen.

Immerhin blieb ihr die bedingungslose Liebe seitens ihrer Mutter, so dachte sie jedenfalls. Als sie acht war, hörte sie zufällig, wie meine Großmutter zu einer Freundin sagte: »Ich wollte Bruna nicht. Wir konnten uns kein weiteres Kind leisten, und ich tat alles, um das Baby loszuwerden.« Meine Mutter war noch zu klein, um die Gründe zu verstehen. Was sie jedoch gehört hatte, erschütterte sie zutiefst und hinterließ eine tiefe Wunde. Sie entwickelte die schrullige Angewohnheit, immer und überall eine Handtasche bei sich zu führen, die ihr Sicherheit gab. Das tut sie noch heute. In ihrer Kinderhandtasche bewahrte sie ihre wenigen Kostbarkeiten auf, um etwas davon eintauschen zu können, wann immer jemand ihr ein Geschenk anbot. Selbst wenn es sich nur um ein Bonbon oder etwas ähnlich Belangloses handelte, meinte sie, etwas zurückgeben zu müssen – das konnte auch ein Knopf von ihrer Bluse sein. Meine Großmutter fand diese Gesten amüsant und erkannte nicht, dass sich darunter ein emotionaler Konflikt verbarg, der etwas über das Selbstwertgefühl meiner Mutter aussagte.

Trotz der Entdeckung, dass sie ein unerwünschtes Kind war, drehen sich die einzigen glücklichen Kindheitserinnerungen meiner Mutter um meine Großmutter. Delias sonniges Gemüt füllte die Wohnung mit Licht. Sie saß singend an ihrer Nähmaschine und nähte alle möglichen Kleider, die sie sich nie hätte kaufen können. Meine Mutter sah ihr dabei zu, wie sie innerhalb von Stunden vom Entwurf bis zur Vollendung ein großartiges Gewand schuf, und sie träumte vom Leben derjenigen, die ein solch extravagantes Kleid tragen mochten. »Ich liebte es, mich schick zu machen und mich zu schminken. Dann borgte ich mir Mamas Eyeliner und trug ihn sorgfältig auf, bis ich wie Kleopatra aussah. Ich sah mich als exotische Frau, die all diese wunderschönen Kleider trug und ein völlig anderes Leben lebte.«

Meine Großmutter war hellseherisch veranlagt, jedenfalls hatte sie nach eigener Aussage oft Vorahnungen. Eines Tages schaute sie von ihrer Nähmaschine hoch und verkündete: »Deine Schwester Gabriella wird hart arbeiten müssen, um zu bekommen, was sie will, Bruna. Dir dagegen wird alles auf einem Silbertablett präsentiert werden.« Insgeheim hielt meine Mutter das für höchst unwahrscheinlich.

Als Teenager hatte Mama endlich eine Freundin namens Maria-Grazia gefunden, die sehr frech war und sie ermutigte, sich gegen die Strenge des Vaters zur Wehr zu setzen. Sie probierte verbotene Sachen wie Kaugummis und Zigaretten und blieb bis spät abends fort, womit sie Schläge riskierte, falls er sie erwischte.

Mit vierzehn schließlich galt ihr Hauptinteresse den Jungen, und zwar ganz besonders einem namens Pietro. Er war drei Jahre älter, hatte dichtes dunkles Haar, überaus lange Wimpern und »einen wunderschönen Mund«.

Als Pärchen machten sie all das, was Pärchen eben so tun. Sie gingen auf die abendliche *passeggiata* auf der Piazza, verbrachten Zeit mit den Freunden oder schauten sich synchronisierte Fassungen von Hollywoodfilmen wie *Zwölf Uhr mittags* oder *Singin' in the Rain* an. Pietro war ein Einzelkind und arbeitete für das gut gehende Lebensmittelunternehmen seiner Familie. Er war häufig außerhalb der Stadt unterwegs. Er hatte mehr Geld als die meisten anderen, und als er zum achtzehnten Geburtstag einen Fiat 1100 geschenkt bekam, war er im Freundeskreis der Erste mit eigenem Auto. Er machte mit meiner Mutter romantische Ausflüge, parkte irgendwo an einem abgeschiedenen Ort, schaltete das Radio ein und versuchte, sie bei schöner Hintergrundmusik zu streicheln, während sie sich gegen alles zur Wehr setzte, was über Küsse hinausging.

Zu Hause war Mama längst nicht so glücklich wie mit ihrem Freund. Die Launen ihres Vaters hatten sich zwar durch einen unerwarteten Lotteriegewinn (etwa 5 000 $) gebessert, meine Mutter und Gabriella standen jedoch unter einem konservativen Kleiderzwang sowie einem abendlichen Ausgehverbot und verübelten ihm beides. Ihr kam es so vor, als bestünde sein Lebensinhalt darin, seiner Umgebung das

Leben möglichst schwer zu machen. Sie konnte sich nicht vorstellen, wie sich das je ändern sollte.

Doch eines heißen Tages im Juni 1953 war es plötzlich so weit. Als meine Mutter von der Schule nach Hause kam, wurde sie von einer Nachbarin informiert, dass ihr Vater zusammengebrochen und ins Krankenhaus eingeliefert worden sei. Da er schon seit Jahren gesundheitlich angeschlagen war und er kurz zuvor eine Nierensteinoperation gehabt hatte, war sie nicht besonders beunruhigt.

Sie setzte sich an den Küchentisch und blätterte die Zeitung mit Fotos von Queen Elizabeths Krönung durch. Auf dem Tisch standen in einer Schüssel Kirschen für sie bereit. Während sie die Wanduhr ticken hörte und auf ihre Mutter wartete, betrachtete sie die Fotos und steckte sich eine Kirsche nach der anderen in den Mund. Nicht einmal eine Stunde später stürmte dieselbe Nachbarin, die ihr die Wohnung aufgeschlossen hatte, wieder in die Küche und schrie: »Dein Papa ist tot! Dein Papa ist tot!« Ein Schlaganfall hatte ihn getötet. Mama blieb einfach sitzen. Benommen starrte sie auf die Uhr und aß weiter ihre Kirschen. Der Geschmack war für sie fortan mit diesem Augenblick verbunden.

Ich habe meine Großeltern nie kennengelernt, weiß aber, dass meine Mutter kaum gute Erinnerungen an ihren Vater hatte und den Verlust nicht sonderlich betrauerte. Zum Glück war die Familie dank des unerwarteten Lotteriegewinns und der Beamtenpension des Verstorbenen nun bessergestellt als zuvor. Bald darauf heiratete Gabriella einen Zahnarzt, während mein Onkel Franco eine Anstellung bei BP fand. Meine Mutter wollte nun selbst einen Beruf lernen und besuchte einen Kurs in Stenografie, wo sie andere junge Leute kennenlernte, und begann, öfter auszugehen. Die Welt schien ihr freundlicher gesinnt, bis Franco die Rolle des Familienoberhaupts übernahm und den Verhaltenskodex des Vaters vor allem in Bezug auf Mamas Benehmen noch verschärfte.

»Ich tat alles, um Franco und der Wohnung zu entgehen«, erzählte sie mir. »Und trotzdem überwachte er jede meiner Bewegungen und folgte mir wie ein Wachhund, wenn ich abends länger ausblieb. Er war ein Tyrann!«

Die Tyrannei setzte sich bei Pietro fort, der in der Zwischenzeit beschlossen hatte, dass meine Mutter kein Make-up mehr tragen sollte. Dabei schminkte sich damals jede hübsche *signorina*, die Wert auf ihr Aussehen legte. »Außerdem möchte ich, dass du nur hohe Absätze trägst, wenn du mit mir ausgehst«, verlangte Pietro. Immer wollte er wissen, wo sie war. Die ständigen Auseinandersetzungen am Telefon führten unweigerlich dazu, dass sie den Hörer auf die Gabel knallte.

Als sie eines Abends schmusend in seinem Auto saßen, machte ihr Pietro plötzlich einen Heiratsantrag. Und bevor sie überhaupt einen klaren Gedanken gefasst hatte, hörte sie sich selbst »*Sì*« sagen. Er war sich ihrer Antwort offenbar so sicher gewesen, dass er sogleich eine kleine Samtschatulle hervorholte, in der sich ein Verlobungsring mit einer Perle befand. Sie zog ihn über den Finger, obwohl sie Perlen hasste und insgeheim fürchtete, dass sie womöglich ein Leben unter Francos Tyrannei gegen eine Ehe unter Pietros Fuchtel eintauschte.

Meine Großmutter war entsetzt. Sie hegte ihre eigenen Zweifel gegen Pietro und teilte meiner Mutter umgehend mit, sie solle doch nicht denselben Fehler machen, den sie mit ihrem Vater begangen hatte. »Überleg dir gut, was du tust, Bruna«, warnte sie sie. »Ich glaube nicht, dass Pietro dir guttut. Wenn du ihn wirklich heiratest, wirst du nach drei Tagen wieder nach Hause wollen, das sage ich dir.«

Mama fühlte sich hin- und hergerissen. Sie hatte sich fest vorgenommen, sich nicht auf einen autoritären Mann wie ihren Vater einzulassen. Zugleich schienen sich aber die meisten italienischen Männer so zu verhalten. Hatte sie also eine Wahl? Pietro war grundsätzlich anständig und pflichtbewusst, außerdem betete er sie offensichtlich an. Ihre Freunde hatten ihr wiederholt gesagt, er sei ein echter »Fang« und werde einen beständigen Ehemann und guten Vater abgeben.

Pietro, der nichts von ihren Vorbehalten wusste und bereits ihre gemeinsame Zukunft plante, gab Mama nun schon die Hälfte seines

Wochenlohns. Sie verstaute das Geld in einem Schuhkarton, den sie unter einer Kommode in ihrem Schlafzimmer versteckte. Ihr gemeinsames Leben schien vorbestimmt. So wie sie sich als Kind im Gegenzug zu allem, was sie geschenkt bekam, einen Knopf von der Bluse abgerissen hatte, versprach sie sich ihm nun zum Ausgleich für seinen Schutz. In ihren Augen gab es keine Alternative.

Nachdem sie ihren Stenokurs beendet hatte, gab ihr meine Großmutter klipp und klar zu verstehen, wenn sie eigenes Geld wolle, habe sie sich eine Arbeit zu verschaffen. Pietro stimmte widerwillig und unter der Vorgabe zu, dass er den Job und Arbeitgeber auswählte. Von seinem Schwager Laurent hatte er erfahren, dass es bei Gucci in der Schreibstube eine geeignete Stelle geben würde.

An einem schönen Freitagmorgen im Frühjahr 1956 betrat meine Mutter nun diesen ihr bis dahin völlig unbekannten Laden, der ihr Schicksal verändern sollte. Davon ahnte sie freilich noch nichts, während sie sich voller Staunen in dem luxuriösen und doch dezenten Geschäft mit seinen holzgerahmten Schaukästen und dem Duft nach Leder umsah. Als Laurent sie zu sich winkte, folgte sie ihm in das Büro im ersten Stock. Dabei sanken ihre Absätze tief in den grünen Teppich ein. Pietros Schwager war kultiviert, groß und schlank, und er wirkte sehr entspannt. Er erklärte ihr, der für sie passende Arbeitsplatz befinde sich vermutlich im Lagerraum. Das Anfangsgehalt sollte die für sie atemberaubend hoch klingende Summe von fünfundzwanzigtausend Lire pro Woche betragen.

»Wenn Sie sich gut anstellen, können Sie sich in den Verkaufsraum hocharbeiten,« fügte er hinzu.

Allein schon die Vorstellung, irgendwann womöglich zu den schicken »Vorderhaus«-Mädchen zu gehören, brachte sie ins Taumeln. Fast stolperte sie über Laurent, als er sie den Korridor entlang zu einem anderen Büro führte, das hinter einer Glastür lag. Er drückte die Klinke herunter und sagte lächelnd: »Erst einmal muss ich Sie mit dem Chef bekannt machen.«

Dann flüsterte er noch: »Sprechen Sie erst, wenn Sie angesprochen werden. Und dann sagen Sie am besten nicht zu viel.« Vor Aufregung wurde ihr fast schwindelig.

Sie traten in ein erstaunlich einfaches, kunstvoll leger eingerichtetes Büro. Eine Sekretärin saß fleißig tippend in einem kleinen Vorraum. Hinter einem großen Schreibtisch aus Holz stand ein schlanker, fein gekleideter Geschäftsmann mit elegant zurückgekämmtem, schon etwas schütterem Haar.

»Dr. Gucci, hier ist das Mädchen, von dem ich Ihnen erzählt habe,« sagte Laurent leichthin. Er verwendete den Titel *»dottore«*, der unabhängig von einem akademischen Grad Respekt ausdrückt. »Sie heißt Bruna Palombo und ist als Stenografin ausgebildet. Ich würde sie aber mit Ihrer Zustimmung erst einmal unten einsetzen wollen.«

Mein Vater trat hinter dem Schreibtisch hervor und schüttelte meiner Mutter mit einem entwaffnenden Lächeln die Hand. Als er sie fragte, wie alt sie sei, hob sie die Augen und sah ihn an. Auf ihre Antwort, sie werde im Oktober neunzehn, taxierte er sie von oben bis unten und antwortete: »Sehr gut. Sie können nächste Woche anfangen.« Sie traute ihren Ohren kaum und senkte den Blick.

Als sie wieder zu Hause war, konnte sie über nichts anderes reden als über die wenigen Augenblicke, die sie im Geschäft verbracht hatte. Sie schwärmte meiner Großmutter und ihrer Freundin Maria-Grazia von den üppigen Details vor und rief: »Ihr könnt euch das ja gar nicht vorstellen!«

»Und wie war der Chef?«, fragte Delia.

»Freundlich!«, antwortete sie nachdenklich. »Und er hatte ja so was von blaue Augen… diese *Augen*!« Die Einstellung bei Gucci war das Aufregendste, was ihr in ihrem jungen Leben je geschehen war, erzählte sie mir. »Ich hätte am liebsten gleich angefangen!«

Jener Montag, an dem sie den orangenen M-Bus zur Arbeit nahm, war gewiss einer der glücklichsten Tage ihres Lebens. Als sie am Kolosseum vorbei zur Piazza di Spagna fuhr, schien ihr das Leben wie ein

Kinofilm, in dem sie das junge Mädchen von Welt spielte. Durch puren Zufall und mit etwas Glück hatte sie die Schwelle in eine Welt überschritten, von der sie als kleines Mädchen geträumt hatte. Eine Welt, in der Frauen tun und lassen können, was sie wollen, und Kleider tragen, wie ihre Mutter sie geschneidert hatte.

In den ersten paar Wochen war sie mit dem Lagerbestand beschäftigt, machte Inventur, versah die Waren mit Preisschildern und war überglücklich, dort zu sein. So oft sie konnte, spähte sie in den Verkaufsraum und beobachtete fasziniert die High Society unter den Kristallleuchtern. »Der Laden zog unglaublich interessante, elegante Leute an, die offenkundig allesamt wohlhabend waren. Viele kamen von den Botschaften ringsum, manche auch aus dem Filmgeschäft. Ich war fasziniert von ihrer Kleidung und dem wunderbaren Schmuck, den sie trugen.«

Insgeheim studierte sie auch ihre Körpersprache sowie die Haltung und Anmut der Angestellten, die diskret im Hintergrund bereitstanden, um den Kunden die Produkte jederzeit anpreisen oder mit Informationen dienen zu können. »*Buon giorno, posso esserle d'aiuto*?« (»Guten Morgen, kann ich Ihnen behilflich sein?«), fragten sie, höflich jene Etikette wahrend, auf die seit meines Großvaters Tagen in der Familie Gucci Wert gelegt wurde.

Bevor meine Mutter bei Gucci zu arbeiten begann, mochte sie den Namen noch nie gehört haben. Doch ihr wurde schnell klar, dass es sich um eine der angesehensten Luxusmarken von ganz Italien handelte, in deren Laden Filmstars wie Ava Gardner, Joan Crawford, Kirk Douglas und Clark Gable ein und aus gingen. Selbst die Königin von England war Kundin gewesen – noch jugendlich frisch hatte sie das Geschäft in Florenz aufgesucht. In Begleitung einer Hofdame war die junge britische Kronprinzessin von Dr. Guccis Vater persönlich bedient worden und hatte angeblich zu ihm gesagt: »In London gibt es nichts, was dem hier auch nur im Entferntesten nahekommen würde!«

Binnen Kurzem wurde meine Mutter für den Verkaufsraum eingeteilt, was ihr so viel Lampenfieber bereitete wie einem Model der erste

Schritt auf dem Laufsteg. Trotz einiger Anfängerfehler war sie mit ihrer zurückhaltenden Art und dem freundlichen Lächeln schnell unter Mitarbeitern wie Kunden beliebt. Wenn ich die damaligen Fotos von ihr anschaue, verstehe ich auch, warum. Sie sah einfach atemberaubend aus und hatte sicher eine sehr starke Präsenz. Ein iranischer Diplomat fand anscheinend so viel Gefallen an ihr, dass er zu einem Stammgast des Geschäfts wurde und ihr mitteilte, mit ihrem dunklen Haar und der blassen Haut habe sie »den Teint einer persischen Schönheit«.

Zu meiner Großmutter sagte sie, mit der Arbeit dort sei für sie ein Traum in Erfüllung gegangen, und sie fügte hinzu: »Und jeden Tag habe ich das Gefühl, als wäre ich in einem Film!« Mit wachsendem Selbstbewusstsein ahmte sie die erfahreneren Mädchen nach und trat mehr und mehr mit den Kunden ins Gespräch.

Mein Vater, den sie nur als »Dr. Gucci« kannte, kam und ging, meist in halsbrecherischer Geschwindigkeit. Er arbeitete mindestens sechs Tage die Woche und flog mit einem gnadenlos vollen Terminkalender in der Welt herum. Nicht einmal im August legte er Pause ein, wenn die Italiener traditionellerweise alles stehen und liegen lassen. Während die meisten Römer die Stadt verließen und am Meer oder in kühleren Gefilden in den Bergen ausspannten, arbeitete er wie sonst ungebremst weiter und klagte, seine Landsleute seien nichts als *fannulloni,* »Faulenzer«.

Mit dem charakteristischen Fedora auf dem Kopf und einer ledernen Aktentasche unter dem Arm spurtete mein Vater von Ort zu Ort und von Geschäft zu Geschäft, ohne dass seinem prüfenden Auge irgendetwas entgangen wäre. Auf eine Weise, die ich oft genug selbst erlebt habe, brachte er seine Angestellten zum Zittern, wann immer er den kleinsten Fehler in den Auslagen korrigierte oder prüfte, ob eine Oberfläche auch wirklich glänzte. Mitunter verlor er die Beherrschung und brauste gegenüber einem armen Untergebenen auf, der zu nachlässig mit einer Auslage gewesen war oder etwa gewagt hatte, einen Fingerabdruck auf Glas zu hinterlassen.

»Sind Sie blind?«, rief er dann. »Haben Sie hier nichts gelernt?« Meine Mutter erzählte mir, dass mein Vater anderen furchtbar Angst einflößen konnte, bevor er mit dem Alter milder wurde. »Er war wie ein Erdbeben. Du konntest seine Stimme durchs ganze Geschäft hören. Die Leute bebten nur so vor Angst!« Sie wunderte sich über seine Ausbrüche, doch war sie Ähnliches von ihrem Vater gewöhnt. Und so biss sie sich auf die Lippen und betete, dass sie nie in seine Schusslinie geraten möge.

Sobald dann ein potenzieller Kunde den Laden betrat, war es, als würde sich ein Schleier heben, und mein Vater war plötzlich wieder der Charme in Person. Immer bereit für Menschen, die schätzten, wofür Gucci stand, führte er sie an seine neuesten Kreationen heran und ließ bei Männern und Frauen gleichermaßen keinen Zweifel daran aufkommen, dass sie – zumindest für einen kurzen Augenblick – den Mittelpunkt seiner Welt bildeten. »Dieser Mann wäre in der Lage, seine eigene Mutter an die Beduinen zu verkaufen«, erzählte Mama meiner Großmutter, wenn sie nach Hause kam. »Es ist unglaublich, ihn in Aktion zu erleben.«

Was sie nicht bemerkte, war, dass mein Vater sie ebenfalls beobachtete. Mit anderen war er hart, ihr gegenüber dagegen untypisch sanft. Wann immer er sie sah, sprach er sie mit seinem unverwechselbaren toskanischen Akzent mit »Ciao, Nina!« an, wobei er zärtlich das Ende von Brunina, seines Kosenamens für sie, verwendete. Manchmal blieb er auch bei ihr stehen, um ihr bei der Arbeit zuzuschauen. Oder er hob den Fedora zum Gruß und fragte sie nach ihrem Befinden.

Mama war glücklich bei ihrer Arbeit, sie blühte sowohl als junge Frau wie auch als Mitglied des Verkaufspersonals auf. Mit nunmehr eigenem Geld und einem zunehmenden Selbstwertgefühl ging ihr Pietros kontrollierende Art immer mehr auf die Nerven, zudem er sie warnte, nicht »zu freundlich« gegenüber den Kunden zu sein. Seine Unterstellungen machten sie wütend. Sie hatte sich im Geschäft und außerhalb immer korrekt verhalten und nie etwas Ungehöriges getan.

Nach vier (sexuell enthaltsamen) Jahren mit ihm war sie doch nun wirklich vertrauenswürdig! Ihre immer heftigeren Streitigkeiten endeten häufig damit, dass sie ihre Verlobung pathetisch auflöste. Bei anderen Gelegenheiten zog sie sich weinend seinen Ring vom Finger und legte ihn im Schuhkarton zu dem Notgroschen für eine gemeinsame Zukunft, die sie sich nun überhaupt nicht mehr wünschte.

Sie hatte auch niemandem, mit dem sie über ihre Belange hätte sprechen können, denn ihre beste Freundin Maria-Grazia war der Liebe halber nach Amerika gezogen, und sie vermisste ihre vertrauten Gespräche. Lucia, eine der Verkäuferinnen, war sehr nett, aber sie kannten sich noch nicht gut genug, um sich Herzensangelegenheiten anzuvertrauen. Doch eines Tages trat jemand ins Leben meiner Mutter, der ihr engster Freund werden sollte.

Sie stand gerade am Ladentisch, als sie den attraktiven jungen Mann mit dem dunklen Haar und einem sehr britisch aussehenden Dufflecoat aus Schottenstoff vor dem Geschäft herumlungern sah. Sie trat vors Haus und fragte, ob sie ihm behilflich sein könne. Er hieß Nicola Minelli, hatte in London im Einzelhandel gearbeitet und war erst kürzlich nach Rom zurückgekehrt. »Ich würde ja *so gern* hier arbeiten«, sagte er mit einem verschmitzten Lächeln, das Mama und ich noch gut kennenlernen sollten. »An wen kann ich mich wenden, wenn ich mich hier bewerben möchte?« Nicola sprach fließend Englisch und hatte so ein gewisses Etwas an sich. Meine Mutter war sofort beeindruckt von ihm. Von vornherein vermutete sie sehr richtig, dass er weder an ihr noch sonst an Frauen interessiert war. Sie bat ihn in den Laden und gab meinem Vater Bescheid, da sei ein präsentabler junger Mann, der Arbeit suche. Gleich wies er sie an, ihn hinaufzuschicken. Kurz darauf kam Nicola zurück und bedankte sich freudestrahlend bei ihr. Er sollte gleich in der folgenden Woche anfangen.

Nicola war ein echter Glücksfall für Mama und letztlich auch für mich. Mit seinem schalkhaften Sinn für Humor und seinem Ladenklatsch brachte er meine Mutter von einem Kicheranfall zum nächsten.

»Siehst du den Mann da drüben? Er meint, dass er eine Frau dazu bringen kann, ihn zu lieben, bloß, weil er ihr die teuerste Tasche kauft. Bei dem Gesicht ist sie weg, sobald sie die Tasche hat!« Es tat so gut, wieder lachen zu können. In der Beziehung mit Pietro war das zuletzt nicht mehr oft vorgekommen.

Währenddessen interessierte mein Vater sich weiterhin für seine jüngste Verkäuferin, und eines Tages – er war wieder einmal stehen geblieben, um nach ihr zu schauen – strich er ihr mit dem Handrücken über die Wange. Es war eine spontane, liebevolle Geste, die sie erröten ließ, doch wich sie nicht zurück. Als er das nächste Mal in den Verkaufsraum herunterkam, suchte sie seinen Blick, und sie schauten einander an wie nie zuvor. Er hielt ihrem Blick stand, bevor er wieder ging.

Im Dezember 1957 erfuhr das Verkaufsteam von Laurent, ein spezieller Kunde werde erwartet. Dr. Gucci war im Ausland unterwegs, aber seine Frau Olwen wollte sich vom Monte Mario, einem der sieben Hügel Roms, auf dem ihre Villa Camilluccia stand, auf den Weg in die Stadt begeben, um Weihnachtsgeschenke für ihre englische Familie und ihre Freunde auszusuchen. Wie alle anderen im Geschäft war auch Mama neugierig, wie die Frau des Chefs wohl aussehen mochte. Von der bescheidenen Engländerin mittleren Alters, die schon fast verlegen auf all die ihr zuteilwerdende Aufmerksamkeit reagierte, war sie angenehm überrascht. Sie selbst bediente die *Signora* Gucci zwar nicht, sagte aber später, sie habe wie eine »großartige Dame« und »extrem nett« auf sie gewirkt.

Anfang 1958 wurde meine Mutter eines Tages in meines Vaters Büro bestellt. Sie erschrak. »Ich hatte Angst, etwas falsch gemacht zu haben«, erzählte sie mir. Sehr verzagt klopfte sie an seine Tür. Seine Sekretärin war nicht an ihrem üblichen Platz in der Ecke, und er saß allein im Zimmer hinter seinem Schreibtisch, als wolle er sie extra unter vier Augen sprechen.

Schnell jedoch nahm er ihr die Befangenheit, als er sagte: »Bruna, meine Sekretärin Maria heiratet und wird uns bald verlassen. Ich brauche Ersatz für sie, und Laurent erwähnte, dass Sie als Stenografin geübt sind. Ist das wahr?« Sie nickte. Mit seinem enervierend betörenden Lächeln versicherte ihr mein Vater, sie sei perfekt geeignet, um die Stelle zu übernehmen, und könne gleich am nächsten Tag anfangen. Er ließ ihr keine Wahl: Sie musste zusagen.

An diesem Abend konnte meine Mutter, die zwanzig war und seit einem guten Jahr im Geschäft arbeitete, es kaum erwarten, nach Hause zu meiner Großmutter zu kommen und ihr die gute Nachricht zu überbringen. »Ich übernehme mehr Verantwortung und bekomme mehr Geld«, versicherte sie ihr. »Ich glaube, ich kann das. Bestimmt werde ich noch viel von Dr. Gucci lernen.«

Sie hätte sich keine Sorgen zu machen brauchen. Natürlich war sie der Arbeit gewachsen. Kaum saß sie an dem an der Wand stehenden schmalen Schreibtisch mit dem Telefon, der Olivetti-Stenografiermaschine und den schmalen Papierrollen, war wieder alles da, was sie in dem Kurs gelernt hatte. An Dr. Guccis Seite sitzend, tippte sie alles, was er ihr diktierte. Meist handelte es sich um Beschwerdebriefe an die Fabrik oder an die Abteilungsleiter, die seiner Meinung nach nicht gut genug arbeiteten. Dazu kamen Sendschreiben an Rechtsanwälte und Banken, sowie viele knappe Nachrichten an seine Brüder oder seine drei Söhne – meist tadelte er sie wegen einer verspäteten Lieferung oder eines überfüllten Lagers. Sie bemerkte, dass seine Briefe an seine Familie immer kurz und geschäftsmäßig waren und er nie eine persönliche oder herzliche Bemerkung hinzufügte.

Außerdem lernte sie, dass Papa ein Gewohnheitsmensch war, der nur für einen *caffè* oder das Mittagessen von der Arbeit pausierte. Er arbeitete von früh bis spät. Wann immer sie jedoch aufschaute, ertappte sie ihn dabei, wie er sie »freundlich, aber auf besondere Art« ansah. Sie fügte hinzu: »Damals war ich sehr schüchtern und wusste nicht, wie ich mich verhalten sollte.« Seine Blicke waren nicht unverhohlen begehrend. Es war mehr, als fühle er sich von ihr in Bann gezogen. Manchmal wurde es ihr zu viel, und sie verließ unter einem Vorwand den Raum, um tief durchzuatmen. »Ich hatte noch nie so viel Aufmerksamkeit erhalten und konnte mich auf nichts mehr konzentrieren.«

Mit der Zeit wurde offensichtlich, dass sie nicht nur wegen ihrer Stenografierfertigkeit ausgewählt worden war, und sie fing an, sich Gedanken darüber zu machen, wo das wohl enden würde. Da sie sich auf ihre Effizienz viel eingebildet hatte, ärgerte sie sich, dass sie viele der von ihr getippten Briefe korrigieren musste, aber meinen Vater schien das kein bisschen zu stören.

Meine Mutter wollte ihre Arbeit unbedingt behalten, und so beunruhigten sie seine Blicke. Trotzdem ertappte sie sich dabei, dass sie früher zur Arbeit kam und sich noch sorgfältiger zurechtmachte. Pietro, dem das gar nicht gefiel, wurde überzogen besitzergreifend, was wiederum zu weiteren Auseinandersetzungen führte. Bald merkte mein Vater, wie oft meine Mutter ihren Verlobungsring nicht trug. Insgeheim amüsierte ihn das, denn ihm schien, seine scheue kleine »*Nina*« habe am Ende doch ein wenig Temperament. Mit der Zeit diente ihm der Ring als Stimmungsanzeiger dafür, wie es um ihre Beziehung zu ihrem Verlobten gerade stand.

Das erste Geschenk, das er ihr nach einer Reise nach Florenz auf den Schreibtisch legte, war ein Fläschchen Parfum. Weitere Geschenke folgten – Seidenschals, Kaschmir-Twinsets, alles Dinge, die sie zwar gern gehabt hätte, sich jedoch nie hätte leisten können.

»Das kann ich nicht annehmen, *dottore*,« sagte sie höflich zu ihm. »Es gehört sich nicht.« Sie wusste genau, dass die Geschenke zu Hause jede Menge Fragen hervorgerufen hätten.

Zur Antwort flirtete mein Vater wie verrückt mit ihr, neckte sie und weigerte sich, die Geschenke zurückzunehmen. Also stapelte sie sie seufzend in einem Schränkchen in seinem Büro, bis es bis oben hin vollgestopft war – der Beweis für die wachsende Zuneigung meines Vaters. Für ihn wurde es zu einem Spiel. Von jeder Reise brachte er ihr etwas mit und wartete nur darauf, dass sie es zurückwies.

Die körperliche Spannung zwischen ihnen stieg, und als sie eines Tages an seinem Schreibtisch einen Brief öffnete, stießen sie zusammen. Er griff sie an den Ellenbogen, um sie zu stützen, zog sie plötzlich an sich und küsste sie leidenschaftlich.

»Es war ein seltsames, aber nicht unangenehmes Gefühl. So hatte ich das noch nie erlebt – jedenfalls nicht bei Pietro«, erzählte sie mir. Überrascht ließ sie den Stapel Briefe fallen, trat zurück und rief: »Nein, *dottore*! Was tun Sie da?«

»*Mi fai soffrire! Mi fai sudare!*«, erklärte Papa kühn. (Ich leide, mir wird ganz heiß wegen dir!)

Beschämt rannte sie aus dem Büro ins Bad, wo sie sich das Gesicht mit Wasser kühlte. Sie sah sich im Spiegel an und berührte den Mund mit den Fingerspitzen. »Ich wusste nicht, was der Kuss zu bedeuten hatte. Was, wenn jemand ins Büro gekommen wäre? Würde Dr. Gucci mir kündigen, weil ich ihn nicht zurückgeküsst hatte?«

Sie war erschrocken und beschwingt zugleich – kein angenehmes Gefühlsgewirr, wenn man so jung und unerfahren ist. Während sie ihr Kleid glättete und die Haare richtete, atmete sie tief durch. Dann öffnete sie die Badezimmertür und ging wieder zum Büro.

Als sie ihre Arbeit wieder aufnahm, spürte sie instinktiv, dass nun nichts mehr sein würde wie zuvor.

SECHS

Obwohl ich in einer katholischen Familie groß geworden bin, finde ich es erstaunlich, dass zu der Zeit, als mein Vater meine Mutter zum ersten Mal küsste, Ehebruch nach italienischem Recht eine Gefängnisstrafe nach sich zog.

Untreue wurde als integraler Bestandteil der männlichen Psyche noch stillschweigend akzeptiert (zumal in einem Land, in dem Scheidung verboten war), aber sie hatte heimlich zu geschehen. Gelangten irgendwelche Indiskretionen an die Öffentlichkeit, wurden sie meist mächtig aufgebauscht und in der Boulevardpresse breitgetreten.

Einige Jahre davor war die Nachricht durchgesickert, dass die schwedische Schauspielerin Ingrid Bergman eine Affäre mit dem italienischen Regisseur Roberto Rossellini und ein Kind mit ihm hatte. Es war ein Skandal, der dazu führte, dass der US-Senat Ingrid Bergman zu einem »Werkzeug des Teufels« erklärte und ihr öffentliche Auftritte untersagte. Auch Rossellini fiel in Ungnade, und als Bergman zu ihrem älteren Geliebten nach Italien floh – wo sie noch zwei weitere Kinder mit ihm bekam –, wurden sie mit den Details ihrer jeweiligen Scheidungen in der Boulevardpresse zum Opfer einer wahren Klatschlawine, die sie beide noch Jahre verfolgte.

Ein ähnlicher Skandal traf Fausto Coppi, einen der am meisten vergötterten, bekanntesten Radsportler Italiens. Wegen seiner Affäre mit einer verheirateten Mutter zweier Kinder wurde er zum Gegenstand öffentlicher Schmähungen. Man zerrte Coppi, der in ein und demselben Jahr den Giro d'Italia und die Tour de France gewonnen hatte und seitdem »*Il Campionissimo*« (der absolute Held) genannt wurde, und seine Geliebte aus dem gemeinsamen Bett. Allerdings landete nur sie – und nicht er – im Gefängnis.

Selbst der Vatikan kritisierte Coppi öffentlich und mischte sich ein, um – zum Wohl seines Sohnes – seine Ehe zu retten. Als er 1955 wegen Ehebruchs vor Gericht gestellt wurde und die Kinder des Paares als Zeugen geladen wurden, war Coppi nicht mehr der *Campionissimo*. Das Liebespaar wurde für schuldig befunden und zu einer zwei- und dreimonatigen Haftstrafe verurteilt, die später allerdings aufgehoben wurde.

Mal abgesehen von ihren eigenen hohen moralischen Grundsätzen, wusste meine Mutter ganz genau, dass ihr Chef eine öffentliche Person war und seine Gefühle für seine jüngste Angestellte nicht nur verurteilt, sondern Gegenstand großen öffentlichen Interesses werden würden, falls sie je ans Licht kämen. Sein hartnäckiges Werben brachte sie beide in Gefahr und beschäftigte meine Mutter Tag und Nacht.

Von dem Moment an, da er sie geküsst hatte, war sie zu Tode verängstigt. Mein Vater muss es gespürt haben, denn ihr Körper wurde fast steif vor Anspannung, es gab kein konspiratives Lächeln mehr, sie vermied jeden Blickkontakt und jede körperliche Nähe. Dennoch bekam er sie nicht mehr aus dem Kopf. Mit seinen dreiundfünfzig Jahren waren ihm Seitensprünge nichts Unbekanntes, aber diesmal lagen die Dinge anders. In diese junge Frau, die seine Tochter hätte sein können, hatte er sich wirklich verliebt. Obwohl ihm klar war, was er – für sich und für sie – riskierte, war es ein Gefühl, das ihm unter die Haut ging. Er kam nicht dagegen an.

Enttäuscht von ihrer Reaktion und in der Hoffnung, nicht zu viel an sie denken zu müssen, ging er auf Geschäftsreise. Im Jahr 1958 war das Zeitalter des Fliegens angebrochen und die ganze Welt innerhalb eines Tages zu erreichen. Damit hatten die Überseereisen sich endgültig verändert. Papa schien nie müde zu werden und war einer der ersten, die Nonstop nach New York flogen. Die Fluggesellschaften BOAC und Pan Am boten damals jeweils mit der Havilland Comet und mit der Boeing 707 die ersten Verkehrsflüge an und verkürzten die Atlantiküberquerung um erstaunliche neun Stunden. Die Flugzeuge boten zudem das Non Plus Ultra an Luxus. Es gab gutes Essen und Wein und für ihn sogar die Möglichkeit, seine Pfeife oder eine seiner Toscanello-Zigarren zu rauchen.

Die Geschäfte in New York, in der East 55th., liefen gut, aber die internationale Kommunikation war noch schwierig, und mein Vater wollte die Zügel fest in der Hand haben. Als echter Perfektionist verließ er sich nicht auf Telegramme oder widerhallende Ferngespräche. Also sah er lieber persönlich nach dem Rechten, auch wenn diese Reisen ihn vom Objekt seines Begehrens fernhielten.

Als er einen Monat nach ihrem Kuss nach Rom zurückkam, fuhr er gleich ins Büro und sagte leise zu meiner Mutter: »Ich *muß* mit dir sprechen.« Da sie jedoch nicht reagierte, legte er ihr eine handschriftliche Notiz auf den Schreibtisch mit der Bitte, ihn am selben Abend um sechs Uhr im Stadtteil Parioli zu treffen. Das war ein vornehmes Wohnviertel im Nordosten der Stadt, wo er, wie sie als seine persönliche Sekretärin nur allzu gut wusste, eine Junggesellenbude, eine sogenannte *garçonnière*, unterhielt. Wozu er diese benötigte, hatte sie sich lieber nicht vorstellen wollen – jedenfalls bisher nicht.

Je näher die Stunde rückte – ihrer Mutter und Pietro hatte sie gesagt, sie müsse heute Überstunden machen –, desto mehr wuchs ihre Angst, wo das heimliche Rendezvous wohl hinführen möge. Als sie schließlich aus dem Taxi stieg, das sie zum Piazzale delle Belle Arti gebracht hatte, und den grünen Jaguar Mark I meines Vaters sah, fühlte sie sich körperlich krank. »Beim Einsteigen ins Auto hatte ich solche Angst, jemand könnte uns sehen, dass ich zitterte. Dein Vater sah es und bat mich, mich zu beruhigen.«

Er nahm ihre Hand in seine, sagte ihr wieder, wie lieb er sie gewonnen habe, und strich ihr über die Wange. Immer noch am ganzen Körper bebend, betonte sie nochmals, sie erwidere seine Gefühle nicht. Als er ihr näher kam, blickte sie nervös umher, und ihr brach der Schweiß aus. »Keine Angst, Bruna, ich beiße nicht!«, sagte er lachend, bevor er sich über sie beugte und sie direkt auf den Mund küsste.

Zuerst erwiderte Mama den Kuss und bestärkte ihn in seiner Überzeugung, dass auch sie die Chemie zwischen ihnen fühlte. Dann machte sie sich plötzlich frei und forderte ihn am Rande der Tränen auf, sie nach Hause zu bringen. Er setzte sie an einer Gasse nicht weit von ihrer Wohnung ab, und sie lief wortlos davon. Ihr Herz »schlug wie verrückt«, und sie war, wie sie sagte, »verwirrt und durcheinander und noch immer furchtbar verängstigt«.

Auch meinem Vater schlug das Herz heftig, aber er triumphierte. Seine scheue kleine »*Nina*« hatte seinen Kuss erwidert!

In jener Nacht machte Mama kaum ein Auge zu. Sie fürchtete sich davor, am nächsten Morgen zur Arbeit zu gehen. Da sie sich jedoch niemandem, ja nicht einmal meiner Großmutter, anvertrauen konnte, blieb ihr nichts anderes übrig, als wie üblich im Büro zu erscheinen. So war ihr jeder Vorwand recht, um das Büro zu verlassen und etwas im Verkaufsraum oder im Lager abzugeben. Auch wenn sie nichts Unrechtes getan hatte, begann es sie krank zu machen, dass sie ihr als »schmutzig und klein« empfundenes »Geheimnis« für sich behalten musste. Sie nahm ab und konnte nicht mehr schlafen. Bald bemerkten ihre Lieben, vor allem Pietro und meine Großmutter, dass irgendetwas mit ihr nicht stimmte.

Mein Vater war kein Mann, der sich so einfach abweisen ließ. Außerdem wartete er nicht gern. Schnell plante er einen zweiten Ausflug mit meiner Mutter, diesmal allerdings in Gesellschaft von Vilma, seiner ergebensten und dienstältesten Angestellten. Mein Vater versicherte Mama, in Gegenwart einer Anstandsdame brauche sie sich keine Sorgen zu machen, denn nun würde jeder davon ausgehen, dass diese Ausflüge nichts anderes als gewöhnliche Geschäftsessen seien.

Meine Mutter spürte, dass sie zusagen musste. Sie bestand jedoch darauf, dass das Essen an einem Abend stattfinden sollte, an dem Pietro auswärts war. Das Restaurant Antica Pesa war ein altes Zollhaus in dem Künstlerviertel Trastevere. Ich war einige Male dort und habe mir vorgestellt, wie meine Eltern sich dort in dieser ersten schwierigen Phase ihrer Beziehung trafen. Meine Mutter malte ein trauriges Bild von dem Abend: Wie sie gemeinsamen eintrafen, zu einem Tisch am hinteren Ende der Terrasse geführt wurden und sie kläglich hinter ihm herschlich. Selbst als sie schon saßen, hatte sie solche Angst davor, entdeckt zu werden, dass sie kaum einen Bissen herunterbrachte.

Papa war der vollkommene Gastgeber. Seine Augen glänzten im Kerzenschein, er lachte und unterhielt sie mit Erlebnissen von seinen Reisen und erzählte ihr von dem 6500 Kilometer weiten Flug über den Atlantik. »Du kannst dir den Luxus nicht vorstellen, Bruna!«, erzählte er. »Die Sitze sind so bequem, und Stewardessen in schicken Kleidern servieren Martinis und Gourmet-Mahlzeiten. Es würde dir bestimmt gefallen.« Immer schwang mit, dass sie ihn eines Tages begleiten würde. Er sprach enthusiastisch von New York mit seinen überdimensionierten Gebäuden und erfrischend ehrlichen Menschen, deren Leben und Unternehmen nicht solchen Zwängen unterworfen waren, wie er sie in Italien zu meistern hatte. Er schwärmte von dem Trubel in der Stadt und sagte, sie würde die Freiheit, die Amerika bot, sicher sehr genießen.

Gewärmt vom Alkohol und der Umgebung, entspannte sich meine Mutter langsam und ließ sich allmählich aus der Reserve locken. Sie nippte an ihrem Prosecco und zeigte nun ihrerseits meinem Vater ihre unbeschwerte Seite, die sie, wie er immer vermutet hatte, ihm gegenüber nur zurückgehalten hatte. »Da war heute eine Frau im Geschäft mit einem Mantel, der perfekt zu ihrem Pudel passte«, vertraute sie ihm an. »Wir mussten uns mächtig Mühe geben, nicht loszuprusten!« Diese ersten flüchtigen Blicke auf das spitzbübische, für ihr Alter typisch alberne Mädchen machten sie für ihn nur umso liebenswerter.

Und so ging es entgegen dem Wunsch meiner Mutter weiter mit dem Liebeswerben. Zur Ruhe kam sie nur, wenn mein Vater verreist und sie einige Wochen allein war. Dachte sie jedenfalls. Als sie eines

Morgens die Post durchging, fand sie einen an sie adressierten Briefumschlag aus New York. Sie erkannte die Handschrift meines Vaters und ahnte gleich, worum es sich handelte. Da sie befürchtete, jemand könnte unangekündigt hereinkommen, wollte sie ihn nicht im Büro öffnen, sondern versteckte ihn stattdessen hastig in ihren Rockbund. Erst auf der abendlichen Heimfahrt im Bus zog sie diesen ersten seiner heimlichen Liebesbriefe hervor und begann zu lesen.

Papas Worte und die Intensität seiner Gefühle erstaunten sie.

Bruna, meine Liebste,
jetzt greife ich schon zum dritten Mal zu Stift und Papier, die ersten beiden Briefe habe ich zerrissen. Ich wollte dir unbedingt sagen, wie stark mein Bedürfnis nach Austausch mit dir ist. Ich möchte, dass du immer weißt, wie ich fühle, möchte dir von all den kleinen Freuden und meinem gewaltigen Schmerz erzählen!!! Weil mein Begehren, dich zu lieben, unstillbar ist und unser Geheimnis endloses Leid mit sich bringt, bitte ich dich um Vergebung und um die Erlaubnis, dich für immer zu lieben, damit ich nicht von Trauer überwältigt und wahnsinnig werde.

Meine süße Brunicchi, bitte denke nicht, dass ich übertreibe. Ich liebe dich so sehr! So lange ich die Gewissheit deiner Zuneigung habe und das Gefühl, dass ich dich niemals verliere, bist du meine eine große Liebe; ich schwöre, ich werde alles tun, worum du mich bittest! Wir müssen nicht ausgehen. Ich werde dich nicht quälen oder sonst etwas tun, das dich peinigt oder in Verlegenheit bringt. Es gibt nur eines, worum ich dich bitte: Liebe mich, als würden unsere Herzen einander gehören und unsere Seelen in ewiger Umarmung zu einer einzigen verschmolzen sein. Ich liebe dich, Bruna, ich liebe dich ernsthaft und werde nicht aufhören, dir das zu sagen, denn es ist die einzige reine Wahrheit. -xxxx A.

In der heutigen Zeit der schnellen E-Mails und des Instant-Messaging hat mir leider nie ein Mann einen solchen Brief geschrieben. Wie muss sich wohl meine Mutter gefühlt haben, mit diesem hauchdünnen

Papier und so schwerwiegendem Inhalt in der Hand? In ihren Worten: »Einfach unglaublich. Ich hatte das Gefühl, dass ich wichtig war.«

Noch nie hatte sich ihr jemand so offenbart. Sein Sprachgebrauch und die dramatische Liebeserklärung berührten eine Saite tief in ihrem Innern. Sie musste sich erst einmal kneifen, um glauben zu können, dass dieser Brief wirklich von Dr. Gucci war – einem Mann von Format und dem Inbegriff von Stil und Grazie. Als erfolgreicher Unternehmer fühlte er sich mit Aristokraten genauso wohl wie mit dem Mann auf der Straße. Und jetzt schüttete er ihr, einer »unschuldigen Kreatur« das Herz aus, die, kaum den Kinderschuhen entwachsen, aus bescheidenen Verhältnissen kam? Wie konnte das sein?

Minutenlang starrte sie regungslos durch das Fenster auf die an ihr vorbeiziehenden Straßenszenen. Benommen beobachtete sie Mütter mit ihren kleinen Kindern und alte Leute, die sich zur Hauptverkehrszeit durch die Menschenmenge kämpften. Sie sah Pärchen Hand in Hand vorbeigehen, die sich offen ihre Zuneigung zeigten. »Ich weiß noch, wie ich dachte, dass nicht einer von ihnen sich über die Folgen Sorgen zu machen brauchte wie ich«, erzählte sie mir.

In *Ein Herz und eine Krone*, einem der damals beliebtesten Kinofilme, den Mama zusammen mit Pietro angeschaut hatte und in den sie viele Male mit mir ging, verliebt sich die unglückliche, von Audrey Hepburn gespielte Prinzessin in einen normalen Sterblichen – einen von Gregory Peck verkörperten Reporter. Doch selbst in einem solchen Hollywoodmärchen konnten die beiden Liebenden nicht zusammenbleiben. Nach einer magischen Begegnung mussten sie mit gebrochenen Herzen wieder auseinandergehen. Meine Mutter konnte nicht anders, sie musste an das Ende denken, das sie jedes Mal zu Tränen rührte, und fragte sich, wie sie mit einem Mann wie Papa überhaupt auf ein gemeinsames Glück hoffen konnte. »Für deinen Vater und mich musste es doch genauso ausgehen«, sagte sie. »Das Ganze kam mir völlig unmöglich vor.«

Während sie den Brief wieder in den dünnen Umschlag und unter ihre Kleidung schob, versuchte sie, nicht zu sehr an die Zärtlichkeit und die kaum verhohlene Leidenschaft zu denken, die er ihr vermittelte. Die Worte meines Vaters waren ihr beim Lesen direkt ins Herz gedrungen, doch nun musste sie sich entscheiden, ob sie den Brief als dauerhaften Beweis für seine Zuneigung behalten oder verbrennen sollte – was eine verlockende Vorstellung war. Als sie zu Hause ankam, lief sie gleich in ihr Schlafzimmer und versteckte ihn in ihrem Schuhkarton unter der Kommode – unter der Aussteuer für ihre Zukunft mit Pietro. Nie wieder erlaubte sie sich, seine Zeilen zu lesen, hegte sie doch zu viel Angst vor den womöglich wieder hochkommenden Gefühlen. Ebenso wenig erwähnte sie ihm gegenüber, dass sie den Brief erhalten hatte. Das war für sie der Weg des geringsten Widerstands.

Falls sie jedoch gehofft haben sollte, dies würde der erste und letzte Brief bleiben, so hatte sie die Stärke seiner Gefühle unterschätzt. Da er seiner Zuneigung brieflich Ausdruck verleihen konnte, ohne unterbrochen zu werden oder auf Widerspruch zu stoßen, griff mein Vater immer wieder zu Stift und Papier. Er hoffte, dass er mit seiner Brieflawine schließlich doch ihr Herz erobern würde. Zu Recht, wie sich herausstellen sollte.

Nicht nur schmeichelte ihr seine Aufmerksamkeit, sondern auch die Tatsache, wie eifersüchtig er auf die Zeit war, die sie mit Pietro verbrachte, den Papa nur »ihn« nannte. Diese heftige Rivalität eröffnete ihr, so verrückt es auch scheinen mochte, vielleicht doch eine Alternative zu der Hochzeit mit dem Mann, an den sie sich auf immer gebunden glaubte. Zudem behauptete mein Vater beharrlich, dass sie im Fall einer Hochzeit mit Pietro ihr Glück und ihre Zukunft fortwerfen würde. »Ich möchte, dass du weißt, wie schön hier alles ist«, schrieb er ihr aus seiner Suite im Savoy-Plaza in Manhattan. »Das Hotel [und] dieser Traum von Zimmer. In New York brummt das Leben. Ich habe es dir schon so oft erzählt: Es ist einfach wunderbar, so zu leben!« Eindringlich fügte er hinzu: »Je reizvoller der Rahmen, desto mehr fühle ich die Abwesenheit des kostbaren Inhalts.«

Mit seinen Worten legte er einen Samen in die Seele dieser jungen Frau, die in ihrer Kindheit so kurz gehalten worden war, auch in der Liebe, die ihr nur von meiner Großmutter zuteilwurde. Sie konnte sich nicht vorstellen, dass sie je einen Ort wie New York sehen oder ein Leben führen würde, wie mein Vater es beschrieb. Wahrscheinlich verkörperte er sogar ihre einzige Chance, mehr von der Welt zu sehen.

In einem anderen Brief schüchterte er sie wieder mit Drohungen ein. Er sehe sich gezwungen, sie aufzugeben, wenn sie ihn weiter abweise. Er schrieb: »Ich habe vergeblich versucht, dir das Licht zu zeigen. Aber wenn du beabsichtigst, deine Liebe zu ihm zu besiegeln und deine Zukunft wegzuwerfen, sind all meine Versuche, dich zu gewinnen, vergebens [...] Jede andere arme Seele hätte unter diesen Umständen schon längst aufgegeben.«

Er sprach wiederholt vom »brennenden, unwillkürlichen Ruf seines wehen Herzens« und davon, was für eine Verschwendung es sei, wenn nichts aus dem würde, was er ihre »wunderschöne, unvergleichliche Liebe« nannte. In einem anderen Brief (den er in einer schlaflosen Nacht um drei Uhr morgens geschrieben hatte) sagte er: »[Es ist,] als wäre die Luft, die ich atme, eine andere, wenn du da bist.« Oft schrieb er von seiner inneren »Qual« und »Marter«, wenn er nicht bei ihr sein konnte. »Liebe mich, Bruna. Ich bete darum, dass du mich mehr und mehr lieben kannst und mich deiner Zuneigung für würdig empfinden magst [...] [und] des Wunsches unserer Seelen, zusammenzusein und zu etwas zweifellos Wunderbarem zusammenzuwachsen [...] für den Rest unseres Lebens. [...] Erlaube mir, dich für immer zu lieben. Ich schwöre dir, du wirst es nicht bereuen – ich werde es dir mit jedem neuen Tag beweisen.«

Die Phasen, in denen er meine Mutter nicht sehen konnte, begannen schwer auf ihm zu lasten. Am schlimmsten waren die Sonntage. Egal, wo auf der Welt er sich befand – überall waren die Büros geschlossen, es gab niemanden, den er hätte schelten können. Und statt sich um die Optimierung der Geschäfte zu bemühen, pflegten seine Angestellten privat ein Leben, das er mit seiner Familie seit Jahren nicht mehr regelmäßig führte. Das waren seiner Meinung nach nutzlose, verlorene Tage, vor allem, wenn er sich in Rom befand. Weil ihm sonst nichts anderes übrig blieb, aß er mit Olwen, ihren Söhnen und deren Familien in der Villa Camilluccia zu Mittag. War er woanders, setzte er seinen Fedora auf und wanderte ziellos durch die Straßen, während er sich meine Mutter mit Pietro vorstellte. Ob sie seine Hand hielt, wenn sie zusammen bummeln gingen? Ob er sie gerade umarmte und küsste? »Wie ich ihn beneide!«, schrieb er ihr und fügte hinzu, der Gedanke allein tue ihm im Herzen weh.

An einem anderen Sonntag schrieb er seiner Angebeteten vom Ausland aus. »Ich möchte wissen, was dich beschäftigt und wo du gewesen bist [...] ich frage mich, was du vorgehabt hast [...] Ich möchte, dass du weißt, wie sehr ich dich liebe und wie sehr ich darunter leide.«

Sobald er wieder europäischen Boden betrat, schickte er ein Telegramm oder rief sie sogar – was noch gewagter war – zu Hause an. Unter dem Vorwand, er müsse seine Sekretärin in einer dringenden Geschäftsangelegenheit sprechen, entschuldigte er sich dann höflich bei meiner Großmutter oder bei Onkel Franco, um keinerlei Verdacht zu wecken. Während sie noch mit halbem Ohr zuhörten, stand meine Mutter verlegen am Telefon und antwortete immer nur mit »*Sì, dottore*« oder »*No*« auf seinen Schwall Fragen, wann er sie endlich wiedersehen könne. Diese kurzen einsilbigen Gespräche waren für ihn zutiefst unbefriedigend und versetzten sie nur umso mehr in Panik.

In einem Zug auf dem Rückweg von Florenz schrieb Papa: »Morgen früh werde ich ins Büro geflogen kommen [...] Solche Leidenschaft kann kein Geschäft wecken; es ist der brennende Wunsch, einem [...] Juwel zu begegnen, dem Inbegriff von Tugend, Form und Grazie, mit den schönsten Augen und einem durchdringenden Blick, den sie mir indes nur kurz schenkt, ehe sie sich wieder abwendet. Denn sie beharrt darauf, das alles sinnlos ist.«

Jeder Vorwand war ihm recht, um fünf Minuten mit ihr allein zu ergattern – »bitte nur fünf Minuten Freundlichkeit«.

An guten Tagen ging er mit ihr zu Mittag ins Ristorante Alfredo in der Via della Scrofa, das berühmt war für seine gleichnamigen *fettuccine*. Saßen sie dann erst einmal am Tisch, flüsterte er ihr wieder zu, wie sehr er sie liebte und sich sehnte, mit ihr allein zu sein. Er nannte sie liebevoll *Nina* oder *Nicchi* (kurz für Brunicchi).

Betört von seinem Charme, weichgeklopft von seinen Briefen und verzaubert von den Orten, an die er sie führte, ließ sie sich schließlich darauf ein, ihn ohne Vilma zu begleiten. Geschützt vor neugierigen Ohren schmolz ihr Widerstand nach und nach dahin.

»Ich liebe dich, Bruna«, seufzte mein Vater eines Tages, seine Hand lag verlockend nah bei ihrer auf dem Tisch, sodass sie die Elektrizität förmlich spüren konnte. »Siehst du denn nicht ein, dass wir füreinander bestimmt sind?«

Da hob sie die Augen zu ihm auf und flüsterte: »Ich liebe dich, Aldo.« Sein Gesicht leuchtete vor Freude auf.

In seinem nächsten Brief schrieb er, dass ihm »eine erbarmungslose Last« »vom Herzen« genommen und er plötzlich von »explosiver […] Liebe und Ergebenheit« erfüllt sei, weil sie endlich die »harte Wirklichkeit« zu ignorieren beschlossen hätte. Er fügte hinzu: »Wie wunderbar es ist, dich zu lieben, meine bezaubernde Bruna […] Ich liebe dich wahnsinnig.« Er versicherte ihr, nun, da er ihre wahren Gefühle kenne, seien sie »es einander schuldig«, nichts zu überstürzen und ihre Liebe nicht im Keim zu »ersticken«. »Du bist so jung und schön, und dein Opfer ist zweifellos größer als meines […] Das Schicksal will es, dass wir zusammen sind, das fühle ich […] Du hast mein Herz erobert, ich bin dein.«

Beim Lesen seiner Worte ging der Samen in ihr auf, aus dem sich ihr gemeinsames Leben – und damit schließlich auch meines – entfalten sollte.

SIEBEN

Wer erinnert sich nicht an das berauschende Glücksgefühl, das uns erfüllt, wenn wir frisch verliebt sind und die Gedanken an den geliebten Menschen jeden wachen Moment beherrschen? Ich habe es jedenfalls einige Male erlebt.

So erging es damals auch meinen Eltern. Papa hatte es wohl schon früher erwischt, doch mit der Zeit sah auch meine Mutter voller Vorfreude ihren romantischen Rendezvous entgegen. Sie lachte über seine Witze, legte den Kopf auf seine Schulter, wenn er ihr beim Abendessen und einem Gläschen Wein liebevoll ins Ohr flüsterte, und genoss seine Zuneigung und Bewunderung, die völlig frei waren von Pietros unterschwelligem Misstrauen.

»Ich fühlte mich wie Alice im Wunderland«, erzählte mir Mama. Ihre Liebe musste zwar »unter dem Mantel der Geheimhaltung« bleiben, eröffnete ihr aber die Chance auf ein anderes Leben. Überschattet wurde ihr Glück von der wachsenden Sorge, ihre Beziehung habe keine Zukunft, und der ständigen Angst, entdeckt zu werden – besonders von Pietro. An einem Freitag war es beinahe so weit: Als Mamas Verlobter die Stadt verlassen hatte, jedoch kurz nach der von ihrem Bruder verhängten Sperrstunde um neun Uhr abends anrief, musste er feststellen, dass sie nicht zu Hause war. Am nächsten Morgen wirkte er fahrig, als er sie abholte, und erklärte, er müsse noch einmal kurz bei sich Zuhause vorbeifahren. Dort angekommen, schloss er Mama in seiner Garage ein und bedrängte sie, ihm zu sagen, wo sie sich am Abend zuvor aufgehalten habe.

Zitternd und stammelnd vor Angst log sie ihm vor, sie sei mit einer Freundin in einer Pizzeria in der Nähe eine Pizza essen gegangen. Als er erwiderte, die Pizzeria sei doch geschlossen, bemerkte sie ihren Fehler. Nie hatte meine Mutter Pietro so aufgebracht erlebt. Er packte sie am Arm, wollte wissen, wer die »Freundin« in Wahrheit sei, und drohte ihr, sie werde die Garage nicht lebend verlassen, wenn sie ihm nicht die Wahrheit sagte.

»Es war Vilma, meine Kollegin!«, erwiderte sie schluchzend. »Als wir merkten, dass das Restaurant zu hatte, haben wir stattdessen Kleider anprobiert. Ich schwöre! Ich schwöre es beim Grab meines Vaters!« Er forderte sie auf, mit ihm zu Vilma zu fahren, doch sie flehte ihn an, ihr die Peinlichkeit zu ersparen. Als er sie ins Auto zerrte, versuchte sie wegzulaufen, doch er packte sie und hielt sie fest. »Ich hatte entsetzliche Angst.«

Nachdem sie ihn endlich hatte beruhigen können, setzte er ihr ein Ultimatum. »Wir heiraten!«, erklärte er. »Such dir ein Datum im Oktober aus, um deinen einundzwanzigsten Geburtstag herum. Ich habe schon viel zu lange gewartet.« Bis dahin waren es nur noch knapp drei Monate. Noch ehe das Jahr 1958, das turbulenteste Jahr im Leben meiner Mutter, zu Ende ging, sollte sie also Pietros angetraute Ehefrau werden.

Sie hatte solche Angst vor seiner Reaktion, wenn sie ablehnte, dass sie widerstrebend einwilligte. »Was sollte ich tun?«, sagte sie. Ein Jahr zuvor hatte sie Pietros Heiratsantrag angenommen, und dieses Versprechen galt es schon ihrer Ehre zuliebe zu halten. Sie musste diese irrsinnige Affäre mit meinem Vater beenden. Zum Glück war dieser Wahnwitz noch nicht zu weit gegangen. Sie musste ihn unbedingt beenden.

Doch schon bei dem Gedanken, Papa die Nachricht zu überbringen, erlitt sie fast einen Nervenzusammenbruch. Innerlich ging sie alle Gründe für eine Beendigung der Affäre durch, spielte den Advocatus

Diaboli, den ich später nur allzu gut kennenlernen sollte, und wog immer wieder Pro und Kontra gegeneinander ab. Wenn Dr. Gucci seine Frau betrog, würde er am Ende sicher auch sie betrügen. Und wenn sie zusammenblieben und erwischt wurden, landeten sie womöglich mit Schimpf und Schande im Gefängnis.

So viele Gedanken jagten ihr durch den Kopf, dass sie kaum noch schlafen konnte. Wie ich es auch später oft bei ihr erlebte, schreckte sie in unruhigen Nächten zitternd und schlotternd aus quälenden Albträumen hoch. Die Ursache für ihre schlaflosen Nächte konnte sie niemandem anvertrauen.

Papa spürte, dass sie etwas belastete, und bemühte sich, an sie heranzukommen. Nach einem katastrophalen Abendessen, währenddessen sie kaum ein Wort gesprochen hatte, schrieb er ihr mitten in der Nacht noch einen Brief. Sie fand ihn am folgenden Morgen auf ihrem Schreibtisch, als er schon wieder über den Atlantik flog.

Es sind nur wenige Stunden vergangen, seit ich dir gute Nacht gewünscht habe [...] [D]u hast dich umgedreht und bist weggegangen wie eine Fremde in der Nacht, als hätten sich unsere Herzen nie berührt. Welch eine Qual, welch eine Folter, mein liebster Schatz! Ich weiß, dass du mich liebst. Ich weiß es, weil du es mir gesagt hast, und das macht mich so unbeschreiblich glücklich, es erfüllt meine Seele mit Freude. Deshalb verstehe ich deine Beklemmung, und ich spüre den Schmerz in der lautlosen Sprache des liebenden Herzens [...].

Mama musste einen quälenden Monat lang auf die Rückkehr meines Vaters warten. Als sie sich wiedersahen, nahm sie all ihren Mut zusammen und sagte ihm, seine Gefühle für sie seien »verkehrt«, und sie dürften einander nicht mehr sehen. Als er verzweifelt nachfragte, was denn geschehen sei, erzählte sie ihm von dem Wutanfall ihres Verlobten. Ihr Verhältnis sei unmoralisch, unrechtmäßig und letztlich unmöglich. »Ich werde Pietro im Oktober heiraten«, erklärte sie und lief davon.

Weil er sie auf anderem Wege nicht erreichen konnte, überhäufte mein Vater sie mit Briefen. Er beschwor sie, sie möge »nicht einfach die Tür zwischen uns schließen«. Sie entscheide sich sonst für eine Zukunft, in der sie »das Wichtigste im Leben, das Glück« nicht haben werde. Sie solle doch bitte die Nachteile gründlich bedenken. Es gehe ihm miserabel, schrieb er, doch obwohl er »allein dem Unwetter« ausgesetzt sei, wolle er »für ein lebenswertes Leben kämpfen«. Er versicherte ihr, eine gemeinsame Zukunft sei durchaus möglich, zumal »mit den finanziellen Mitteln, die mir zur Verfügung stehen«. Ohne sie werde er in seine Villa zurückkehren – in »ein kaltes leeres Schloss, ohne Sauerstoff, ohne Luft zum Atmen«.

Dramatisch schloss er mit den Worten: »Ich schwöre feierlich vor Gott: Sollte meiner Seele die Möglichkeit einer spirituellen Entwicklung verwehrt bleiben, so werde ich gewiss zynisch, gemein und skrupellos [...] Ich werde dich nie aus meinem Herzen tilgen können.«

Insgeheim freute sie sich über seine Liebeserklärungen, schwelgte in seinen Worten und grübelte auf der Busfahrt nach Hause darüber nach. Wenn sie einen Brief gelesen hatte, faltete sie ihn sorgfältig zusammen und versteckte ihn unter der Bluse an ihrem Herzen. Für welchen Weg sie sich auch entschied: Seine wunderschönen, wenn auch unbeantworteten Briefe würden ihr immer bleiben.

Jedes Mal, wenn sie seine Avancen zurückwies und ihn an ihre Hochzeitsvorbereitungen erinnerte, schrieb er ihr den nächsten Brief. Der Ton wurde immer verzweifelter. Vorübergehend versuchte er sie sogar mit einer Briefpause zu erschrecken, die er aber nur zehn Tage durchhielt. Angesichts seiner Verzweiflung fürchtete meine Mutter schon, er könnte auf der Hochzeit auftauchen und eine Szene machen. Doch ehe es so weit kam, unternahm er noch einen letzten Versuch, sie an sich zu binden.

Vergib mir, wenn ich entgegen meinem Versprechen, nicht wieder darauf zurückzukommen, erneut betone, wie wichtig es mir ist, so wichtig, dass ich noch einmal den Stift zur Hand nehme [...] Ich liebe dich, Bruna, ich liebe dich auf eine Weise, die du vielleicht nicht nachvollziehen kannst [...] Was wir haben, ist ein Geschenk Gottes. [...] Du musst es dir sehr genau überlegen [...] Das ist eine wichtige Entscheidung, denke darüber nach, binde dich nicht, schiebe die Sache auf, es ist entscheidend, Bruna, es ist absolut entscheidend.

Diesmal hatte er einen Nerv getroffen. Als der Oktober nahte und sich die Zweifel in ihrem Kopf hartnäckig hielten, wurde ihr klar, dass sie eine Ehe mit Pietro womöglich ein Leben lang bereuen würde. Hatte ihre Mutter ihr nicht schon prophezeit, dass sie nach spätestens drei Tagen wieder zu Hause wäre? Konnte die Verbindung mit einem Mann, den sie liebte, schlimmer sein als die Ehe mit einem Mann, den sie nunmal nicht liebte? Mein Vater verwies auf seine eigene Erfahrung, hatte er doch den größten Teil seines Lebens in einer Ehe verbracht, die durch eine »Fehlentscheidung« in seiner Jugend zustande gekommen sei. Recht verbittert schrieb er ihr:

»Glück ist ein Segen, den man in der Ehe nicht unbedingt findet. Es ist an uns, dieses göttliche Geschenk zu erkennen und zu leben. Alles andere ist doch nur ein schwaches, oft bitteres Nebeneinander. Das ist so deprimierend, dass die Liebe gänzlich ausgelöscht wird. Ich weiß das aus eigener Erfahrung. [...] Ich habe dem gesellschaftlichen Druck nachgegeben, ohne mein Herz zu befragen. Die lebenswichtige Quelle, die unser Herz speist, ist nun völlig versiegt in mir. So zu leben ist unglaublich traurig und schwer! Materieller Wohlstand kann ein Ersatz sein [...] aber nicht immer, ja, eigentlich so gut wie nie.«

In jenem Sommer gab Papa eine Party für seine Mitarbeiter bei sich zu Hause, als seine Frau bei ihrer Familie in England weilte. »Du mußt kommen«, drängte er meine Mutter. »Das wird ein lustiger Abend. Alle werden da sein. Es sähe komisch aus, wenn du nicht kämst.«

So etwas wie die Villa Camilluccia hatte Mama noch nie gesehen. Gemeinsam mit Nicola, Lucia und anderen Kollegen, die im Cocktailkleid oder im Anzug gekommen waren, wandelte sie mit offenem Mund durch die Gärten und bestaunte die Pracht. »Es war einer der schönsten Abende meines Lebens«, erzählte sie mir. »Eine Live-Band spielte, und Ober in weißer Livree servierten neben dem Pool Champagner, Kanapees und Cocktails.« Die Gäste tanzten in der bunten Beleuchtung zu populären Songs wie »Nel blu dipinto di blu« und »'A tazza 'e caffè«. Auf den mit weißem Leinen eingedeckten und mit Blumen dekorierten Tischen standen große Platten mit Hors d'œuvres.

Gegen Ende des Abends ließ mein Vater die Musik anhalten, ging auf die Tanzfläche, nahm das Mikrofon und schilderte in einer schönen Rede, wie gut sich Gucci seit den frühen Tagen entwickelt hatte. »Mit Ihrer Hilfe können wir diese Firma noch weiterbringen und in eine für uns alle großartige Zukunft führen.« Es war eine begeisternde und mitreißende Rede. Während alle applaudierten, musterte meine Mutter inmitten des Publikums stolz den Mann, den aufzugeben sie sich nur schwer vorstellen konnte.

Am nächsten Morgen wartete ein kleines Päckchen auf ihrem Schreibtisch. Es enthielt eine Kassette und eine Notiz, die besagte, es handle sich um einige Musikstücke von der Party und die Rede meines Vaters. Meine Mutter konnte es nicht erwarten, nach Hause zu kommen und sich die Kassette auf dem Rekorder ihres Bruders anzuhören. Als sie sich vergewissert hatte, dass die Kassette nichts Kompromittierendes enthielt, spielte sie die Rede meiner Großmutter vor. Mein Onkel Franco saß gelangweilt daneben.

Ein paar Tage später rief mein Vater von seinem Hotel in New York aus meine Mutter zu Hause an, um ihr zu sagen, wie sehr er sich nach ihr sehnte. Meine Mutter hörte ihm schweigend zu und antwortete dann: »Ich muss jetzt auflegen, *Dottore*. Es ist schon spät.«

»Ah, du gehst zu Bett«, seufzte er. »Das macht mich eifersüchtig. Bald liegst du in Morpheus' Armen.«

Beide hatten nicht gemerkt, dass jemand ihr Gespräch mithörte. Franco, der meiner Großmutter telefonisch gute Nacht wünschen wollte, war durch ein Versehen in der Leitung gelandet. Er erkannte den Mann auf Mamas Kassette auf Anhieb an seinem toskanischen Akzent. Nun wusste er, dass zwischen seiner kleinen Schwester und ihrem Chef etwas lief.

Wäre am folgenden Morgen meine Großmutter nicht zu Hause gewesen, hätte Onkel Franco meine Mutter vermutlich bewusstlos geschlagen. Ich bin Franco nur ein einziges Mal begegnet (und kann mich nur noch an seine enorme Leibesfülle erinnern), aber nach allem, was ich über ihn gehört habe, ähnelte er in seiner launenhaften und unberechenbaren Art meinem Großvater Alfredo. Nicht nur an Zeiten von Romeo und Julia haben italienische Familien die Familienehre hochgehalten. Heute kann man sich nur schwer vorstellen, dass diese Ehre auch mit körperlicher Gewalt verteidigt wurde.

Franco meinte, als Familienoberhaupt die Tugend seiner Schwester hüten zu müssen. Als er von seiner Schicht nach Hause kam, stürmte er schnurstracks in ihr Zimmer. »*Puttana*!« (Hure), schrie er und schlug ihr mehrmals ins Gesicht. Sie ging unter seinen Schlägen zu Boden, doch er prügelte immer weiter, bis meine Großmutter ins Zimmer stürzte und dazwischenging.

»Franco! Nein! Du bringst sie noch um!«

Mein Onkel, der wohl einsah, dass er zu weit gegangen war, ließ von Mama ab, die sich zu ihrem Schutz zusammengerollt hatte. Meine Großmutter kniete sich neben sie auf den Boden. Franco, der immer noch bebend vor Wut über ihr stand, brüllte, Mama bringe Schande über die Familie. »Sie ist verlobt! Und trotzdem macht sie hinter Pietros Rücken mit einem anderen herum!« Als er merkte, dass meine Großmutter ihm nicht zuhörte, fügte er an Mama gerichtet hinzu: »Und diesem Dr. Gucci erteile ich jetzt eine Lektion, die er nicht vergessen wird. Den bringe ich um!« Mit diesen Worten stürmte er aus dem Haus.

Meine Mutter war schlimm zugerichtet, das Gesicht voller Blutergüsse, die Lippe aufgeplatzt, das linke Auge schwoll bereits an. Schluchzend versuchte sie sich zu rechtfertigen, doch meine Großmutter bedeutete ihr zu schweigen. Sie half ihr auf die Füße, stützte sie und führte sie in die Küche, wo sie die Wunden versorgen konnte.

Trotz ihrer Verletzungen galt Mutters einzige Sorge Papa. Sie stellte sich innerlich schon vor, wie mein Onkel Franco ins Geschäft stürmte oder ihn auf der Straße überfiel, und rief ihn daher an, um ihn zu warnen. Erst danach legte sie sich, den Körper voller blauer Flecken, hin und hütete eine Woche das Bett.

Als Franco zurückkehrte und nicht sagen wollte, wo er gewesen war, vermutete meine Großmutter, dass er Gucci gar nicht aufgesucht hatte. Ein paar Stunden später klingelte das Telefon. Delia erkannte gleich die Stimme am anderen Ende der Leitung.

»Hier spricht Aldo Gucci«, sagte mein Vater kühl. »Ich möchte Franco Palombo sprechen, bitte.«

Während meine Mutter vom Bett aus mit angehaltenem Atem lauschte, nahm ihr Bruder den Anruf entgegen und erklärte sich bereit, Papa vor dem Hotel Mediterraneo in der Via Cavour zu treffen. Kurz darauf verließ er türenschlagend die Wohnung. Mein Vater erzählte Mama später, Franco habe gleich der Mut verlassen, als er sich dem distinguierten Herrn mit Fedora in seinem Jaguar von Angesicht zu Angesicht gegenübersah. Statt ihm »eine Lektion zu erteilen«, wie er es angedroht hatte, nahm Franco kleinlaut die Einladung an, auf dem Beifahrersitz Platz zu nehmen.

Mein Vater knipste seinen legendären Charme an und versicherte meinem Onkel, er habe das alles völlig falsch verstanden. »Ich mag Ihre Schwester sehr«, sagte er, »und weiß ihre Fähigkeiten sehr zu schätzen, aber ich bringe ihr den höchsten Respekt entgegen und würde sie niemals ausnutzen.« Dem völlig überrumpelten Franco blieb gar nichts anderes übrig, als ihm zu glauben. Als er nach Hause kam, entschuldigte er sich sogar bei meiner Mutter.

Sie sagte ihrem Bruder, sie vergebe ihm, doch in Wahrheit verzieh sie ihm nie. Nun konnte sie es auch nicht mehr riskieren, sich mit meinem Vater zu treffen. Nach Pietros Übergriff und Francos Schlägen stand fest: Sollten sie und Papa je entdeckt werden, hätte das nicht nur verheerende moralische und juristische Folgen – es konnte lebensgefährlich werden.

Als Papa das Thema ihrer Liebe »ein letztes Mal« ansprach, reichte es ihr. »Du hast in meinem Leben nichts als Chaos gestiftet!«, rief sie. »Du bist der Grund für all mein Unglück. *Basta*!«

Nein, ihre Liebesaffäre mit Aldo Gucci war vorbei, und je früher er das einsah, desto besser für alle Beteiligten.

ACHT

Meine Mutter sagt immer, ich sei nicht auf den Mund gefallen und hätte die Kommunikationsfähigkeit und Eloquenz meines Vaters geerbt, die ihr immer abgegangen sei.

»Du bist wortgewandt, genau wie Aldo«, sagt sie. »Du kannst dich gut ausdrücken, und dein Vokabular ist beeindruckend. Ich glaube wirklich, wenn du Anwältin wärst, könntest du jede Jury von der Unschuld deines Klienten überzeugen!«

Wie wohl die meisten Töchter freue auch ich mich, wenn meine Mutter mir sagt, dass ich sie an meinen Vater erinnere, dass ich gehe und rede wie er und ihm sogar ein bisschen ähnlich sehe. Nun, da er nicht mehr da ist, tröstet mich das ein wenig. Seine Sprachgewandtheit stach sicher heraus. Mit mir unterhielt er sich immer nur auf Englisch, mit meiner Mutter auf Italienisch. In beiden Sprachen war er eloquent, schlagfertig und geistreich. Wie ich konnte er mit Worten Saiten zum Klingen bringen und Herzen erweichen.

Am Anfang ihrer Beziehung beeindruckten seine Briefe meine Mutter sicher besonders. Und nachdem Pietro darauf bestanden hatte, einen Hochzeitstermin festzusetzen, waren es auch wieder die Worte meines Vaters, die alles entscheiden sollten.

Im Savoy Hotel in London, wo sich der Funke der Gucci einst entzündet hatte, setzte er sich einen Tag nach ihrem letzten Streit niedergeschlagen an den Tisch und schrieb ihr seinen vielleicht ernsthaftesten Brief.

Liebe Bruna,
traurig bin ich zu der Einsicht gelangt, dass wir gestern vielleicht zum letzten Mal über deine missliche Lage gesprochen haben. Ich will die Dinge nicht schlimmer machen, als sie sind, aber ich muss dir gravierende charakterliche Schwächen aufzeigen, die deiner Entwicklung als Mensch im Weg stehen werden. Recht offensichtlich hast du in den letzten zwanzig Jahren nicht verstanden, wie wichtig Selbstachtung ist […] wie wertvoll die Gedankenfreiheit und die Freiheit, eigene Entscheidungen zu treffen. […] Offenbar wurden dir diese Prinzipien vorenthalten, du lässt dich von anderen einschüchtern und unterwirfst dich ihrem Willen.

Weiter erinnerte er sie daran, dass ihr nahender einundzwanzigster Geburtstag eine »wunderbare neue Phase« in ihrem Leben als Frau einleiten werde. Doch vor ihr liege die »düstere Zukunft« als Dienerin eines egoistischen Mannes, der »eine Frau besitzen will, ohne ihr die Gleichheit zuzugestehen, die eine Beziehung und das Leben lebenswert machen«. Das sei, schrieb er, »demütigend« und grenze an »Selbstmord«.

Vielleicht war es diese letzte dramatische Formulierung, die Mama überzeugte. Mehr tot als lebendig, das Zusammensein mit einem Mann, den sie nicht liebte und der dieselbe Kontrollsucht an den Tag legte wie ihr verstorbener Vater. Vielleicht hatte sie nach Pietros letztem Ausbruch auch erkannt, dass Papa tatsächlich die Wahrheit sagte. Im Gegensatz zu Pietro war mein Vater ein echter »Anker« für sie, er verehrte sie und konnte ihr ein Leben bieten, das ihre wildesten Träume überstieg. Seine Briefe hatten etwas in ihr bewegt. Sie gaben ihr zum ersten Mal in ihrem Leben das Gefühl, etwas wert zu sein.

Nach Abwägung all dieser Gedanken gelangte sie zu einem Entschluss. Aldo hatte recht: Sie musste eine mutige Entscheidung treffen.

»Obwohl ich immer noch Angst hatte«, erzählte sie mir, »wusste ich plötzlich, was zu tun war.«

Sie rief Pietro an, statt eine persönliche Begegnung zu riskieren, und teilte ihm nüchtern mit, dass sie die Verlobung löse. »Ich bin nicht die richtige Frau für dich«, erklärte sie ihm. »Wir werden charakterlich nie zusammenpassen. Wir streiten zu viel, und davon habe ich genug.« Da er das alles schon gehört hatte, glaubte er es erst, als sie ihm bis auf die letzte Lira seine Ersparnisse und auch den Perlenring zurückgab, der ihr nie recht gefallen hatte. Der junge Mann, mit dem sie seit ihrem vierzehnten Lebensjahr zusammen gewesen war, akzeptierte zu ihrer Überraschung ihre Entscheidung ohne jeden Widerspruch, investierte die gemeinsamen Ersparnisse in einen Sportwagen und siedelte in die Niederlande um, wo er ein neues Leben beginnen wollte.

Mama war wieder Single.

Die turbulenten Ereignisse im Privatleben meiner Mutter spiegelten sich im öffentlichen Raum, als wenige Tage nach ihrem Geburtstag Pius XII. im Alter von zweiundachtzig Jahren starb – der einzige Papst, den sie je gekannt hatte, und seit fast 200 Jahren der erste gebürtige Römer in diesem Amt. Nachdem Pius das Amt fast zwanzig Jahre bekleidet hatte, versetzte der Tod des geliebten Pontifex das Land in einen Schockzustand. Als sein Tod in der päpstlichen Sommerresidenz Castel Gandolfo bekannt gegeben wurde, kam das öffentliche Leben in der Hauptstadt praktisch zum Erliegen. Es wurde eine neuntägige Staatstrauer angeordnet, Altäre und Gebäude wurden violett verhüllt. Hunderttausende säumten bei Pius' Beerdigung den Weg des päpstlichen Trauerzugs, der größten Prozession, die Rom je gesehen hatte.

Landauf landab versammelten sich die Italiener vor ihren Radio- und Fernsehapparaten und verfolgten die neuesten Entwicklungen im Vatikan, wo nun der neue Pontifex gewählt werden musste. Geschäfte und Büros blieben geschlossen, und die gesamte Stadt trauerte um den Papst, der ihren Bewohnern im Krieg zur Seite gestanden hatte. So konnte Mama nur zu Hause sitzen und Däumchen drehen. Unter normalen Umständen wäre mein Vater wohl nach Amerika geflogen, doch nach der folgenreichen Entscheidung meiner Mutter, Pietro zu verlassen, beschloss er zu bleiben.

In dieser langen Zeit der öffentlichen Trauer in dem ungewöhnlich warmen Oktober des Jahres 1958 lud Papa meine Mutter erstmals zu sich in seine Wohnung ein. Mit schlechtem Gewissen tischte sie meiner Großmutter eine Lüge auf, stieg in ein Taxi und bat den Fahrer, sie in das Parioli-Viertel zu bringen. Sie wusste genau, was dort geschehen würde. Doch so nervös sie auch sein mochte: Sie fuhr trotzdem hin.

Papa war aufmerksam und freundlich und öffnete eine Flasche Wein, während draußen die Kirchenglocken durch die leeren Straßen hallten. Die Atmosphäre zwischen den beiden war aufgeladen, und ihre Hand zitterte, als sie das Glas entgegennahm. Um das Eis zu brechen, zeigte er ihr seine Wohnung. »Sie hatte keinen Charakter, weil sie nur zweckmäßig sein mußte«, erzählte sie mir später. Dann führte er sie ins Schlafzimmer.

An diesem schicksalhaften Tag nahm mein Vater meiner Mutter ihre Jungfräulichkeit, »pflückte eine dornenlose Rose«, wie er es euphemistisch ausdrückte. In den vier Jahren mit Pietro hatte sie allen Widrigkeiten zum Trotz ihre Keuschheit bewahrt. Entschlossen, bis zur Ehe rein zu bleiben, hatte sie die Avancen ihres Verlobten jedes Mal zurückgewiesen. Doch nach dem stürmischen Liebeswerben meines Vaters und ihrer Bereitschaft, eine Beziehung einzugehen, hatte sich für sie alles geändert. Sie spürte die Last der Erwartung auf ihren Schultern.

»Er war mein Erster«, sagte sie kokett. Im Geiste und im Herzen fühlte sie sich von diesem Tag an unzertrennlich mit meinem Vater verbunden. Gefühlt waren sie Ehemann und Ehefrau, wenn auch nicht nach dem Gesetz.

Meine Mutter empfand die Entjungferung als schmerzhaft und verstörend, und sie fühlte sich hinterher beschmutzt und sündig, zumal an so einem heiligen Tag. Für meinen Vater hatte es – aus anderen Gründen – sicher etwas Heiliges, sie in seinen Armen zu halten. Er hatte zwar stets ihre Sittsamkeit bewundert, staunte nun aber doch über ihre Jungfräulichkeit. Die Verantwortung berührte ihn zutiefst. Er spürte, dass er sich etwas Wertvolles genommen hatte und sie nun »für immer sein« wäre. Es war, als hätte sich in seinem Kopf ein Schalter umgelegt und seine Gefühle hätten eine neue, intensivere Stufe erreicht.

Seine Brunicchi war rein. Sie war sein. Er würde es niemals zulassen, dass jemand anders sie berührte.

Zu ihrer großen Erleichterung kühlte die Leidenschaft meines Vaters für sie nicht ab. Im Gegenteil: Er überschüttete sie mit immer glühenderen Liebesbriefen und allerlei Beweisen seiner Zuneigung. In den folgenden Tagen trafen sie sich, so oft sie konnten – meist in seiner Wohnung –, und er gab ihr kein einziges Mal Anlass, seine Gefühle infrage zu stellen.

Als er das nächste Mal auf Reisen ging, schwor er ihr in einem Telegramm nach dem anderen seine Liebe. An seinen Gefühlen konnte kein Zweifel bestehen, und die Flut von Briefen zerstreute mögliche Ängste darüber, was er im Ausland wohl so trieb. Zwar mochte sie nicht allzu viel darüber nachgrübeln, wie sich ihre Beziehung entwickeln mochte, doch ihr Leben schlug eine Richtung ein, die sie nie für möglich gehalten hätte.

Alles schien bestens, bis meine einundzwanzig Jahre alte Mutter an einem Tag im November 1958 bemerkte, dass sie schwanger war. Seit dem Tod des Papstes war erst ein Monat vergangen. Als ihr schwante, was das bedeutete, brach für sie eine Welt zusammen. Im strengen gesellschaftlichen Klima ihrer Zeit war ein uneheliches Kind eine furchtbare Schande, der Ruf ihrer Familie wäre für immer ruiniert.

In unserer aufgeklärten Zeit werden die Rechte der Frauen weitgehend respektiert, und eine Abtreibung stellt kein Tabu mehr dar. Heute kann man sich kaum vorstellen, in welch schreckliche Zwangslage eine unverheiratete Frau im Fall einer Schwangerschaft damals geriet. Die Abtreibung wurde in Großbritannien 1967 und in den USA 1973 legalisiert, doch in Italien war sie bis 1979 verboten, und auch später wurden Frauen, die sich diesem Eingriff unterzogen, von der Kirche exkommuniziert. Davor brachten die Zeitungen in so gut wie jedem Land Horrorgeschichten über Frauen, die bei einer illegalen Abtreibung ums Leben gekommen waren. Bis heute weigert sich ein hoher Prozentsatz der italienischen Ärzte aus Gewissensgründen, den Eingriff vorzunehmen.

Wenn meine Mutter im Rom des Jahres 1958 das Baby hätte wegmachen lassen und den Behörden gemeldet worden wäre, hätte sie für fünf Jahre hinter Gitter wandern können. Auch Papa wäre für die Zeugung eines unehelichen Kindes ins Gefängnis gekommen. Mama hatte für die Beziehung mit ihm moralisch bereits einen hohen Preis bezahlt, der sich nun jedoch vervielfachte.

Als sie das Baby verlor, war sie fast erleichtert. Nach der Fehlgeburt lag sie mit einer Infektion zusammengekrümmt, von Krämpfen geschüttelt und von steigendem Fieber geschwächt im Bett. Meine Großmutter führte ihren Zustand auf eine Lebensmittelvergiftung zurück, und erst als sie das Haus verließ, konnte meine Mutter eine Freundin anrufen und um Hilfe bitten.

Als sie mehrere Tage später wieder mit meinem Vater vereint war, sah sie blass und erschöpft aus. Sie erzählte ihm, was sie durchgemacht hatte. »Es war schrecklich, Aldo«, schluchzte sie. »Ich habe noch nie solche Schmerzen gehabt.« In Tränen aufgelöst fügte sie hinzu: »Warum ist das nur passiert? Was soll aus uns werden? Wie können wir jemals glücklich sein?«

Er war entsetzt, küsste und beruhigte sie und versprach ihr, es werde alles gut werden. »Bruna, ich lasse nicht zu, dass du noch einmal solches Leid erfährst«, versicherte er ihr. Doch die Fehlgeburt hatte in meiner Mutter etwas bewirkt, woran seine Worte nichts ändern konnten. Mein Vater hatte sie gleich in mehrfacher Hinsicht ihrer Unschuld beraubt, und sie erkannte sich selbst nicht wieder. Wo war die süße lächelnde Nina geblieben? Die junge Frau, die sich so viel vom Leben erhofft hatte, war nun gefangen in einer Beziehung ohne Zukunft.

Verstärkt wurde ihre Hilflosigkeit vom Wiederauftauchen Pietros, der für einen kurzen Heimatbesuch aus Holland nach Rom zurückgekehrt war. Er sah besser aus denn je, und als sie sich auf eine Fahrt in seinem kleinen roten MG-Cabrio mitnehmen ließ und sorglos mit ihm durch die Straßen Roms fuhr, wurde ihr bewusst, was sie aufgegeben hatte.

Überwältigt von ihren Gefühlen ging sie zu meinem Vater in seine Wohnung. »Mein Leben ist eine Lüge, Aldo«, sagte sie. »Ich schaffe das nicht mehr. Das bin ich nicht. Ich hätte bei Pietro bleiben und ein anständiges Leben führen sollen.«

Mein Vater reagierte mit so tief empfundenem Entsetzen, dass es ihr die Sprache verschlug. Er sank auf die Knie, brach in Tränen aus und erklärte, er könne ein Leben ohne sie nicht ertragen. »Ich verspreche dir, Bruna, *farò di te una regina«* (Ich werde aus dir eine Königin machen), sagte er mit Nachdruck. »Mit dir an meiner Seite kann ich die Welt erobern. Ohne dich bin ich nichts.«

Wieder brachte er mit seinen schillernden Worten ihr Herz zum Schmelzen. Niemand liebte sie wie er. Niemand anders konnte sich so schön ausdrücken. Er würde sie, komme, was wolle, beschützen. Pietro und das Bild von einem sorgenfreien Leben an seiner Seite mochten sie kurz beeindruckt haben. Doch für sie gab es nur einen Mann, und der hieß Aldo Gucci.

NEUN

Für eine Frau gibt es wohl kaum eine kompliziertere und schwierigere Situation als die Affäre mit einem verheirateten Mann. Auf Gedeih und Verderb abhängig von ihrem Liebhaber, muss sie darauf warten, dass er sich von seiner Familie losreißt und ein paar kostbare Stunden mit ihr verbringt, ehe er in sein anderes Leben zurückkehrt.

In Italien wird eine Geliebte als *l'amante* bezeichnet, und genau das wurde aus meiner Mutter. Allerdings war mein Vater mehr mit seiner Arbeit verheiratet als mit seiner Ehefrau. Den Großteil seiner Zeit und Aufmerksamkeit forderte das Unternehmen. »Die andere Frau war Gucci«, sagte Mama zu mir. »Es hieß immer nur Gucci, Gucci, Gucci.«

Sie arbeitete weiter in der Zentrale, von der aus er sein wachsendes Imperium leitete. Bald zog die Firma nur ein paar Häuser weiter in der Via Condotti 8 in größere Räumlichkeiten um. Auch in New York erwarb Papa Räume, die er schon länger im Auge gehabt hatte. Das neue Geschäft befand sich in der Fifth Avenue 694 an der Ecke 55. Straße East, in einem repräsentativen Beaux-Arts-Gebäude, in dem auch St. Regis untergebracht war, das Schwesterhotel des Waldorf-Astoria.

Hin und wieder nahm er meine Mutter mit auf Geschäftsreise. Dann buchte er immer getrennte Zimmer, um unliebsames Gerede zu vermeiden. In Rom gingen sie oft mittags oder abends in einem ihrer gewohnten Restaurants essen, gefolgt von einem Stelldichein in Papas

Wohnung. Jung und verliebt, wie meine Mutter war, nahm sie dankbar jede Minute, die er erübrigen konnte. Die meisten ihrer Freundinnen heirateten damals einen Mann ihres Alters und gründeten eine Familie. Mama dagegen lebte in einer Warteschleife.

Die Situation hatte etwas Paradoxes an sich, denn sie fand zwar das ewige Versteckspiel schrecklich, war aber in Papas Gesellschaft glücklich wie nie zuvor. Auch der Altersunterschied spielte zwischen ihnen keine Rolle. Er war charismatisch, im Herzen jung und voller unbändiger Energie. Da machte es ihr nichts aus, dass er die Fünfzig schon überschritten hatte. Sie stellte auch keine Forderungen an ihn, weil sie einsah, dass er sich nicht scheiden lassen konnte. Eine Scheidung wäre nicht nur rechtlich unmöglich gewesen (sie wurde in Italien erst 1970 legalisiert). Dazu kam, dass Papa und Olwen als Eltern und Großeltern an der Spitze einer vornehmen Familiendynastie standen, die sie selbst begründet hatten und die einen tadellosen Ruf genoss. Es hätte einen unvorstellbaren Skandal gegeben.

Wenn sich meine Mutter um Olwen sorgte, versicherte ihr mein Vater von Anfang an, dass seine Frau alles hatte, was sie brauchte. »Sie wohnt in einem komfortablen Haus, besitzt eine Sommerresidenz in England und hat drei Jungs, die sie verehren. Ihr fehlt es an nichts.«

Seinen Söhnen Giorgio, Paolo und Roberto zeigte er zwar nur selten seine Zuneigung, doch auch sie waren abgesichert. Die jungen Männer arbeiteten als Angestellte in der Firma und sollten sie eines Tages übernehmen. Sie waren vom Alter her näher an meiner Mutter – zwischen fünf und elf Jahre älter als sie –, und hatten ihrerseits schon sieben eigene Kinder. Giorgio lebte und arbeitete in Rom, die anderen wohnten in Florenz. Meine Mutter sah sie hin und wieder, wenn sie das Geschäft in der Via Condotti besuchten; sie nickte ihnen zu und grüßte sie mit einem »*Buongiorno*« wie alle anderen auch.

»Ich machte mir kaum Gedanken über sie«, sagte sie. »Sie gehörten zum Leben deines Vaters, und ich hatte nichts mit ihnen zu tun. Er hielt beides sorgfältig getrennt und sprach mit mir nur über sie, wenn es um eine Firmenangelegenheit oder einen Brief ging, den ich tippen musste.«

Und so entwickelte meine Mutter im ersten Jahr ihrer Affäre für ihr verworrenes Liebesleben eine seltsame Routine. Sie wachte morgens in ihrem Bett aus Kindertagen auf, nahm den Bus zur Arbeit, verbrachte den Tag im Büro und traf sich, so oft es ging, mit meinem Vater. Nach seinem intensiven Liebeswerben verlief ihre Affäre so unbeschwert, dass meine Mutter damit umgehen konnte, solange sie nicht an die Zukunft oder mögliche Entdeckung dachte. Sie hatte sich in ihrer merkwürdigen neuen Welt eingerichtet. Das dachte sie jedenfalls.

Als Zeichen seiner Verbundenheit und um das Versprechen einzulösen, das er ihr gegeben hatte, als sie dem Leben mit Pietro nachtrauerte, kaufte mein Vater Mama eine neue Wohnung im Viertel Balduina, nicht weit von der Villa Camilluccia entfernt. Mit einer riesigen Terrasse, mehreren Schlafzimmern und Badezimmern sowie einem kleinen Dienstbotenzimmer war sie fast doppelt so groß wie die Wohnung ihrer Familie. Und sie konnte damit machen, was sie wollte.

»Er zog einfach los und kaufte sie mir, ohne lange zu fackeln!«, erzählte sie. »Mich überraschte das, und ich fühlte mich geschmeichelt. Dabei war das eigentlich zu viel.«

Bei all ihrer Begeisterung über ihr neues Zuhause musste sie nun doch auch ihrer Mutter die Wahrheit beichten. Da meine Tante Gabriella mit ihrer Rolle als Ehefrau und Mutter beschäftigt und mein Onkel Franco nach Sardinien gezogen war, hatte sie außer ihrer Mutter niemanden mehr, den sie hätte anlügen müssen. Doch Mama hätte sich keine Sorgen machen müssen. Delia war nicht auf den Kopf gefallen und hatte schon geraume Zeit etwas geahnt. »Ich habe es immer gewusst«, sagte sie zu ihrer Tochter. »Und ich wusste auch, dass du mit Pietro nicht glücklich werden würdest. Aber eine Frage muss ich dir stellen, Bruna: Bist du jetzt glücklich?« Das leuchtende Gesicht ihrer Tochter, die nun endlich offen über den geliebten Mann sprechen konnte, war Antwort genug. Die Frau, die ich leider nie kennenlernen durfte, versprach meiner Mutter, ihr Geheimnis zu bewahren.

Als Mama Delia die Wohnung in Balduina zum ersten Mal zeigte, konnte meine Großmutter kaum glauben, dass sie in so eine schöne luftige Wohnung mit so viel Platz und Licht ziehen würden. »Das überstieg die kühnsten Träume meiner Mutter«, erzählte mir Mama. »Sie streifte verloren durch die Wohnung und sagte, sie fühle sich wie auf dem Mond. Sie wusste ja nun, dass ich in guten Händen war, und das Leben, das ich führte, machte sie glücklich.«

Die neue Wohnung trennten Welten von der düsteren Atmosphäre in der Via Manzoni. Aus Gründen des Anstands erzählten die beiden Frauen ihren Freunden und Angehörigen, dass Mama als hochgeschätzte Mitarbeiterin die leer stehende Wohnung eines Managers zu einer reduzierten Miete nutzen durfte. Dort begegnete meine Großmutter auch Papa zum ersten Mal, und sehr zur Erleichterung meiner Mutter kamen sie auf Anhieb gut miteinander aus. Es mutete sie sicher merkwürdig an, dass sie im selben Jahr geboren waren. Doch sah meine Großmutter ja, wie er mit ihrer Tochter umging, und spürte seine tiefe Zuneigung.

»Dieser Mann wird dich erst verlassen, wenn er stirbt«, sagte die Amateur-Hellseherin, eine weitere Prophezeiung, die sich später bewahrheitete. Als meine Mutter mir davon erzählte, staunte ich über ihre erstaunliche Weitsicht. Von meinen Großeltern ist sie diejenige, die ich am liebsten kennengelernt hätte.

Nach Mamas Umzug begann für meine Eltern eine völlig neue Phase ihres Lebens. Dank meines Vaters lebten sie sorgenfrei und deutlich entspannter, zumal meine Mutter nicht mehr dauernd lügen musste. Als Papa vorsichtig vorschlug, sie möge doch ihre Arbeit bei Gucci aufgeben, fühlte sie sich zunächst an Pietros Kontrollsucht erinnert, doch seine Argumente überzeugten sie. Ihre Beziehung werde ohne die neugierigen Blicke im Geschäft deutlich unkomplizierter sein, sagte er, und finanziell könne er sich um sie kümmern. »Außerdem könntest du öfter mit mir verreisen«, rief er ihr in Erinnerung, »und die

Sachen tragen, die du immer unter Verschluss gehalten hast!« Zwar gab sie ihre Unabhängigkeit nur ungern auf, doch seine Worte beruhigten sie, und so willigte sie, beruhigt von seinen Worten, schließlich ein.

Mein Vater überhäufte sie weiter mit Geschenken wie Handtaschen, Schuhen und Kleidern. Er kaufte ihr sogar einen Plattenspieler, damit sie ihre Lieblingsmusik von Domenico Modugno, Claudio Villa und anderen italienischen Sängern ihrer Zeit hören konnte. Er brachte ihr auch Schmuck und Ringe mit: »So viele Ringe! Ich liebe Ringe«, erzählte sie mir später, fügte aber trocken hinzu: »Bis auf den Perlenring, den Pietro mir geschenkt hat.«

Heute finde ich es sehr romantisch, dass mein Vater mit ihr über das Wochenende nach Paris flog, wo er eine Suite im Hôtel de Crillon am Ende der Champs-Élysées gebucht hatte. Ein andermal fuhren sie im Jaguar nach Neapel und setzten mit der Fähre nach Capri über. Es waren die »goldenen Jahre« der Insel, und die beiden lagen am Pool des Hotels Quisisana, schlenderten durch die Gassen und tranken auf der bekannten Piazzetta einen *aperitivo*. Mein Vater begründete damals eine langjährige Tradition: In jeder Stadt, die sie besuchten, kaufte er ihr einen kleinen Goldanhänger. Sie verarbeitete die Anhänger zu einem Armkettchen, das sie mir später zu meinem fünfundvierzigsten Geburtstag schenkte. Wie den Siegelring meines Vaters halte ich es hoch in Ehren.

Papa kümmerte sich um meine Mutter und vermittelte ihr das Gefühl, dass sie, abgesehen vom gemeinsamen Namen, in jeder Hinsicht seine Frau war. Doch obwohl er ihr die schönsten Flecken dieser Erde zeigte, fühlte sie sich wie eine Art Zaungast. »Ich glich einem Vogel Strauß. Den größten Teil meines Lebens steckte ich den Kopf in den Sand«, erzählte sie mir. »Ich war da und doch auch wieder nicht da. Ich sah das alles und sah es auch wieder nicht. Erst als ich viel älter war, konnte ich diese Reisen wertschätzen.«

Mein Vater bekundete ihr weiter seine Liebe und beschrieb sie als »echt und unermesslich«. Auch kaufte er ihr immer neue Geschenke, von Pelzen bis hin zu Schmuckstücken, die sie bis dahin nur von Gucci-

Kundinnen kannte. Das meiste verschwand allerdings in Schachteln und Schränken, ohne dass sie es je getragen hätte.

»Wo ist denn die Diamantkette, die ich dir geschenkt habe, Bruna?«, lautete ein wiederkehrender Refrain meines Vaters. Es irritierte ihn, dass sie die Stücke nur anlegte, wenn er sie darum bat. »Warum trägst du sie nicht?« Dann fiel ihm wieder ein, dass sie sich nicht gern aufdonnerte und das Einfache dem Extravaganten vorzog. Sogar die neue Wohnung fand sie eigentlich zu groß und schloss daher die Hälfte der Zimmer ab, damit ihr Zuhause ihren Bedürfnissen entsprach und *accogliente* war, »gemütlich«. Als mein Vater ihr anbot, ein neues Auto zu kaufen, wollte sie nicht etwa ein Cabrio oder eine Luxuslimousine haben, sondern entschied sich stattdessen für einen gebrauchten Ford.

Mamas Bescheidenheit war eine erfrischende Abwechslung für einen Mann, der in seinen glamourösen Kreisen vielen extravaganten Frauen begegnete. Von den Cocktailpartys oder Galadiners, von denen er kam, erzählte er meiner Mutter nur selten. Ungeachtet seiner Stellung als Chef einer aufsteigenden Luxusmodemarke war er recht genügsam und fühlte er sich durchaus nicht wie ein »Star« im modernen Sinne. Diese Haltung hatte er vermutlich von seinen Eltern übernommen, die ja schwere Zeiten durchlebt hatten.

Dem landläufigen Bild eines »Gucci« entsprach mein Vater ganz und gar nicht. Er schuf eine außergewöhnliche Marke, gehörte aber nicht zu den Menschen, die ständig im Rampenlicht stehen müssen. Das Phänomen Gucci ging auf seinen Weitblick ebenso zurück wie auf den von seinem Vater gesetzten Maßstab, dem er stets gerecht wurde. Er besaß Instinkt, Talent und eine Mischung aus Kreativität und Unternehmergeist, die perfekt in die Zeit passte. Er war der geborene Künstler, nur dass seine Leinwand die Mode war, seine Pinselstriche die Produkte. Und dank seines einzigartigen Stilbewusstseins wusste er genau, wie er sie zu arrangieren hatte.

Oft fällt es den Menschen schwer, zwischen den Auslagen unserer Boutiquen und unserem Alltagsleben zu unterscheiden. Die Villa

Camilluccia mit den vielen Bediensteten und den festlichen Diners gehörte zwar meinem Vater, diente aber mehr seiner Familie und den Gästen. Er war kein Snob und stellte seinen Besitz nicht zur Schau. Sein Privatleben hatte wenig mit dem Glamour und dem Prunk gemein, der mit der Marke Gucci verbunden wird. Wenn er nach Hause kam, zog er sein Jackett aus und machte es sich bei einem Teller Pasta gemütlich. Ein Glas Chianti und ein einfaches Essen reichten ihm völlig aus. Er brauchte weder Kaviar noch Champagner.

Wenn mein Vater in diesen frühen Tagen ihrer Beziehung von meiner Mutter getrennt war, vermisste er sie so sehr, dass er wieder zum Füller griff. Er schickte ein großes Blumenbouquet mit einer liebevollen Nachricht, oder er schüttete ihr in blauer Tinte sein Herz aus. »Ich spüre dich in allem, was ich tue, auch in den Entscheidungen, die ich treffe«, schrieb er ihr aus Manhattan. »Du hast einmal gesagt, ich solle aufhören, »Unsinn« zu schreiben, und dir lieber erzählen, was ich so tue usw. Ich kann dir sagen, was ich tue: Ich denke unablässig an dich, ich vermisse dich, und ich träume von all den Dingen, die ich gern mit dir machen würde.«

In dem besonders warmen Sommer von 1960, in dem die Römer wie gewöhnlich vor der Hitze der Stadt flohen, hielt er sich wieder bei ihr in Rom auf. Der heißeste Tag des Jahres war der 28. August, an dem das Quecksilber siebenunddreißig Grad Celsius erreichte. In dieser Woche wurden in der Ewigen Stadt die XVII. Olympischen Spiele eröffnet. Schon seit der Berliner Olympiade 1936 wurden die Höhepunkte der Spiele im Fernsehen übertragen, doch es war das erste Mal, dass die Übertragungen auch in die Vereinigten Staaten und rund um den Erdball ausgestrahlt wurden. Man hatte zu diesem Anlass ein neues Stadion errichtet, und mehrere historische Stätten wie die Maxentiusbasilika und die Via Appia wurden für Sportveranstaltungen genutzt, um die historischen Schätze der Stadt zu präsentieren.

Während die meisten Geschäfte und auch die Gucci-Boutique in Rom geschlossen hatten, genoss meine Mutter den Luxus, in ihrem funkelnagelneuen Schwarz-Weiß-Fernseher die Übertragungen der größten Sportveranstaltung der Welt zu verfolgen. Papa hatte ihr das Gerät gekauft, damit sie sich gemeinsam ihre geliebten *sceneggiati* ansehen konnten, populäre italienische Verfilmungen klassischer Bücher, jetzt dargestellt in verdaulichen Episoden.

Meine Großmutter, die nun nicht mehr arbeiten musste, lag blass und schlapp auf dem Sofa, geschwächt von einem Virus, der schon mehrere Wochen an ihren Kräften gezehrt hatte. Die Hitze und ihr hoher Blutdruck machten ihr zu schaffen, doch sie behauptete steif und fest, sie sei auf dem besten Weg der Besserung. Erst als sich am Nachmittag des 1. September, einem der heißesten Tage des Jahres, ihr Zustand dramatisch verschlechterte, wurde Mama der Ernst der Lage richtig bewusst.

»Bruna, mir geht es nicht gut«, keuchte meine Großmutter. Mama rief sofort im Büro meines Vaters an, wo man ihr sagte, dass er in einer Sitzung und daher nicht erreichbar sei. Als er ihre Nachricht erhielt und seinen Leibarzt vorbeischickte, lag Mama wie bewusstlos neben meiner Großmutter.

Delia war tot. Nach einem Leben voller harter Arbeit und Jahrzehnten in einer schwierigen Ehe hatte ihr Herz versagt. Sie wurde fünfundfünfzig Jahre alt. Delia hatte ihren Ehemann begraben, sie hatte ihre Kinder aufwachsen und ihren Weg gehen sehen. Der gemeinsame Umzug nach Balduina sollte ein glücklicher Neubeginn werden, daher muss ihr plötzlicher Tod für meine Mutter ein furchtbarer Schock gewesen sein.

Mama war untröstlich. Nachdem sie ihre Mutter verloren und sich von ihrer Schwester und ihrem Bruder entfremdet hatte, blieben ihr praktisch keine Angehörigen mehr. Ruhiggestellt von Tabletten hütete sie das Bett und konnte nicht an der Beerdigung auf dem Friedhof teilnehmen, auf dem auch mein Großvater Alfredo begraben war.

Mein Vater hatte alles geregelt und kümmerte sich in Abwesenheit meiner Mutter um das Begräbnis. Franco flog von Sardinien nach Rom, und auch Gabriella fand sich mit ihrer Familie ein. Ein Blick auf den gut gekleideten Gentleman, der die Beerdigung bezahlt hatte, sagte ihnen, warum er sich so bemühte und warum ihre Schwester und ihre Mutter in Balduina gewohnt hatten. Man tauschte neugierige Blicke, sprach aber kein Wort, und nach dem kurzen Gottesdienst ging man wieder getrennte Wege.

Die Erkenntnis, plötzlich allein zu sein auf der Welt, brachte meine Mutter völlig aus dem Gleichgewicht. In relativ kurzer Zeit hatte sie beide Eltern verloren, sich von ihren Geschwistern entfremdet, ihre Verlobung gelöst, eine Fehlgeburt erlitten und ihre geliebte Arbeit aufgegeben. Dazu kam die ständige Angst, entdeckt zu werden. Die vorangegangenen zwölf Monate mit meiner Großmutter waren vielleicht die glücklichsten ihres Lebens gewesen, doch nun war die Frau, an der sie von kleinauf schon fast krankhaft gehangen hatte, von ihr gegangen. Eine Welt ohne sie konnte sich meine Mutter nicht vorstellen.

Geblieben war ihr nur mein Vater, der, wie ihr nun schrecklich bewusst wurde, höchstwahrscheinlich ebenfalls vor ihr sterben würde. »Von jenem Tag an lebte ich in der furchtbaren Angst, dass er plötzlich sterben und mich heimat- und mittellos zurücklassen würde. Er versicherte mir immer wieder, er erfreue sich bester Gesundheit, aber mir war völlig klar, dass er nie so abhängig von mir sein würde wie ich von ihm, und der Gedanke jagte mir Angst ein.«

Meine vor Trauer fast besinnungslose Mutter hütete das Bett, betreut von einem Arzt und einer verschwiegenen *governante* (Gesellschafterin und Haushälterin), der jungen Spanierin Maria, die mein Vater als Dienstmädchen für die Villa Camilluccia angestellt hatte. Doch was er auch unternahm: Sie konnte ihre Depression nicht abschütteln.

Als gegen Jahresende das erste Weihnachtsfest ohne meine Großmutter nahte, war er so beunruhigt, dass er eine Schiffspassage nach New York auf der *SS Leonardo da Vinci* buchte. Maria schickte er als Anstandsdame mit, und er versprach, kurz nach Weihnachten bei ihnen zu sein.

So unglaublich es klingt: Schon wenige Tage, nachdem meine Mutter den Luxusliner betreten hatte, war sie wie umgekrempelt. In der neuen Umgebung hellte sich ihre Stimmung plötzlich auf. Als die jüngste Passagierin der ersten Klasse richtete sie sich in ihrer Luxuskabine ein und tauchte in eine Fantasiewelt ein, in der sie sich völlig neu erfand. In ihrer Kindheit hatte sie erlebt, wie ihre Mutter hübsche Kleider genäht hatte, und von einem anderen, einem glamouröseren Leben geträumt. Auf hoher See und völlig frei von Erwartungen anderer konnte Mama nun solche schönen Kleider tragen und ihren Traum endlich wahr werden lassen.

Wenn ich sie heute vor mir sehe, kann ich es mir kaum vorstellen, aber damals flunkerte sie den anderen Passagieren vor, sie sei mit einem erfolgreichen Anwalt verlobt, der sie nach ihrer Ankunft in Manhattan heiraten würde. Sich als jemand anders auszugeben, wirkte erstaunlich befreiend auf sie, und so ließ sie ihrer unterdrückten Fantasie freien Lauf. Immer war sie einfach nur Bruna Palombo gewesen, die gehorsame Tochter eines dominanten Vaters, deren Leben von Tradition und Pflichtbewusstsein bestimmt war. Befreit von ihren Ängsten und der Furcht vor einem Skandal, gewann sie nun nicht nur neue Freunde, sondern erhielt auch einen Preis für die hübscheste junge Frau an Bord.

Wenn mein Vater im Funkraum anrief, um mit ihr zu sprechen, wunderte er sich, dass sie nicht in ihrer Kabine zu finden war. Wo mochte sie sein?, fragte er sich und kämpfte gegen die aufkeimende Eifersucht an. Als er wieder einmal vergeblich anrief, beschwerte er sich verärgert beim Funker: »Es kann doch nicht so schwierig sein, einen ihrer Passagiere zu finden, oder wollen Sie behaupten, sie ist über Bord gegangen, um eine Runde zu schwimmen?« Während er sich am Telefon herumstritt, saß die Frau, die er in seinen Briefen als »Wirbelwind« beschrieb, »der mein gesamtes Dasein durcheinanderbringt«, wie gewohnt am Tisch des Kapitäns und eroberte Herzen – ohne ihn.

Als an einem kühlen Vormittag Mitte November das Nebelhorn ertönte und ihr Schiff durch das tiefe Wasser des Hudson River auf den

Hafen der Insel Manhattan zusteuerte, fand das Märchen meiner Mutter ein jähes Ende. Auf Anraten meines Vaters zog sie sich den warmen Wollmantel über und ging an Deck, wo sich vor ihr im Winternebel die Freiheitsstatue erhob. Wie viele Italiener hatte Mama immer davon geträumt, eines Tages in die USA auszuwandern. Mein Vater hatte von New York geschwärmt; ihr werde es sicher auch gefallen, hatte er gesagt. Nun war sie endlich dort.

Doch der Anblick der symbolträchtigen Freiheitsstatue drückte auf ihre Stimmung. Am Kai wartete kein gut aussehender junger Anwalt auf sie, und auch Hochzeitsvorbereitungen standen nicht an, ja, wahrscheinlich würde sie niemals als Braut vor den Altar treten. Auch würde Papa sie nicht abholen, sondern erst einen Monat später kommen. Abgesehen von ihrer wortkargen Gefährtin Maria kannte sie niemanden in diesem fernen fremden Land.

»Ich habe Amerika nie so geliebt wie dein Vater«, räumte sie später ein. »Das war *sein* Traum, nicht meiner.« Nachdem sie auf der Seereise ihre Sorgen hinter sich gelassen hatte, erfüllte sie der erste Blick auf das »Land der Freien und die Heimat der Tapferen« nicht gerade mit Zuversicht. Die Geister der Vergangenheit und das düstere Bild einer unmöglichen Zukunft holten sie wieder ein.

Ihr vorübergehendes »Zuhause«, das mein Vater von einem Bekannten gemietet hatte, war altmodisch und seltsam kitschig, mit Deckenmalereien und einer Toilette, die aussah wie ein Thron. Groteske Dekorationsstücke waren auf den Regalen festgeklebt, damit sie niemand verrückte, die Möbel mit durchsichtiger Kunststofffolie abgedeckt. Die Wohnung lag zwar relativ zentral, doch da meine Mutter in der Stadt keine Menschenseele kannte, hatte sie keine Ahnung, wo sie hingehen sollte. Das Wetter verschlechterte sich, und der einsetzende typische Ostküstenwinter mit Schnee und Eis raubte ihr vollends die Lust, die Wohnung zu verlassen. Ohne Freunde in ihrer Wohnung gefangen, igelten sich die beiden Frauen Weihnachten dort ein und bestellten sich Pizza, Hamburger, Pommes und Coca Cola ins Haus.

Als mein Vater Ende Dezember kam und meine Mutter körperlich und psychisch angeschlagen vorfand, musste er einsehen, dass sein Plan nach hinten losgegangen war. Kurz vor Neujahr brachte er sie in eine Stadt, die bei meiner Mutter die lange vermissten Lebensgeister wieder wecken sollte: Las Vegas. Die Stadt in der Mojave-Wüste, die auch als »Sin City« bekannt ist, war für Mama etwas völlig Neues: die Palmen, die stromlinienförmigen Straßenkreuzer, überall die großen leuchtenden Neonschilder. In den Luxushotels und Kasinos wie dem Sands und dem Desert Inn herrschte ein buntes Treiben. Es war die Zeit des Rat Pack und des Originalfilms *Ocean's Eleven* mit Frank Sinatra, Sammy Davis Jr. und Dean Martin, die abends in den Kasinos auftraten. Elvis Presleys »Viva Las Vegas« war gerade erschienen, und kurz darauf gaben die Beatles ein Konzert am Strip. Ich wünschte, ich hätte Vegas damals erleben können.

Als meine Mutter die Spieltische und die Martini schlurfenden Glücksspieler bei Blackjack, Roulette und Würfelspielen sah, genau wie sie es aus den US-Filmen kannte, leuchteten ihre Augen. In diesem Moment wusste mein Vater, dass er mit der Fahrt nach Las Vegas goldrichtig gelegen hatte, auch wenn ihm nicht ganz wohl dabei war, sie spielen zu lassen.

In ihrer Begeisterung drängelte sie, er solle doch vor dem Abendessen mit ihr Roulette spielen. Papa war in seinem Leben schon manch gut kalkuliertes geschäftliches Risiko eingegangen, aber das Glücksspiel lag ihm gar nicht. Daher kaufte er Mama für hundert Dollar Spielmarken und setzte sich mit einem Cocktail an die Bar. Wenn er aber angenommen haben sollte, sie würde bald wieder zu ihm stoßen, so hatte er sich geirrt. Als sie nicht kam, ging er auf die Suche und fand sie zu seiner Überraschung umgeben von jubelnden Bewunderern am Kopfende eines Roulettetisches, neben sich einen Stapel von Spielmarken, die sich mittlerweile versechsfacht hatten.

»Bruna! *Come hai fatto?*« (»Wie hast du das gemacht?«), fragte er sie ungläubig und zog sie vom Tisch weg, ehe sie alles wieder verlor.

Fröhlich lachend willigte Mama unter einer Bedingung ein, mit dem Spielen aufzuhören: »Heute abend lade *ich dich* zum Essen ein!«, rief sie. Das war ein kleiner, aber wichtiger Triumph. Seit sie ihre Arbeit aufgegeben hatte, war sie von meinem Vater völlig abhängig. Dass sie nun zur Abwechslung einmal ihn verwöhnen wollte, berührte ihn zutiefst.

Als sie nach dem Essen vom Ober die Rechnung entgegennahm, sei sein Gesichtsausdruck »jeden Einsatz wert gewesen«, erzählte sie später. Mein Vater staunte über diese für ihn neue Bruna, die ausgelassen war, sich amüsierte und das Heft in die Hand nahm. Nie hatte er sie mehr geliebt.

ZEHN

Mein Vater feilschte für sein Leben gern. Im Grunde seines Herzens war er ein Krämer, und es machte ihm einen Riesenspaß, andere herunterzuhandeln und ein Schnäppchen zu machen. Aus meiner Kindheit habe ich da so manche Erinnerung.

Zum Beispiel weiß ich noch gut, wie er in einem britischen Spirituosenladen den Verkäufer gnadenlos über den Tisch zog. »Wenn Sie mir auf zehn Flaschen Wein einen Rabatt von zehn Prozent anbieten«, erklärte ihm mein Vater, »würde ich zehn statt fünf kaufen, dann verdienen Sie mehr.« Ungeachtet seiner bestechenden Logik war der Mann noch nicht recht überzeugt. Als er endlich nachgab, stellte Papa zwei weitere Flaschen auf die Ladentheke und sagte: »Für zwölf Flaschen bekomme ich dann zwölf Prozent Nachlass, stimmt's?« Der Mann willigte schließlich ein, obwohl ihm fast die Augen aus dem Kopf fielen, als er die dick mit Geldscheinen gefüllte Brieftasche meines Vaters sah. Papa lachte, bis wir zu Hause waren.

Für ihn ging es gar nicht so sehr ums Sparen, sondern es war vielmehr ein Spiel, und der Wettstreit mit dem anderen Händler reizte ihn. Meine Mutter brachte das auf die Palme. Sie hielt sich bei solchen Gelegenheiten lieber fern, um sich nicht für sein »Bazargeschacher« schämen zu müssen. Trotzdem musste auch sie lachen, wenn er nach einem guten Geschäft triumphierend den Laden verließ.

In späteren Jahren fand ich es geradezu paradox, dass es ihr so peinlich war, denn mit ihm verhandelte sie schließlich alles, angefangen von der Zeit, die er mit ihr verbrachte, bis hin zu wichtigen Entscheidungen über ihr gemeinsames Leben. Diese Eigenart, die sie nach der Rückkehr aus den USA entwickelte, bewunderte er immer an ihr. Wie sie mir später erzählte, hatte sie die Reise verändert. Aus dem unerfahrenen Teenager war eine welterfahrene junge Frau geworden, die nun ihr Leben selbst in die Hand nehmen und sich besser um ihre Belange kümmern wollte.

Als Erstes zog sie aus der Wohnung in Balduina aus. Sie war für sie allein zu groß, und ohne meine Großmutter hielt sie es in den leeren Räumen ohnehin nicht aus. Sie vermietete sie, und Papa suchte ihr eine neue, kleinere Bleibe in der Nähe seiner alten Junggesellenwohnung im Stadtteil Parioli, unweit vom Park der Villa Borghese. Die zweite größere Veränderung in ihrem Leben betraf ihre Freizeit, und sie beschloss, öfter auszugehen. Sie hatte sich auf dem Schiff und in Las Vegas so gut amüsiert, dass sie sich bei ihrer Rückkehr nach Rom vornahm, nach Ladenschluss öfter noch etwas mit Nicola, Lucia oder anderen Freunden, die sie schon eine Weile nicht mehr gesehen hatte, zu unternehmen.

In den nächsten sechs Monaten lebte meine Mutter so unbeschwert wie nie, während mein Vater weiter um die Welt jettete, seine Boutiquen kontrollierte und neue Geschäfte plante. Da er auch weiterhin jeweils eine Woche in einer Stadt verbrachte, sah ihn meine Mutter meist jede vierte Woche. Schon lange hatte er die Eröffnung einer Filiale in London im Auge, und jedes Mal, wenn er dort nach einem möglichen Standort suchte, stieg er im Savoy ab, wo mein Großvater als junger Mann gearbeitet hatte. Dort saß er auf seinem Zimmer und prüfte die diversen Räumlichkeiten, die ihm zur Miete angeboten wurden, bis er sich schließlich für ein Geschäft in der Bond Street entschied.

Auf Mamas Drängen hatte er Nicola zu einem der Geschäftsführer ernannt. Sie wusste, dass Nicola gern nach London zurückkehren wollte. Die Position konnte ein Sprungbrett für ihn sein und erlaubte ihm, die Fühler auszustrecken und mehr von der Welt zu sehen. Nicola war begeistert, und meine Mutter freute sich, dass sie ihm hatte helfen können.

Die Expansionspläne meines Vaters für die USA liefen unvermindert weiter, und bald schon eröffnete er eine Boutique in Palm Beach, Florida. Der neue Laden an der Worth Avenue, kurz »150 Worth«, setzte völlig neue Akzente. Die Eröffnung fiel mit der Markteinführung einer neuen Schultertasche zusammen, die nach Jacqueline Bouvier Kennedy benannt war, der faszinierenden jungen Frau des neuen US-Präsidenten John F. Kennedy, der im Januar 1961 sein Amt angetreten hatte. Passend zum Modell »Jackie« (das, nachdem sie damit fotografiert worden war, auf Anhieb zum Verkaufshit avancierte) hatte mein Vater auch eigens für Jackie Kennedy entworfene Schuhe im Programm.

Im Mai 1962 besuchten meine Eltern Palma de Mallorca auf den Balearen vor der Küste Spaniens. Sie verbrachten ein paar idyllische Tage mit der Suche nach einer Villa am Meer, in der meine Mutter mit den wenigen Freunden, die von ihrer Affäre wussten, den Sommer verbringen konnte. Papa wollte sie besuchen, so oft es ging. Er war bester Laune, und sie hatte ihn endlich abseits des hektischen Geschäftslebens einmal ganz für sich. Auf dem Rückweg nach Rom machten sie einen Zwischenstopp in Madrid, wo sie das Wochenende verbrachten und bei einem romantischen Abendessen Papas siebenundfünfzigsten Geburtstag feierten. Es war ein zauberhafter Abend mit einem Flamenco-Gitarristen und Sevillana-Tänzern. Unbelastet von neugierigen Blicken gaben die beiden sich völlig dem Moment hin.

»Ich glaube, wir waren nie zuvor so glücklich gewesen«, sagte meine Mutter wehmütig.

Kurz darauf wurde ihr Glück getrübt, denn sie merkte, dass sie wieder schwanger war, diesmal mit mir. Trotz aller Vorsichtsmaßnahmen hatten sie mich in einem unbeschwerten Moment in Madrid gezeugt. In dieser Lebensphase waren die beiden einander völlig ergeben, doch die Schwangerschaft drohte ihre Zukunftspläne zu zerschlagen.

Die Erinnerung an die Qualen, die sie bei ihrer Frühgeburt erlitten hatte, brachte meine Mutter emotional völlig aus dem Gleichgewicht. Die beiden hatten nie über die Möglichkeit einer weiteren Schwangerschaft gesprochen und wussten daher nicht, was sie tun sollten. Man kann sich die Angst meiner Mutter gut vorstellen. Konnte sie unter diesen Umständen überhaupt in Erwägung ziehen, ein Baby auf die Welt zu bringen? Das Risiko war enorm, und alles, was sie und mein Vater vorhatten, womöglich dahin.

Mein Vater musste meine Mutter, die einer Hysterie nahe war, buchstäblich schütteln, damit sie wieder zur Vernunft kam. Er packte sie fest an den Schultern. »Es wird alles gut, Bruna«, sagte er. »Du wirst dieses Baby bekommen. Du erhältst die bestmögliche Pflege, und wenn das Kind sicher und gesund auf der Welt ist, werde ich mich um euch kümmern – um euch beide. Ich verspreche es.«

»Aber wie, Aldo?«, wimmerte sie. »Und wo? Das ist unmöglich!«

»Wir *werden* dieses Kind bekommen«, sagte mein Vater mit Nachdruck und lächelte sie an. »Und es wird meinen Namen tragen. *Tutto è possibile*, Nina.« Und genau so kam es.

An der Gelassenheit und Ruhe, die mein Vater ausstrahlte, spürte meine Mutter instinktiv, dass sie ihm vertrauen konnte. Trotzdem hatte sie Angst. Wie sollten sie das geheim halten? Was war mit seiner anderen Familie? Olwen und ihre Söhne waren zwischen ihnen nie ein Thema gewesen. Mama wäre es nicht im Traum eingefallen, sich in die Entscheidungen meines Vaters einzumischen. Doch sie sorgte sich, wie er diese Situation wohl bewältigen würde.

Trotz der dramatisch veränderten Lage setzten die beiden ihre Pläne für den Sommer in die Tat um. Sie freute sich nicht etwa darauf, Mutter zu werden, sondern quälte sich mit der durchaus realen Möglichkeit herum, dass jemand sie als das bloßstellen könnte, was sie war: die schwangere Geliebte eines verheirateten Mannes. Da ich selbst dreimal schwanger gewesen bin, weiß ich nur zu gut, wie aufregend eine Schwangerschaft ist. Ich empfand eine unbändige Freude darüber, mit

Mein Grossvater Guccio,
Gründer der Firma Gucci.

Meine Grosseltern
Aida und Guccio Gucci
Anfang des 20. Jahrhunderts
in Florenz.

Mittagessen
al fresco
bei der Familie
Gucci in
Florenz,
ganz vorn
mein Vater.

Mama als kleines Mädchen in Italien mit ihrer geliebten Mutter Delia.

Rodolfo mit Maurizio (links) und Paolo (rechts) Anfang der 1980er Jahre im Lieblingsrestaurant meines Vaters, dem Club Colette.

Papa (Mitte) flankiert von seinen Brüdern Vasco und Rodolfo, in den 1950er Jahren in Mailand.

© *GIRAFFA/REX Shutterstock*

Mein Vater im Alter von zweiundzwanzig Jahren mit seiner noch fast kindlichen Braut Olwen Price auf ihrer Hochzeit in England, 1927.

© *GIRAFFA/REX Shutterstock*

© Reporters Associati & Archivi/ Montadori Portfolio via Getty Images

Der Glamour des Hauses Gucci betörte alle, von Gracia Patricia von Monaco bis hin zu Rita Hayworth.

Prinz Charles und ich bei der Überreichung eines Pokals auf einem Polo-Turnier in Windsor, 1982.

Die Gucci-Boutique in Florenz, um 1950.

Mama auf dem Schiff nach New York bei der Übergabe eines Preises für die hübscheste junge Frau an Bord.

Papa und ich im Garten der Villa Camilluccia, Rom, 1965.

Mama präsentiert mich stolz in ihrer Wohnung in Rom, 1963.

Papa, Mama und ich mit meiner Tante Gabriella und Freunden auf Capri, 1966.

Papa, Mama und ich am Pool der Villa Camilluccia, Rom, 1965.

Mama und ich vor dem Haus
in Palm Beach, 1973.

Ich im Alter von fünf Jahren in Reitkleidung
vor unserem Haus in Hendon bei London.

Ich im Alter von zwölf Jahren vor dem Haus in Palm Beach.

dem Mann, den ich liebte, ein neues Leben in die Welt zu setzen, und wollte das nach dem dritten Monat auch aller Welt kundtun. Dann spürte ich auch schon die ersten Bewegungen und hin und wieder einen Fußtritt. Doch meine Mutter konnte das alles nicht genießen. Für sie gab es nur Probleme, und je größer ich in ihr wurde, desto mehr Sorgen machte sie sich.

Als sie nach Rom zurückkehrte, behalf sie sich mit weiten Jacken und mehrlagiger Kleidung, doch nach fünf Monaten konnte sie mich nicht länger verstecken. Drastischere Maßnahmen wurden notwendig.

»Du musst nach London ziehen«, erklärte mein Vater. Er geriet nicht so leicht in Panik und überbrachte ihr die folgenreiche Mitteilung völlig unaufgeregt.

Mama war entsetzt. »London? Aber warum? Da kenne ich doch niemanden!«

»Nicola ist in der Bond Street, und Maria kann dich begleiten wie schon nach New York.«

Rasch wurde klar, dass er das schon eine Weile geplant hatte. Jedenfalls hatte er alles mit der ihm eigenen Akribie vorbereitet und dafür gesorgt, dass sie in der Harley Street von einem führenden Gynäkologen der London Clinic behandelt wurde. Da er das neue Geschäft im West End hatte und zum Ankauf von Leder immer wieder nach Walsall reisen musste, konnte er häufigere Reisen nach England nach außen hin gut rechtfertigen, versicherte er ihr. »Ich werde oft kommen und bei dir sein, wenn unser Sohn geboren wird«, versprach er und küsste sie auf die Stirn. Von Anfang an war er der festen Überzeugung, dass ich ein Junge werden würde.

Mama war zwar völlig überfordert, aber zumindest erleichtert, dass Maria bei ihr bleiben würde. Auch wenn sie mit Maria nie eine echte Freundschaft verbunden hatte, wusste sie ihre Gesellschaft zu schätzen. Nicola wiederum war ein Geschenk des Himmels, und sie konnte ihr Glück kaum fassen, dass er – dank ihrem Zutun – nun in London lebte.

Der Zeitpunkt ihrer Abreise in britische Gefilde wurde vom Fortschreiten der Schwangerschaft diktiert, und so bereitete sie sich kurz vor Jahresende nervös darauf vor, Italien zu verlassen. Da mein Vater gerade zu seiner Auslandsrundreise aufgebrochen war, sollte sie ohne ihn umziehen, ihn aber ein paar Wochen später in London sehen. An einem Nachmittag im November 1962 packte meine Mutter gerade ihre Sachen und wartete auf Maria, die etwas für sie besorgen wollte, als das Telefon klingelte. Sie hoffte, es wäre Papa, der ihr eine gute Reise wünschen wollte.

»*Pronto*?«, meldete sie sich auf gewohnt italienische Art.

Es war Maria. »*Io non parto*« (Ich fahre nicht), sagte sie – und hängte auf.

Nachdem Mama entsetzt den Hörer aufgelegt hatte, ging sie geradewegs in Marias Schlafzimmer. Der Schrank war leer, ihr Hab und Gut verschwunden. Ob Maria es sich wegen der New-York-Reise anders überlegt hatte oder ob sie einfach nicht noch einen Winter im Ausland verbringen wollte, weiß niemand. Sie lieferte keine Erklärung, und meine Mutter hatte auch keine Gelegenheit, sie noch umzustimmen.

So blieb ihr nichts anderes übrig, als allein das Flugzeug nach London zu besteigen, um ihr Kind in einem fremden Land zur Welt zu bringen. Für eine junge Frau, die ihr Leben bis dahin im vertrauten familiären Umfeld verbracht hatte, muss diese Aussicht schrecklich gewesen sein. »Kannst du dir vorstellen, wie das für mich war? Mich so verstecken zu müssen?«, sagte sie Jahre später zu mir. Bei der Erinnerung schüttelte es sie. »In den Sechzigern wäre das ein riesiger Skandal gewesen. Eine alleinstehende Frau – und schwanger! Ich verließ Rom wie eine Diebin in der Nacht.«

Papa hatte seine Brunina in einem Brief einmal händeringend angefleht, sich »keinen Vorschriften, gesellschaftlichen Konventionen oder äußeren Einflüssen zu unterwerfen, die unserer Sehnsucht nach gegenseitiger Liebe zuwiderlaufen. […] Glaube an mich, mein Liebling, du wirst es nicht bereuen!« Als damals das Fahrwerk des Flugzeugs den

Asphalt unter sich ließ, bereute sie es bestimmt. Noch nie in ihrem Leben hatte sie sich so verlassen gefühlt.

Es regnete, als das Taxi sie vor einem sechsstöckigen roten Mietshaus absetzte, das sie fortan ihr Zuhause nennen würde. Die Wohnung lag in Cadogan Gardens in Knightsbridge mit Blick auf eine eingezäunte Grünanlage, hatte ein großes Erkerfenster und einen langen Flur, der die Zimmer miteinander verband. Im Herzen einer so großen Stadt überraschte der dörfliche Charakter des Viertels mit den Bäumen und dem Kopfsteinpflaster in den Hinterhöfen. Auch, dass Papa für etwaige Notfälle und unter strengstem Stillschweigen die Hilfe eines ortsansässigen Ehepaars sichergestellt hatte, wirkte beruhigend.

Trotzdem war meine Mutter in einem fremden Land, dessen Sprache sie kaum verstand und nicht zu sprechen wagte. Und dann wiederholte sich auch noch die Geschichte, denn genau wie in New York brach ein harter Winter über London herein. Nur war es diesmal noch viel schlimmer. Aus dem anfänglichen Schneegestöber wurde schnell der sogenannte »Große Frost«, der über Weihnachten mit bitterkalten Temperaturen einsetzte und bis Anfang März andauerte. Schneestürme und orkanartige Winde fegten über das Land, und im Südosten Englands fror an mehreren Stellen das Meer ein. London kam vergleichsweise harmlos weg, doch wegen der glatten Gehwege traute sich Mama nicht nach draußen.

Gefangen in ihrer Wohnung wie schon in Manhattan beklagte sie, dass es sie nun schon wieder erwischt hatte und ein normales Leben für sie außer Reichweite lag. »Wenn man sich verstecken muss, lebt man wie ein Gespenst«, erzählte sie mir traurig. Sie saß allein in ihrer Wohnung, wartete sehnsüchtig auf die Anrufe meines Vaters und registrierte betrübt, dass er ihr nicht mehr wie in den Anfängen ihrer Beziehung wunderschöne Briefe schrieb. Was hätte sie darum gegeben, wieder in seiner geschwungenen Handschrift zu lesen, wie sehr er sie verehrte: »Das Schicksal will es, dass wir zusammen sind, das fühle ich!«, hatte er ihr einst geschrieben.

Derweil beschäftigte ihn das Schicksal seiner Firma stärker denn je. Er saß in einer Art Achterbahn, die er während der Fahrt unmöglich verlassen konnte. Genau wie er es geplant hatte, wurde Gucci nun endgültig Teil der Weltkarte, und die Expansion hätte ohne seine Leitung nicht vonstattengehen können. Seine blumigen Versprechen »ewiger Hingabe und Fürsorge« klangen hohl, denn er war weit weg, während sie ängstlich und einsam auf ihn wartete.

Mama wäre wohl untröstlich gewesen, hätte sie nicht Nicola gehabt. Seit er in ihr Leben getreten war, hatte sich der gut aussehende junge Mann, bei dessen Einstellung sie ihre Hand im Spiel gehabt hatte, fast schon zu einem Familienmitglied entwickelt – so sehr, dass mein Vater vorschlug, Nicola solle bei ihr einziehen, während sie auf die Geburt wartete. Er erwies sich als ein Geschenk für uns beide.

Der lebenslustige Römer, laut meiner Mutter »der erste Engel, der in mein Leben trat«, machte sie mit der britischen Seifenoper *Coronation Street* bekannt. Beide liebten die Serie, nicht zuletzt, weil sie sich köstlich amüsierten über den fremdartigen nordenglischen Akzent und die Unmengen Tee, die getrunken wurden. Wenn meine Mutter keine Lust hatte, Abendessen zu gehen, kochten sie Pasta und machten es sich vor dem Fernseher bei alten amerikanischen Spielfilmen und anderen Sendungen gemütlich. Nicola schwärmte für Kalifornien, sein Traumziel war Hollywood. Nachdem er Filme wie *April entdeckt die Männer* und *Beach Party* über die Surfer-Kultur an der Westküste gesehen hatte, träumte er von einem Leben in Malibu, umgeben von attraktiven jungen Surfern. »Eines Tages gehe da ich da hin!«, sagte er oft zu Mama. Zu ihrem Glück stand er ihr in London zur Seite, wofür sie ihm wirklich dankbar war.

Mein Vater flog Ende Februar 1963 nach Heathrow, um alles für meine Geburt vorzubereiten. Als Vater dreier Söhne nahm er, ebenso wie meine Mutter, an, dass sie einen Jungen zur Welt bringen würde. In den 1960er Jahren waren in britischen Krankenhäusern Ultraschalluntersuchungen noch nicht verbreitet, sie konnten sich also nicht sicher sein. Trotzdem hatten sie keinerlei Zweifel und sogar schon einen Namen herausgesucht – Alessandro. Über einen Mädchennamen hatten sie sich hingegen gar keine Gedanken gemacht.

Anders als heute begleitete damals kaum ein Mann seine Frau bei der Geburt. Mein Vater bildete da keine Ausnahme. Er war bei keinem seiner Kinder an Olwens Seite gewesen und erzählte meiner Mutter, er sei stattdessen immer zum Tanzen gegangen. »Ich wollte ihn nicht dabeihaben und erwartete es auch nicht«, erzählte sie mir. »Dass er überhaupt seinen hektischen Terminplan ausgesetzt hatte und in die Klinik kam, reichte mir vollkommen aus.«

Während sie sich durch besonders schmerzhafte Wehen kämpfte, ging mein Vater, der sie in guten Händen wusste, essen und anschließend ins Kino. Man stelle sich daher seine Überraschung vor, als er spät abends zurückkehrte und die Krankenschwester sagte: »Glückwunsch, Sie haben eine Tochter!«

Unterstützt von der Zange hatte ich mich am 1. März um 21 Uhr 25 tretend und kreischend ans Licht der Welt gekämpft. Ich wog 3500 Gramm, hatte »lange Arme und Beine und einen großen Mund«, so Mama. Mein Vater betrachtete mich entzückt im Säuglingssaal, ehe er mit einem strahlenden Lächeln in das Zimmer meiner Mutter eilte.

»Es ist ein Mädchen! Sie ist wunderschön! Wieder hast du mir etwas gegeben, das ich schon immer wollte, Brunicchi!« Er war völlig aus dem Häuschen.

Nur ein liebender Vater konnte mich für hübsch erklären, nachdem er mir in das dunkelrot verzerrte Gesichtchen geblickt hatte – ich schrie hingegen unverdrossen meine Wut über die Beleidigung hinaus, geboren worden zu sein. Nachdem ich meiner Mutter schon während der Entbindung das Leben schwergemacht hatte, war für mich noch lange nicht Schluss.

»Ich schwöre es: All meine Angst, meine Trauer und meine Sorgen während der Schwangerschaft waren auf dich übergegangen«, sagte meine Mutter. »Du hast so viel geschrien, du hast die gesamte Station wachgehalten.« Da ich mich weigerte, an der Brust zu trinken, und ohne Unterlass krähte, schritt eine australische Krankenschwester namens Patricia ein und nahm mich in die Arme, wo ich endlich Ruhe gab. Sie kümmerte sich so rührend um mich, dass meine Mutter beschloss, mich nach ihr zu benennen. Als zweiten Vornamen wählte sie Delia.

Mein Vater blieb noch ein paar Tage, ehe er nach Paris flog, um die Eröffnung seines ersten Geschäfts in der Nähe des Place Vendôme vorzubereiten. Die Blumen, die er ihr alle zwei Tage schickte, sprengten bald das Zimmer im Krankenhaus und anschließend ihre Wohnung. Doch noch so viele Blumen konnten ihr erneutes Alleinsein nicht wettmachen. Kaum in der Lage, sich um sich selbst zu kümmern, geschweige denn um mich, und ohne Delias Beistand, war sie furchtbar unsicher, was aus uns beiden werden würde. Mein Vater verhielt sich stets freundlich und aufmerksam, doch in der letzten Phase ihrer Schwangerschaft, als sie sich nicht mehr attraktiv fühlte, hatte er sie seltener besucht. War das Zufall oder Absicht?, fragte sie sich. Würde er sich einer neuen Frau zuwenden? Oder sie in England ganz allein zurücklassen?

»Ich zermarterte mir dauernd nur den Kopf, was wohl geschehen würde, wenn wir nach Rom zurückkehrten«, erzählte sie mir Jahre später. Die Angst raubte ihr den Schlaf, den sie so dringend gebraucht hätte, und mit meiner Pflege tat sie sich schwer. Oft kämpfte sie sich durch den Tag und schwor sich insgeheim, dass sie nie wieder schwanger werden würde, wenn sie es verhindern konnte.

Unser »Engel« Nicola war in dieser Situation der Hauptleidtragende. Nach einem harten Arbeitstag kam er zu meiner Mutter nach Hause, die ihm in Tränen aufgelöst gleich das Baby in den Arm drückte. »Bitte, Nicola. Sie hört nicht auf zu weinen. Ich muss schlafen!« Da er sich noch nie um ein Baby gekümmert hatte, fiel ihm nichts Besseres ein, als mich in den Kinderwagen zu legen und mich im Flur auf und ab zu fahren, um meiner Mutter ein bisschen Ruhe zu verschaffen.

Am 12. März, nur zwei Wochen nach meiner Geburt, kehrte mein Vater zu meiner Taufe in der römisch-katholischen Kirche St. Mary's nach London zurück. Das strenge viktorianische Gebäude aus dem Jahr 1877 gehörte zu einer der ältesten römisch-katholischen Gemeinden Londons. Die Handvoll Gäste – Freunde und Nachbarn, die den inneren Zirkel meiner Eltern bildeten – versammelte sich um den Taufstein aus weißem Marmor, an dem der Priester mich mit Weihwasser taufte. Nicola war als mein Taufpate dabei, Lucia aus Rom als zweite Patin angereist. Abschließend forderte der Priester die Anwesenden auf, zu Jesus zu beten, ihre Sünden zu bereuen und dem Bösen abzuschwören.

Obwohl ich durch die Taufe von »allen Sünden gereinigt wurde«, wusste meine Mutter natürlich, dass ich letztlich *illegittima* war. Der Priester, der meine Taufurkunde unterzeichnete, hatte keine Ahnung, dass meine Eltern in Wahrheit nicht rechtmäßig verheiratet waren.

Doch damit nicht genug: Papa ließ meine Geburt auch noch offiziell ins Londoner Geburts- und Todesregister eintragen, sodass sein Name und der meiner Mutter unauslöschlich in Tinte festgehalten wurden. Um meine Geburt wie versprochen zu legitimieren, schrieb er: »Aldo und Bruna Gucci.« Vielleicht hielt er das tatsächlich für wahr.

Die Zukunftsängste meiner Mutter wurden dadurch verstärkt, dass Papa von einer Rückkehr nach Rom nichts sagte. Als sie nicht müde wurde, ihm zu erklären, wie elend sie sich fernab ihrer Heimat fühlte, gab er schließlich nach. Ich war einundzwanzig Tage alt, als ich in den Pass meiner Mutter eingetragen, in eine Decke gehüllt und nach Italien geflogen wurde.

»Wir müssen ab jetzt noch viel vorsichtiger sein«, warnte mein Vater Mama. Nun, da ich da war, machten sich meine Eltern nichts vor: Sie würden ihr gemeinsames Leben noch verschwiegener und heimlicher führen müssen als je zuvor. Dort, wo Menschen sie kannten, waren Familienausflüge und Spaziergänge tabu.

»Lieber verstecke ich mich in Rom, als allein in London zu sein«, erwiderte meine Mutter, die des britischen Wetters, des Essens und der

Sprache überdrüssig war. Allerdings hatte sie nicht bedacht, wie sehr sie sich würde zurückhalten müssen, denn sie konnte sich in ihrem eigenen Viertel nicht mit dem Kinderwagen zeigen, weil es aufgefallen wäre. Stattdessen ging ein spanisches Kindermädchen mit mir spazieren, und meine Eltern trafen sich nach wie vor heimlich.

Da ich selbst schon junge Mutter war, kann ich mir nur schwer vorstellen, wie es ist, die eigene Tochter nicht offen zeigen und nicht überall mit ihr hingehen zu können. Sicher, es waren andere Zeiten, und meine Eltern taten das unter diesen Umständen Richtige, doch dass sie sich dermaßen einschränken mussten, macht mich im Nachhinein unendlich traurig.

Sie haben sicher geglaubt, dass es nicht anders ging. Und so schafften sie es, mich geheim zu halten – fast ein ganzes Jahr.

ELF

Meine Mutter geht Auseinandersetzungen seit jeher aus dem Weg. Weil sie unter einem Minderwertigkeitsgefühl und einem mangelnden Selbstbewusstsein leidet, sagt sie nur selten ihre Meinung.

Ich bin das genaue Gegenteil. Zwar war ich in meiner Kindheit meist eine Schachfigur in einem Spiel, das andere bestimmten, und musste tun, wie mir geheißen wurde. Doch mit zunehmendem Alter und wachsender Lebenserfahrung konnte ich mich auch besser ausdrücken und anderen mitteilen, wie es mir ging.

Mama hingegen hat ihre Stimme nie richtig gefunden, und wenn es zum Streit kam, verfiel sie oft in Schweigen. Man kann sich daher ihr Unbehagen vorstellen, als es eines Nachmittags in ihrer Wohnung in Rom klingelte, sie die Tür öffnete und einer gut betuchten Abgesandten von Papas Ehefrau Olwen gegenüberstand.

»Signora Gucci weiß von Ihnen – und dem Baby«, erklärte die Frau schmallippig.

Mama klopfte das Herz bis zum Hals.

»Signora Gucci meint, es wäre im Interesse aller Beteiligten, wenn Sie jeden Anspruch an ihren Mann Dr. Gucci aufgäben«, fuhr die Frau fort und durchbohrte meine Mutter mit stählernem Blick. »Sie sind so jung«, fügte sie schnippisch hinzu. »Sie können neu anfangen.«

Meine Mutter suchte stammelnd nach einer Antwort, kam aber nicht zu Wort.

»Wenn Sie nicht allein für Ihr Kind sorgen können, ist Signora Gucci bereit, es Ihnen abzunehmen.«

Mama zuckte buchstäblich vor diesen Worten zurück und trat einen Schritt zurück.

Die Frau achtete nicht auf ihre Reaktion und versicherte ihr: »Sie erhielte die bestmögliche Fürsorge.«

Meine Mutter rang nach Luft und legte die Hand auf ihre Brust.

»Überlegen Sie es sich gut«, schloss die Besucherin, machte auf dem Absatz kehrt und ließ meine Mutter außer sich zurück.

Als sie in ihr Wohnzimmer wankte und sich in einen Sessel fallen ließ, fiel ihr der Tag wieder ein, an dem sie Olwen zum ersten Mal gesehen hatte. Sie war in den Laden gekommen, um Weihnachtsgeschenke zu kaufen. Mama hatten die Bescheidenheit und Freundlichkeit der Frau gefallen, die seit den 1920er Jahren Signora Gucci war.

»Sie hatte mir imponiert«, erzählte mir meine Mutter. »Sie wirkte so nett und anständig.« War es Arroganz oder Verzweiflung, die Olwen dazu getrieben hatte, diese grausame Botschafterin zu entsenden? Und für wie herzlos hielt sie Mama, dass sie sich vorstellen konnte, sie würde ihr eigenes Kind hergeben? Obwohl meiner Mutter klar war, dass die Ehe meines Vaters nur noch auf dem Papier bestand, hatte sie dennoch ein schlechtes Gewissen wegen ihrer Affäre. Dieser Schachzug Olwens war allerdings ebenso verletzend wie schockierend.

Wir werden nie erfahren, wie oder wann Papas Frau von uns erfahren hatte. Aber sehr wahrscheinlich erreichte sie die Nachricht über ihren ältesten Sohn Giorgio, der kurz zuvor mehrere anonyme Briefe erhalten hatte. Der erste, mit einem Poststempel der Region, enthielt einen einzelnen getippten Briefbogen. Der anonyme Schreiber wusste alles über meine Mutter und mich und behauptete, mein Vater überschütte Mama mit Geschenken »wie ein indischer Prinz«. Weitere Briefe enthüllten die Einzelheiten meiner Taufe in London, unsere

Adresse in Rom und Orte, die meine Eltern gemeinsam besucht hatten. Die Beweise wurden mit forensischer Genauigkeit aufgelistet und sollten meinem Vater offenbar verdeutlichen, dass man mich, sein geheimes uneheliches Kind, jederzeit ans Licht der Öffentlichkeit zerren konnte.

Mein Vater ließ sich nicht so schnell aus der Ruhe bringen. Als sein Sohn ihm stotternd und stammelnd die infamen Briefe zeigte, ärgerte er sich bestimmt darüber, äußerte sich aber nicht weiter und verbarg seine Wut. Giorgio und Olwen standen einander sehr nahe, und so stand ohnehin zu erwarten, dass sein Sohn seine Mutter in Schutz nehmen würde.

Mama dagegen war völlig außer sich. Nach jahrelangem Versteckspiel hatte man sie nun ertappt. »Ich wollte um jeden Preis herausfinden, wer diese schrecklichen Briefe geschrieben hatte«, sagte sie. »Was wollte diese Person erreichen? Da standen so viele persönliche Informationen drin, dass ich bald jeden verdächtigte, sogar Nicola.«

Als mein Vater ein paar Erkundigungen einzog, erfuhr er, dass uns eine von Mamas besten Freundinnen verraten hatte, die praktisch alles über sie wusste. Schlimmer noch, sie hatte die ganze Sache gemeinsam mit einem Mitglied seiner Familie eingefädelt. Die beiden verfolgten dabei noch einen Hintergedanken, und als mein Vater davon erfuhr, ließ er sich auf ihre Bedingungen ein, um weitere Auseinandersetzungen zu vermeiden und die Geschichte zu begraben.

Diese Ereignisse nahmen meine Mutter schwer mit. Sie war von einer guten Freundin verraten worden und hatte daher so gut wie jedes Vertrauen in andere verloren. Zum ersten Mal wurde ihr klar, dass die Beziehung mit meinem Vater nicht nur schlimme juristische Folgen haben, sondern auch andere Nachteile mit sich bringen konnte, über die sie noch gar nicht nachgedacht hatte, nicht zuletzt den Neid ihrer Freunde.

Falls sie jedoch befürchtet hatte, der unheilvolle Besuch von Olwens Botin könnte für sie und Papa den Anfang vom Ende ihrer Beziehung einläuten, so täuschte sie sich. Als sie Papa unter Tränen Wort für Wort berichtete, was an jenem Tag geschehen war, wurde mein Vater fuchsteufelswild. Sie hatte zwar schon erlebt, wie er Kollegen anschnauzte, und auch von anderen gehört, dass er hin und wieder die Beherrschung verlor, aber so zornig hatte sie ihn noch nie gesehen.

Als er erfuhr, dass Olwen ihr angeboten hatte, ihr das Baby abzunehmen, legte sich in ihm ein Schalter um. Wutentbrannt fuhr er in die Villa Camilluccia, um seine Frau, mit der er mittlerweile vierzig Jahre verheiratet war, zur Rede zu stellen. Die Einzelheiten ihres hitzigen Streits erfuhr meine Mutter nie, doch Papa versicherte ihr später, er habe Olwen alles über uns erzählt und ihr die Beständigkeit seiner Liebe für Mama und mich unmissverständlich klargemacht.

»Mach so etwas nie wieder!«, hatte er Olwen abschließend gewarnt.

Sie hielt sich daran.

Traumatisiert von dieser Episode und von Zukunftsangst noch immer wie gelähmt beschloss meine Mutter, jede Lira, die ihr mein Vater gab, beiseitezulegen. »Der Schmuck war wunderschön«, erzählte sie mir, »aber damit konnte ich kein Essen kaufen.« Statt daher das Geld, das er ihr für Lebensmittel, Kindermädchen, Kleidung und Möbel gab, mit vollen Händen auszugeben, sparte sie etwa an den Haushaltsausgaben oder entschied sich gegen den Kauf eines neuen Paars Schuhe. Mein Vater, der ihr keinen Blankoscheck ausstellen wollte, gab ihr immer so viel, wie er es für angemessen hielt, und hatte keine Ahnung, dass sie das Geld für schlechte Zeiten beiseitelegte wie ein Eichhörnchen, das für den Winter vorsorgt.

Es war um diese Zeit, dass Mamas zweiter »Engel« in unser Leben trat. Er hieß Maureen und erschien in Gestalt einer pragmatischen jungen Frau aus Sunderland in Nordengland, die auf eine Anzeige meines Vaters in der Zeitschrift *Lady* geantwortet hatte. Meine Eltern mochten sie auf Anhieb und stellten sie sofort ein. Mein Vater hielt viel von den britischen Umgangsformen und wollte mich von einem englischsprachigen Kindermädchen erziehen lassen, damit ich von klein auf die

Sprache lernte. Maureens ausgeprägter Tyneside-Akzent entsprach allerdings wohl eher nicht seinen Vorstellungen.

Unsere Mary Poppins war etwa so alt wie meine Mutter, hatte rötliches kurzes Haar, ein intelligentes Lächeln und trug immer bequeme Schuhe. Mama mochte alles an ihr. Maureen sprach sogar ein bisschen Italienisch; mit dem rudimentären Englisch meiner Mutter wechselten sie bald mühelos zwischen den beiden Sprachen hin und her.

Als Baby forderte ich viel Aufmerksamkeit, die Maureen mir gern gab. Sie nannte mich »Poppet« (Püppchen) oder »Little Flower« (Blümchen) und schenkte mir die Fürsorge, die mir meine Mutter nicht geben konnte. Ich beanspruchte ihre stete Aufmerksamkeit und hatte mehr Energie, als mir gut tat. Abends wollte ich nicht einschlafen, sondern stand in meinem Gitterbettchen und rüttelte an den Holzstäben, bis sie brachen. Die arme Maureen saß geduldig neben mir auf dem Boden, stützte die Gitterstäbe mit den Füßen ab und versuchte ein Buch zu lesen, bis mir endlich der Dampf ausging.

Auch tagsüber war ich zappelig, nahm in die Hände, was ich zu greifen bekam, und zerfetzte Zeitungen in lauter kleine Schnipsel. »Du bist einfach das Kind deines Vaters!«, rief meine Mutter oft verzweifelt. »Das muss im Blut liegen.« In ihrer Unerfahrenheit wäre sie niemals allein mit mir zurechtgekommen.

Da das Geheimnis um meine Mutter und mich nun gelüftet war, hatte wenigstens die Heimlichtuerei ein Ende, was für alle Beteiligten eine große Erleichterung gewesen sein muss. Meine Eltern mussten zwar weiterhin Vorsicht walten lassen und den Anschein wahren, doch Olwen wäre bei all ihrer Verärgerung niemals so dumm gewesen, die Behörden zu informieren. Auf sie und ihre Kinder, deren Lebensunterhalt vom Erfolg der Firma abhing, hätte sich ein Skandal verheerend ausgewirkt.

Meinen Vater beschäftigten noch ganz andere Dinge, etwa die wachsende Nachfrage, nachdem Fürstin Gracia Patricia von Monaco Werbung für seine Firma gemacht hatte. Die ehemalige Hollywoodschauspielerin Grace Kelly hatte die Handlung des Films *Ein Herz und eine Krone* in die Realität umgesetzt und ihren Prinzen geheiratet. Sie war eine der treuesten Kundinnen des Hauses Gucci, und wenn sie in der Via Condotti durch die Tür spazierte, wurde sie von so vielen Paparazzi und jubelnden Menschen verfolgt, dass die Carabinieri einschreiten mussten. Bei einem Besuch der Mailänder Boutique fragte sie nach einem Seidenschal mit Blumenmuster. Meinem Onkel Rodolfo wäre es peinlich gewesen, ihr eine abschlägige Antwort geben zu müssen, und so erklärte er, ein solcher Schal sei gerade in der Entwicklung, und sie werde ihn als Erste erhalten. Der speziell für die Fürstin entworfene »Flora«-Schal entwickelte sich zu einem Renner und machte die Marke Gucci weltweit berühmt.

Die wachsenden Umsätze veranlassten meinen Vater, in Florenz mit dem Originalgeschäft in die Via Tornabuoni umzuziehen, die Einkaufsmeile des Viertels. Er eröffnete die neue Boutique 1966 kurz vor Weihnachten. Sein Sohn Paolo und mein Onkel Vasco kümmerten sich unterdessen um den Bau einer neuen Fabrik in Scandicci am Stadtrand von Florenz.

Als Anfang November der Arno bei sintflutartigem Regen über die Ufer trat, wurden Papas Pläne beinahe zunichtegemacht. In der Flut aus Wasser und Schlamm verloren hundert Menschen ihr Leben, Tausende wurden obdachlos, und die Stadt der Medici büßte einige ihrer schönsten Kunstwerke ein. Das Geschäft in der Via della Vigna Nuova war vollgestopft mit Artikeln, die in den kommenden Wochen an den neuen Standort gebracht werden sollten. Auch diese Räume wurden völlig überschwemmt. Während das Wasser stieg und mein Vater in Rom tatenlos abwarten musste, nahmen es seine Söhne Paolo und Roberto gemeinsam mit Vasco und mehreren Angestellten heldenhaft mit den Fluten auf und retteten, was sie konnten, in den zweiten Stock. Sie schafften es sogar, die Möbel nach oben zu bringen, ehe das Wasser durch die mit Rollläden verbarrikadierten Türen brach und den Laden einen Meter achtzig hoch mit Schlamm und Schutt füllte.

Mein Vater verfolgte derweil in Rom verzweifelt die Fernsehnachrichten und informierte sich telefonisch, so gut es ging. Als er an jenem Tag meine Mutter anrief, klang er so entmutigt, wie sie ihn noch nie erlebt hatte. »Das ist eine Katastrophe! Ich hoffe nur, sie sind alle in Sicherheit!« Zu seiner großen Erleichterung erfuhr er kurz darauf, dass bei Gucci alle außer Gefahr waren. Dank ihrer schnellen Reaktion hatten sie es sogar geschafft, einen Großteil der Ware zu retten.

Nachdem Papa und seine Brüder von ihrem Vater dazu angehalten worden waren, miteinander zu konkurrieren, hatte Papa seine Söhne genauso erzogen. Doch bei dieser Gelegenheit stellten die drei ihre Rivalitäten hintan und bündelten ihre Kräfte. »Manchmal braucht es ein solches Ereignis, damit eine Familie enger zusammengeschweißt wird. Ich bin sehr stolz auf sie!«, sagte er zu meiner Mutter, ehe er Rom mit dem nächsten Zug verließ, um in Florenz noch mit anzupacken. Auch die Bevölkerung von Florenz zog bewundernswert an einem Strang, und mit der Hilfe von Freiwilligen aus aller Welt, darunter auch vielen berühmten Persönlichkeiten, erstrahlte die Heimatstadt meines Vaters schließlich wieder in ihrem alten Glanz.

Meine Mutter konnte nachvollziehen, dass Papa die Firma alles bedeutete und er persönlich tief in ihr verwurzelt war, doch wenn er wegfuhr, blieb sie jedes Mal einsam zurück. Wieder litt sie unter Schlaflosigkeit und zerbrach sich nachts den Kopf darüber, wohin der Weg, den sie eingeschlagen hatte, sie letztlich führen würde. Ohne Arbeit und nun mit einem Baby im Schlepptau kam sie sich nutzlos vor. Sie war finanziell, körperlich und emotional völlig von ihm abhängig.

»Aber ich hatte nicht den Mut, ihn zu verlassen«, sagte sie zu mir. »Wo sollte ich hin? Wo sollten wir leben? Was hätten die Leute über eine unverheiratete Mutter gesagt? Ich saß in der Falle.« In ihrer wachsenden Hilflosigkeit fühlte sie sich nicht mehr in der Lage, auch nur die einfachsten Entscheidungen zu treffen und verließ sich zunehmend auf Maureen.

Wenn mein Vater in Rom weilte, heiterte er sie auf, so gut er konnte, doch sie zog sich innerlich immer weiter zurück und verbrachte oft den ganzen Tag grübelnd im Bett. An einem Sommernachmittag im Jahr 1965, an dem sie besonders niedergeschlagen war, hatte Papa eine wunderbare Idee. Es war unerträglich heiß, und so schlug er vor, gemeinsam in die Villa Camilluccia zu fahren und den Nachmittag am Pool zu verbringen.

»Bist du verrückt?«, fauchte ihn meine Mutter an, die sofort an Olwen dachte. Er versicherte ihr, seine Frau verbringe den Sommer in England, und im Haus arbeiteten nur wenige Angestellte. Es bedurfte noch einiger Überredungskunst, sie zum Mitkommen zu bewegen. Bis dahin war sie nur ein einziges Mal anlässlich des Firmensommerfestes dort gewesen, das mittlerweile nur noch ferne Erinnerung war. Doch mit Maureens Unterstützung gelang es meinem Vater schließlich, sie aus der Wohnung loszueisen, und so fuhren wir auf den Hügel zur Villa Camilluccia mit ihren weitläufigen Grünflächen und den sich wiegenden Zypressen.

Für meine Mutter muss es merkwürdig gewesen sein, die Schwelle zum Haus der Familie Aldo und Olwen Gucci zu überschreiten. Die Villa symbolisierte die andere Welt, in der er lebte, und den Bereich seines Lebens, den sie sonst nie zu sehen bekam. Auch wenn sich die Eheleute auseinandergelebt hatten, kam der Besuch meiner Mutter im gemeinsamen Haus doch einem Eindringen in ihre Intimsphäre gleich.

Ich war damals zwei und kann mich daher nicht an diesen Tag erinnern, doch auf dem Foto mit uns dreien am Pool wirkt mein Vater sehr glücklich und meine Mutter in ihrem Badeanzug und mit dem Seidentuch auf dem Kopf überraschend entspannt. Zum Schutz vor der glühenden Augustsonne trug ich ein Mützchen und eine Strickjacke, und Mama hielt mich fest im Arm, damit ich nicht ins Wasser fiel. Ich schien nur Augen für Maureen zu haben, die das Foto machte, meinen persönlichen Engel. Wie sehr das zutraf, bestätigte sich wenige Monate später, als Mama einfach aus meinem Leben verschwand.

Was damals eigentlich geschah, erfuhr ich erst Jahre später, und selbst da blieben die genauen Umstände unklar. Meine Eltern wollten beide nicht mit mir über eine der schwierigsten Episoden in Mamas Leben sprechen. »Ich konnte nicht schlafen«, sagte sie später nur. »Ich hatte zu viele Sorgen. Mein Leben war einfach unmöglich.«

Als ich drei war, diagnostizierte der Arzt bei ihr eine klinische Depression. Er empfahl meinem Vater, ihr psychiatrische Hilfe angedeihen zu lassen. Doch der Psychoanalytiker, den Papa meiner Mutter vermittelte, verliebte sich leider bis über beide Ohren in Mama und polemisierte gegen ihre Beziehung mit Papa, gegen die Firma Gucci und den Materialismus im Allgemeinen. Meine Mutter, die für Einflüsterungen aller Art empfänglich war, plapperte bald schon seine Phrasen nach. »*Du* bist schuld, Aldo!«, warf sie Papa vor. Meinen Vater erboste diese, wie er es nannte, »Gehirnwäsche« dermaßen, dass er in einer ihrer Sitzungen auftauchte und seinen Zorn über den Therapeuten ausschüttete. Er verbot meiner Mutter, ihn noch einmal aufzusuchen. So entzog er sie zwar dem Einfluss des intriganten Psychologen, doch gab ihr das vermutlich den Rest.

Ich war kaum den Windeln entwachsen und weiß daher nicht, was als Nächstes geschah. Meine Mutter will nicht darüber reden, doch offenbar erlitt sie einen schweren Nervenzusammenbruch. Mein Vater fürchtete um ihren Verstand und war entsetzt über den desolaten Zustand der Frau, die er liebte. So blieb ihm nichts anderes übrig, als den Rat der Ärzte zu befolgen.

Mama sollte sich in einer Klinik eine Zeit lang einer *cura del sonno*, einer »Schlafkur« unterziehen, bis sie völlig wiederhergestellt war. Sie dürfe keinen Kontakt zur Außenwelt haben, so die Ärzte, und müsse zumindest am Anfang völlig in Ruhe gelassen werden. Nach einer Weile werde mein Vater mit ihr telefonieren dürfen. Meine Mutter ließ sich wohl darauf ein, weil sie sich Erleichterung von ihren Qualen erhoffte. Wie ich Papa kenne, scheute er keine Kosten. Mama jedenfalls fühlte sich in der Klinik so wohl, dass sie auch später freiwillig immer mal wieder dorthin zurückkehrte, um »etwas Ruhe zu finden«.

Diese Episode war für meinen Vater wahrscheinlich ebenso traumatisch wie für meine Mutter, weil er ausnahmsweise einmal keinen Einfluss auf die Situation hatte und sich zudem die Schuld an ihrem Zustand gab. Mama erzählte später, sie werde nie seinen gequälten Gesichtsausdruck vergessen, als er ihre Abreise in die Klinik vorbereitete. »Ich werde dir den Mond und die Sterne schenken, Bruna«, beteuerte er, den Tränen nahe. »Sag mir, was ich für dich tun kann!«

An diese Zeit in meinem Leben hätte ich keinerlei Erinnerung, wenn ich nicht vierzig Jahre später in Kalifornien einen Hypnotherapeuten aufgesucht hätte. Im Zusammenhang mit meiner Kindheit stellte er fest, dass ich im Alter von drei Jahren ein Trauma erlitten hatte. Als er mich danach fragte, konnte ich ihm keine Auskunft geben. So rief ich meine Mutter an, die mir erzählte, dass ich monatelang mit Maureen allein gewesen sei. Diese Erfahrung habe, so mein Therapeut, bei mir starke Verlassenheitsgefühle erzeugt, die sich später auch auf meine Beziehungen auswirkten.

Maureen erzählte mir damals nur: »Mami musste weggehen, Poppet. Ihr geht es nicht gut.« Sie kümmerte sich Tag und Nacht um mein Wohlergehen, unternahm Ausflüge mit mir, las mir vor und plauderte mit mir, bis ich sogar auf Englisch träumte. Sie wurde die Mutter für mich, die ich mir gewünscht hätte. In diesem Sommer packte sie unsere Sachen und ging mit mir auf Abenteuerreise: nach Sunderland zur Hochzeit ihrer Schwester. Für mich war das ein großer Spaß. Ich wurde als Maureens »Blümchen« vorgestellt, und alle machten großes Aufhebens um mich und unterhielten sich in dem Akzent, den ich von zu Hause schon kannte. Maureen »freute sich wie eine Schneekönigin«, um ihre eigene Ausdrucksweise zu verwenden.

Mit offenem Mund beobachtete ich, wie stürmisch und ausgelassen es in Maureens riesiger Familie zuging. Als Einzelkind war ich so viele Menschen, eine so freundliche und bunte Schar um mich herum nicht gewöhnt. Maureens Freunde und Angehörigen zwickten mir in die Wangen, fuhren mir durchs Haar, nahmen mich auf den Arm, schwangen mich durch die Luft und bedeckten mich mit Küssen. Ich kicherte und kreischte vergnügt und saugte die viele Liebe auf wie ein Schwamm.

Dieses Wochenende war für mich eine Offenbarung. Zum ersten Mal in meinem Leben wurde ich dank Maureen in eine große glückliche Familie aufgenommen. Von dieser Erinnerung konnte ich noch viele Jahre zehren.

ZWÖLF

Zwanghaftes Verhalten ist für alle erkennbar. Es kann sich über mehrere Stufen entwickeln. Oft beginnt es mit einer Kleinigkeit, die sich, wenn sie unbeachtet bleibt, zu einem echten Zwang oder noch Schlimmerem auswachsen kann.

Auch wenn ich als Kind wesentlich lockerer war, stelle ich doch mit zunehmendem Alter fest, dass ich einiges von dem Ordnungsbedürfnis meiner Mutter geerbt habe. Mein Umfeld weiß, dass ich eine Perfektionistin bin, was zugegebenermaßen auch eine Art Zwang sein kann. Ich habe aber gelernt, das Bedürfnis zu zügeln, dass alles »so und nicht anders« sein muss, und dafür die Defizite und Unzulänglichkeiten in meinem Leben leichter zu nehmen. Leider war das bei meiner Mutter nicht immer der Fall.

Als sie endlich aus der Klinik entlassen wurde, hatte sie die neue Diagnose »Schuldkomplex«. Die Lehrbücher beschreiben ihn als Zwangsstörung, bei der der Leidende auf paranoide Weise unfähig ist, mit seinen Schamgefühlen umzugehen. Er ist besessen von der Vorstellung, etwas falsch gemacht zu haben und überhaupt immer alles falsch zu machen, und gibt sich ständig an allem die Schuld.

Die Schuldgefühle meiner Mutter saßen tief und gingen vermutlich teilweise auf ihre katholisch geprägte Kindheit zurück. Zweifellos wurden sie durch ihre Affäre mit meinem Vater und die dauernde Geheimniskrämerei verstärkt.

Als Kleinkind verstand ich das alles noch nicht, mein Leben verlief jedoch auch weitgehend unbeeinträchtigt von ihrer Krankheit. Maureen nahm mich stundenlang mit außer Haus, um mich von ihr fernzuhalten. Da mein Vater in Rom lebte, meldete er sich häufig. Das fand ich toll, denn er sprühte nur so vor Energie und Ideen. Er hatte eine erstklassige Lage in den Hügeln Roms entdeckt, wo er ein Appartementhaus bauen wollte. Er dachte, dies sei ein perfekter Ort für uns. Seine Begeisterung hielt sich allerdings nur kurz, denn die Empfehlung der Ärzte für meine Mutter betraf auch uns beide.

»Sie hat sich schon zu lange versteckt und hält das nicht mehr aus«, warnten sie ihn. »Rom ist für sie mit zu vielen schlechten Erinnerungen verbunden. Sie muss weg von hier, wo die Ursachen für ihre Traurigkeit liegen. In einer anderen Umgebung, in einem anderen Land, dürfte sie wieder aufleben und neu anfangen können.«

Meine Mutter vertraute dem Rat der Ärzte blind und stimmte ihnen zu. Einzig um ihr Wohl besorgt verlor mein Vater keine Zeit und machte neue Pläne. Wir würden also nach London zurückkehren und wieder mit Nicola Minella als Mitbewohner in unsere alte Nachbarschaft ziehen.

Nachdem wir uns in London eingelebt hatten, ging Maureen weiterhin jeden Tag mit mir spazieren, damit meine Mutter sich ausruhen konnte. Wir fütterten die Enten im Hyde Park oder fuhren mit den roten Doppeldeckern ins Museum oder ins Kino. Wir besuchten den Tower of London und den Buckingham Palace, wo ich durch das Gitter linste und fragte: »Ist die Königin jetzt da? Kann sie uns sehen?« Maureen las gern und weckte bald auch bei mir das Interesse an Büchern. Alle waren beeindruckt, als ich mit drei bereits lesen und schreiben konnte. Ich mochte besonders die Kinderbücher von Ladybird Books und Penguin Readers und die Fünf-Freunde-Geschichten von Enid Blyton. Familiengeschichten interessierten mich am meisten.

»Wie ist es, wenn man einen Bruder oder eine Schwester hat?«, fragte ich Maureen, oder: »Leben andere Mamis und Papis immer zusammen?« Ich las stundenlang am Tag und nachts dann mit der Taschenlampe weiter. Ich liebte den Tanz der Wörter und die Fantasiewelten mit dem Hauch von Abenteuer, die sie in meinem Kopf entstehen ließen.

Meine äußere Welt erwies sich als mindestens ebenso abenteuerlich, denn wenige Monate später zogen wir schon wieder um. »Die Londoner Innenstadt ist nicht der richtige Ort, um unsere Tochter aufzuziehen. Außerdem brauchen wir eine gute Schule für sie«, sagte meine Mutter zu Papa. »Ich hätte gern ein eigenes kleines Haus mit Garten.« Mithilfe eines Angestellten aus seinem Londoner Geschäft fand er ein Haus im Tudorstil in dem nordwestlich der Stadt gelegenen Vorort Hendon. Wie sich herausstellte, lag es mitten in einer jüdisch-orthodoxen Gemeinde. An unserem Türrahmen war eine Mesusa mit Versen aus der Thora angebracht, und im Haus neben uns lebten chassidische Juden mit Käppchen und Schläfenlocken. Von meinem Schlafzimmerfenster aus beobachtete ich fasziniert, wie sie in ihrem Garten, in dem sie eine kleine Synagoge gebaut hatten, Gottesdienste feierten und jeden Samstag ihre besten Sabbat-Kleider trugen. Es war ein extremer Kulturschock im Vergleich zu allem, was wir in Rom erlebt hatten. Und obwohl ich es aufregend fand, hat es bei meiner Mutter sicher das Gefühl der Heimatlosigkeit intensiviert.

Dennoch war sie fest entschlossen, sich in ihrer neuen Umgebung einzugewöhnen und nahm sofort das Haus in Angriff. Mit ihrem ausgeprägten Ordnungsbedürfnis dekorierte sie jedes Zimmer neu, während ich in eine kleine private Vorschule geschickt wurde. Die Leiterin hieß Miss McCartney, ein mittelaltes, kratzbürstiges Fräulein, das mich ständig im Blick zu haben schien. »Das kannst du besser, Patricia«, sagte sie dann und machte mir auf eine Weise Druck, wie es für eine Vierjährige mitunter ziemlich unangemessen war. Ich hatte ständig Angst vor ihrer scharfen Zunge und einem Klaps auf den Hinterkopf. Ich konnte ja nicht ahnen, warum sie derart interessiert an mir war, und begriff erst später, dass mein Nachname ihrer kleinen Einrichtung Geld und Prestige einbrachte.

Ich war eine fleißige Schülerin und besonders in Englisch, aber auch sonst in fast allen Fächern gut. Wenn ich aus der Schule nach Hause kam, gab mir Maureen ein Glas Milch und setzte sich mit mir an den Küchentisch, wo ich ihr laut in einer Sprache vorlas, die meine Mutter trotz ihrer wöchentlichen Unterrichtsstunden immer noch nicht beherrschte. Ab und zu schaute ich hoch, während ich ihr fließend aus den Peter-and-Jane-Büchern vorlas, und freute mich, wenn sie mich anlächelte.

Unsere Nachbarn müssen uns für eine seltsame Familie gehalten haben: die traurige, aber wunderschöne junge Italienerin, die rothaarige Engländerin und eine zweisprachige Fünfjährige im Karoröckchen. Den anderen Kindern, mit denen ich auf der Straße spielte, erzählte ich fröhlich: »Ich hab zwei Mamis, eine traurige und eine glückliche.« Danach müssen alle gedacht haben, meine Mutter und Maureen seien ein Paar.

Die glückliche Mami war bald nicht mehr als die Frau zu erkennen, die einst vor unserer Tür gestanden hatte. Dank meiner Mutter hatte Maureen ihre Brille durch Kontaktlinsen ersetzt, sie trug eine neue Frisur und ihre Zähne waren begradigt. In ihrer Garderobe hingen jetzt Kleider, die ihrer Figur schmeichelten. Ihr praktisches Schuhwerk war weiblicheren Schuhen gewichen. Ein beachtlicher Wandel, den meine Mutter so beschrieb: »Ich habe immer gewusst, dass ein Schwan in ihr steckte. Sie wurde richtig schön und hat uns unglaublich gutgetan. Sie war unser Rückgrat. Und dich, Patricia, hat sie geliebt wie ihr eigenes Kind.«

Als Kind bemerkte ich Maureens Verwandlung kaum. Ich genoss nur ihre guten Eigenschaften. Sie war ein Quell des Wissens und hörte sich meine nie enden wollenden Fragen geduldig an. Sie war Teil unserer kleinen Familie, und wann immer ich sie brauchte, konnte ich auf sie zählen.

Auch für meine Mutter war Maureen immer da. »Schau dir das hier doch mal an«, sagte sie eines Tages zu ihr und legte ihr einen Zeitungsartikel in den Schoß. Er handelte von dem Geiger Yehudi Menuhin und davon, dass ihn Yoga von einer Depression befreit hatte. Innerhalb weniger Tage hatte Maureen nur wenige Kilometer entfernt ein Hindu-Zentrum in Hampstead gefunden. »Warum probierst du es nicht einfach aus?«

So trat Sari Nandi, ein Yogi aus Kalkutta, der sich wie ein englischer Gentleman kleidete, ins Leben meiner Mutter und wurde zu ihrem nächsten »Engel«. Mit einer Deutschen verheiratet, mit der er vier Kinder hatte, erklärte er Rasse und Religion für irrelevant. »Gott ist überall und in allem, wenn wir nur nach ihm suchen«, sagte er. Er war ein freundlicher Mann mit leuchtenden Augen und schenkte mir bei unserer ersten Begegnung einen Gedichtband. Bald schon wurde er zum Mentor meiner Mutter. »All diese Jahre haben Sie immer geschwiegen, Bruna. Jetzt erzählen Sie mir Ihre Geschichte.« Und das tat sie, zum ersten Mal in ihrem Leben.

»Er wirkte wahre Wunder«, sagte sie. »Er half mir, mich von meinen Seelenqualen zu befreien.« Doch so sehr sie sich auch mühte, seine Yogatechniken brachte sie nie zuwege. »Ich kann mich einfach nicht so verbiegen«, beschwerte sie sich. Seine anderen Lehren dagegen machte sie sich mit der Begeisterung einer Besessenen ganz und gar zu eigen. Sie konnte es kaum erwarten, meinem Vater davon zu erzählen, auch wenn sie an dem pragmatischen *dottore* ja gerade schätzte, dass er solcherlei Dinge kaum zur Kenntnis nahm. Papa war sicher befremdet von ihrer plötzlichen Begeisterung für ein spirituelles Leben, vor allem jedoch erleichtert, dass sie sich überhaupt für etwas interessierte. Er freute sich, sie so guter Dinge zu sehen, und nahm sie mit auf seine nächste Reise nach Kalifornien, wo er einen neuen Laden eröffnen wollte. Von New York aus hatte er ihr bereits geschrieben: »Ich zähle auf deine Mitarbeit!«

Das Dumme war nur, dass er sich nicht für die Lage des Geschäfts entscheiden konnte. In Los Angeles waren ihm die Straßen zu leer vorgekommen, und er konnte sich nicht vorstellen, wie dort ohne

Passanten ein Einzelhandelsgeschäft überleben sollte. Daher beschloss er, San Francisco zu erkunden, die »City by the Bay«, die ihm als die europäischste aller amerikanischen Städte beschrieben worden war. Meine Mutter war völlig anderer Meinung. In den später 60ern drehte sich in San Francisco alles um freie Liebe und psychedelische Drogen und Gegenkultur. Sie schüttelte nur den Kopf, als sie durch die Straßen gingen und die Hippies in Jeans, T-Shirts und Ziegenledermänteln sahen. »Das ist nicht gut, Aldo, überhaupt nicht gut. Du musst nach Beverly Hills, wo die Filmstars leben«, erklärte sie ihm eindringlich.

Mein Vater war es nicht gewöhnt, dass sich jemand in seine Pläne einmischte, vor allem hatte ihn seine Intuition bislang nie im Stich gelassen. Mama mochte zwar für Gucci gearbeitet haben, aber das bedeutete noch lange nicht, dass sie auch nur die geringste Ahnung vom globalen Handel gehabt hätte. Andererseits steckte ihn ihre jugendliche Begeisterung für produktfördernde Berühmtheiten an. Und da zum Beispiel eine Prinzessin Gracia Patrizia für das Geschäft in Italien Wunder gewirkt hatte, beschloss er, ihren Argumenten Gehör zu schenken.

Auf Mamas Drängen flogen sie nach Los Angeles und nahmen ein Zimmer im Beverly Wilshire, dem vorübergehenden Zuhause für Stars wie Elvis Presley oder den Schauspieler Warren Beatty. Das Hotel lag an der Ecke zu einer recht unauffälligen Straße namens Rodeo Drive. 1961 hatte hier in der Nummer 273 der in der Schweiz geborene Geschäftsmann Fred Hayman seine Luxusboutique Giorgio Beverly Hills eröffnet und einen Trend geschaffen. Sein Laden verfügte über einen Poolbillardtisch, eine Bar und eine Bibliothek zur Erbauung der Ehemänner, deren Gattinnen sich durch die neueste Mode probierten.

»*Das* ist der richtige Ort, Aldo«!«, rief meine Mutter aus, als sie im Sonnenschein Arm in Arm den Rodeo Drive entlang spazierten. Hier brummte das Leben zwar nicht gerade, und viele der Läden boten Allerweltsgüter oder Dienste an, die man in jedem normalen Viertel findet. Aber die Menschen waren elegant gekleidet, und es gab weit und breit keine Hippies. Mein Vater versprach, darüber nachzudenken.

Dass sie bei all dem Hintergedanken hegte, war ihm dabei allerdings nicht bewusst. Seit der Zeit mit mir und Nicola in London, wo die beiden ständig vor dem Fernseher gehockt hatten, wusste sie, dass Nicolas größter Traum ein Leben in Kalifornien war. Sollte Gucci in Beverly Hills eröffnen, konnte Papa ihn doch als Dank für alles, was er bislang für uns getan hatte, zum Geschäftsführer machen.

Ihre Strategie ging auf. Nur wenige Monate später war mein Vater erneut in den USA, um – mit einem überglücklichen Nicola an seiner Seite – in der 347 Rodeo Drive die Eröffnung eines schicken, zweistöckigen Geschäfts mit doppelter Fensterfront vorzubereiten. Damit sollte eine Liebesgeschichte zwischen Gucci und Hollywood beginnen, die bis heute andauert. Frank Sinatra war so begeistert von der neuen Niederlassung in L. A., dass er seine Sekretärin noch vor der offiziellen Eröffnung losschickte, damit sie ihm ein Paar Slipper kaufte. John Wayne, Sophia Loren und Elizabeth Taylor wurden Stammkunden, und das Starprestige bewirkte, ganz wie meine Mutter vorhergesagt hatte, Wunder für die Verkaufszahlen. Gucci verwandelte den Rodeo Drive in eine angesagte Adresse, und in den 70ern zogen Ralph Lauren und Yves Saint Laurent nach. Chanel eröffnete 1985 hier sein allererstes amerikanisches Geschäft.

Es ist meinem Vater hoch anzurechnen, dass er jedem Interessierten erzählte, nicht er, sondern meine Mutter habe das Potenzial dieses Ortes erkannt. Als er einige Jahre später den symbolischen »Schlüssel für Beverly Hills« erhielt, sagte er bei der Feier vor versammelter Zuschauerschaft: »Das habe ich meiner jungen Frau Bruna zu verdanken, denn sie hat mich davon überzeugt, mein Geschäft hier in dieser großen Stadt anzusiedeln. Und sie hatte ja so recht!« Als meine Mutter mitbekam, dass sie – auch noch als seine Ehefrau – öffentliche Anerkennung gefunden hatte, freute sie das insgeheim. »Dein Vater gab mir wirklich das Gefühl, dass ich etwas Wichtiges bewirkt hatte. Und das stimmte wohl auch!«

Guccis Erfolg in Amerika bereitete den Weg für die künftige Expansion im Fernen Osten und in den folgenden Jahren in so gut wie allen Ländern der Welt. Während seine Landsleute unter dem ökonomischen und politischen Chaos Italiens zu leiden hatten, entwickelte sich Papas »Made in Italy« zu einem enorm erfolgreichen Qualitätssiegel, das sich später auch andere Designermarken zu eigen machten.

Da mein Vater nun wieder ständig unterwegs war, wurde meine Mutter rastlos und fand, dass wir mehr Platz bräuchten. Daher begann sie, sich auf dem Land nach einem größeren Haus umzusehen. Sie schickte Maureen zur Immobilienabteilung bei Harrods, damit sie Broschüren besorgte, und die beiden gingen, wenn ich in der Schule war, auf Häusersuche. Mit Maureen als Beifahrerin, die einen Stapel Straßenkarten bereithielt, sauste Mama mit ihrem kleinen Mini Cooper über die grünen Wege von Surrey, Berkshire und Hampshire. Sie war eine furchtlose Fahrerin, die Gefahren geschickt auswich und sich als echte Römerin im Verkehr bestens zurechtfand.

Ihre Suche wurde nur durch unsere lang geplante Reise nach New York unterbrochen, wo wir mit meinem Vater Weihnachten verbringen wollten. Mit meinen inzwischen sechs Jahren empfand ich seine Abwesenheit so schmerzlich wie Mama und konnte es kaum erwarten, ihn wiederzusehen. Ich vermisste sein heiteres Gesicht und sein durchs ganze Haus dröhnende Lachen. Doch vor allem hatte meine Mutter immer gute Laune, wenn er da war, unser Leben bekam dann eine völlig andere Dynamik.

Da ihm Weihnachten fast so viel bedeutete wie mir, betrieb er einen gewaltigen Aufwand, damit wir uns willkommen fühlten, und diese zwei Wochen in New York waren eine wirklich unvergessliche Zeit. Da gab es so viel zu tun und zu sehen.

»Was würdest du heute gern machen?«, fragte mich meine Mutter beim Frühstück. Meinen Vater würden wir erst zum Abendessen wiedersehen, er war dann schon im Büro. Doch bekam ich ihn immer ein-, zweimal am Tag zu Gesicht.

»Wollen wir zur Eisbahn?«, fragte ich.

»Gute Idee! Vergiss deinen Hut nicht!«, antwortete sie, und schon machte ich mich mit Maureen auf den Weg. Hand in Hand spazierten wir durch die Straßen und sahen Schaufenster an, geblendet von den Auslagen und der Festbeleuchtung. Wir stapften durch den Schnee und beobachteten, wie Schlittschuhläufer auf der Eisbahn am Rockefeller Center übers Eis wirbelten. Ich sah meinen ersten echten, lebendigen Weihnachtsmann. Eines Abends gingen wir sogar – als richtige Familie – zur Radio City Music Hall, um dort die von mir verehrten Rockettes zu erleben. Weihnachten in New York war toller, als ich es mir je hätte vorstellen können – mit all seinen Hochhäusern, dem bunten Treiben, den vielen Menschen und der großartigen Welt des amerikanischen Fernsehens.

Als ich nach all der Aufregung wieder zur Schule musste, fühlte sich das wie der komplette Absturz an. Auch dass mich in Hendon ein brandneues Puppenhaus erwartete, konnte mich nicht aufheitern. Ich spähte in die rosa Zimmerchen, nahm die Püppchen in die Hand und brachte sie eine nach der anderen in Position. Die »glückliche Mami« spielte mit dem kleinen Mädchen, während die »traurige Mami« auf dem Bett lag. Eines Tages schaute mir meine Mutter bei meinen einsamen Regieanweisungen zu. Als sie bemerkte, dass ich den Mann vors Haus stellte und weggehen ließ, fragte sie mich: »Wer ist das, Patricia?«

»Das ist Papa, er geht zur Arbeit, du Dummerchen!«, erklärte ich, was mir wie das Natürlichste auf der Welt vorkam.

»Und was passiert, wenn er wieder nach Hause kommt?«

Ich nahm die liegende Frau hoch, ließ sie die Treppen hinunterlaufen und ihn mit einem glücklichen Tanz begrüßen.

In den ersten Monaten des Jahres 1970 gab es für meine Mutter oder mich keinen Anlass für Freudentänze. Und es kam noch schlimmer, denn eines Nachmittags im April konfrontierte sie mich mit einer niederschmetternden Nachricht. »Maureen und ich gehen eine Zeit lang fort«, sagte sie. »Wir müssen ein paar Dinge erledigen. Du wirst eine Weile bei Miss McCartney wohnen.«

Ich dachte, ich hätte nicht richtig gehört. »Bei Miss McCartney? Aber …«

»Es wird nicht lange dauern.« Sie versuchte zu lächeln. »Nur zwei Monate.«

Panisch schaute ich zu Maureen hinüber, die betreten nickte und sich dann schnell mit etwas anderem beschäftigte. Zwei Monate kamen mir wie eine Ewigkeit vor. Und warum konnte ich nicht bei Maureen bleiben? Doch so sehr ich auch bettelte, meine Mutter ließ sich nicht umstimmen.

»Ich brauche Maureen, sie muss mir helfen«, sagte sie, ohne auch nur mit einem Wort zu erwähnen, dass sie ein neues Haus für uns in Berkshire gefunden hatte. Sie war von Maureen so abhängig, dass ihr eigenes Bedürfnis nach Unterstützung den kindlichen Fürsorgebedarf überstieg. »Wir sind mitten im Schuljahr, und da können wir dich doch nicht allein zu Hause lassen, oder?« An ihrer Entscheidung war nicht zu rütteln.

Schweren Herzens sah ich zu, wie Maureen eine kleine Tasche für mich packte. »Dein Lieblingsspielzeug kommt auch hinein, Schätzchen«, sagte sie leichthin. »Und welche Bücher hättest du gern?« Ich biss mir so fest auf die Unterlippe, bis ich Blut schmeckte, und zuckte nur mit den Achseln.

Tage später brachte meine Mutter mich zu Miss McCartneys Wohnung, die sich einige Kilometer entfernt in einem alten viktorianischen Haus befand. Dann küsste sie mich flüchtig auf die Wange und suchte das Weite. »Sei lieb und tu, was man dir sagt.« Sie hatte es plötzlich sehr eilig.

Ich trug noch meinen Mantel, als ich benommen ins Wohnzimmer ging mit der Frage im Kopf, womit ich das verdient hätte. Ich weiß noch, dass die Wand von einem lebensgroßen Ölgemälde von König Charles II. beherrscht wurde. Als ich später vor einem Tablett mit Blumenkohl und Fischstäbchen direkt darunter saß, sah ich mich schweigend in dem düsteren Quartier um, in das ich verbannt worden war, und hatte Angst, meine Mutter werde mich nie mehr dort herausholen. Ich war noch zu klein, um diese scheinbar willkürliche Grausamkeit zu verstehen, und kämpfte mit den Tränen.

Die Wohnung war so klein, dass es vor Miss McCartney kein Entrinnen gab. Ich musste sogar das Schlafzimmer mit ihr teilen und in einem Einzelbett gleich neben ihrem schlafen, wo mich ihr Schnarchen jede Nacht wachhielt. Die dort verbrachten Stunden waren endlos lang, und das Trauma des Verlassenseins ist meine erste große unglückliche Kindheitserinnerung. »Wann kommt Mama mich besuchen?«, fragte ich.

»Ich fürchte, dass sie keine Zeit hat«, lautete die Antwort. »Sie hat sehr viel zu tun.«

Tatsächlich kam sie nie, ebenso wenig wie Papa. Ich hörte auch kein Wort von ihnen, obwohl sie oder Maureen sich bestimmt telefonisch nach mir erkundigten. Ich war hilflos in einer Welt gefangen, in der meine »Aufseherin« jeden meiner wachen Momente beobachtete. Mein Groll gegen meine Mutter wuchs.

Diese elenden Wochen gingen erst zu Ende, als ich meine Mutter eines Nachmittags plötzlich am Schultor erblickte. »Mama!«, schrie ich und rannte zu ihr hin. Ich freute mich, sie zu sehen, während sie seltsam verstohlen tat. »Ich hole dich am Freitag nach dem Schwimmunterricht ab«, sagte sie. »Wir ziehen um, und du wirst in eine andere Schule kommen. Aber sag bloß Miss McCartney nichts davon. *Hai capito*?«

Ich war noch viel zu klein, um dieses Bedürfnis nach Geheimhaltung zu verstehen, das mit ihrer allgemeinen Angst vor Konfrontationen und dem mangelnden Vertrauen in ihre Englischkenntnisse ebenso zusammenhing wie mit der Gewissheit, dass meine Aufseherin nicht glücklich sein würde, wenn sie eine Schülerin oder auch die Extraeinnahmen verlöre, die sie durch meine Aufnahme gewonnen hatte. Ich wusste nur, dass ich bald wieder frei sein würde. Der Gedanke machte mich so glücklich, dass ich einer Freundin gegenüber mit der Neuigkeit herausplatzte. Unweigerlich fand die Information ihren Weg zu Miss

McCartney, die darüber genauso wütend war, wie es meine Mutter befürchtet hatte. Schmallippig half sie mir beim Packen und wartete an der Tür mit mir auf Mamas Ankunft.

Verschüchtert beobachtete ich im Auto meiner Mutter vom Beifahrersitz aus die Auseinandersetzung zwischen den beiden. Mit hochrotem Gesicht versuchte Mama sich zu erklären und entschuldigte sich für die Umdisponierung. Als sie schließlich zum Auto zurückkehrte, gab sie mir als Erstes eine deftige Ohrfeige. Ich war völlig verwirrt und weinte still vor mich hin, während sie mich zu meinem fünften Zuhause in sechs Jahren brachte.

Das Anwesen, das meine Mutter in Berkshire für uns gefunden hatte, sah ein wenig wie mein Puppenhaus aus, nur, dass es viel größer war und nicht pink, sondern mit einem weißen Kieselrauputz angestrichen war. Als wir draußen auf dem Kiesweg anhielten, stand Maureen in der Tür und breitete die Arme aus – mein Glück war vollkommen. Wenn ich mich umschaute, wusste ich nicht, was ich am schönsten finden sollte – mein Schlafzimmer oder den Garten rund ums Haus. Mein neuer Spielplatz besaß Kletterbäume, einen Tennisplatz, Gewächshäuser und ein Cottage für den Gärtner vor Ort. Es gab sogar – ganz für mich allein – ein Spielhaus aus Holz. All die Qualen der letzten beiden Monate waren vergessen, als ich, vor Freude kreischend, in alle Ecken und Enden des Anwesens rannte. Es war perfekt.

Nachdem sie wochenlang auf der Suche gewesen war und schon fast aufgegeben hatte, sah Mama in einem bewegten Traum ein Anwesen mit einer rosenumrankten Pergola vor sich. Der Traum gab ihr das Vertrauen zurück, dass sie fündig werden würde. Und dann zerbrach auch noch Mamas Jadering ausgerechnet in dem Moment in drei Teile, als Maureen ihr die Broschüre für einen ebensolchen Ort zeigte. Mit der Gewissheit ihrer hellseherischen Mutter nahm sie das sofort als ein Omen.

Kaum hatte sie den mit Eichenpaneelen verkleideten Korridor betreten, erklärte sie entschieden: »Das ist es!« Das »unbeschreibliche

Gefühl« verstärkte sich noch, als sie in den Garten kam und dort eine Pergola entdeckte, die der in ihrem Traum glich. Von dem Augenblick an wusste sie, dass wir in diesem Haus leben würden.

Sobald sie zu Hause war, rief sie in New York an und bestand darauf, dass man Papa aus einem Meeting holte. Atemlos plapperte sie über die weite Entfernung los, bis er sie mit der Frage unterbrach: »Wie viel?« Den Preis hatte sie bis dahin kaum registriert. Als sie ihn jedoch laut vorlas, versprach sie ihm, sie werde ihm alles zurückgeben, was er ihr je gekauft hatte, um das Geld aufzubringen. »Bruna, das brauchst du nicht!«, tadelte er sie. »Jede andere hätte den Mond und die Sterne von mir verlangt, du dagegen wolltest nie etwas.«

In der Zeit seines Liebeswerbens hatte er einmal geschrieben: »Ich bin unbändig verliebt in deine Anmut, deine Schönheit, deine Art, dein Temperament, deine Familienwerte.« Er staunte, dass sie die Vorteile seiner Position nicht ausnutzte und keine schicken Autos, kein Stadthaus oder keine Jacht von ihm wollte. Noch mehr erstaunte ihn die Eröffnung, dass sie heimlich 5000 Pfund gespart hatte, mit denen sie die Kaution abdecken konnte. »Wo um Himmels Willen hast du so viel Geld her?«, fragte er ungläubig.

Sie beharrte darauf, die Anzahlung mit dem Geld zu begleichen, das sie selbst beiseitegelegt hatte, und gab damit auf einen Schlag all ihre Ersparnisse aus. Es war eine Frage des Prinzips, genau wie damals in Las Vegas, als sie ihn zum Essen eingeladen hatte. »Ich war eine alleinerziehende Mutter in den Dreißigern und wusste, das Haus würde uns immer eine Sicherheit bieten«, erzählte sie mir. Das Wagnis lohnte sich, und mein Vater war schwer beeindruckt.

Noch besser aber war, dass Papa das Haus liebte. In all den hektischen Jahren des Herumreisens von einem Hotel zum nächsten hatte er immer nur aus dem Koffer gelebt. Die Villa Camilluccia war für ihn kaum mehr als ein Ort, an dem er schlief und die Kleider wechselte, ehe er sich wieder auf den Weg machte. Seine New Yorker Wohnung war ebenfalls nur eine Absteige. Mama war entschlossen, in England auch für ihn ein Zuhause zu schaffen, und bis zu einem gewissen Grad gelang ihr das auch.

Ich kann mich nicht erinnern, dass er uns je in Hendon besucht hätte, nach Berkshire dagegen kam er regelmäßig. Wenn er dann bei uns war, lachte er die ganze Zeit, erfand irgendwelche Geschichten, und nie schimpfte er mit mir. Seine Überschwänglichkeit war ansteckend. Sobald er zur Tür hereinkam, schien er seine Sorgen hinter sich zu lassen. Er zog sich um und ging sofort in den Garten, um nach den von ihm neu gepflanzten Bäumen zu sehen oder mit Brian, dem Gärtner und Mädchen für alles, die Gartengestaltung zu besprechen. Er liebte es, morgens mit den Vögeln und dem Rascheln der Blätter in den Bäumen aufzuwachen. Das englische Landleben bot ihm eine willkommene Ruhepause von dem Wahnsinn seiner Welt, die immer komplizierter wurde, seit sich die Rivalitäten zwischen seinen Söhnen und Brüdern verschärften.

Immer darauf aus, die Vorteile seiner Stellung auszuschöpfen, hatte sein eigenwilliger Sohn Paolo ein Sortiment mit Konfektionskleidung lanciert. Mein Vater hatte ihn dazu ermutigt. Er war gerade in Italien zum Chefdesigner ernannt worden und hatte sicher sowohl Geschmack wie einen Sinn fürs Marketing. Im Rückblick denke ich jedoch, dass er sich immer für besser hielt als die anderen. Dabei besaß er nie die Geschäftstüchtigkeit oder den Sachverstand unseres Papa. Bei all den Ideen, die ihm durch den Kopf schwirrten, fiel es ihm schwer, sich zu sortieren. Er strebte immer in der Hierarchie der Firma nach oben und sah sich als würdigen Nachfolger, während sich seine zurückhaltenderen Brüder Roberto und Giorgio offenbar mit ihren Verwaltungsposten zufriedengaben.

Paolo war dabei nicht der Einzige, der ein Auge auf die »Beute« geworfen hatte. Onkel Rodolfos Frau, eine Schauspielerin, die nur ein Kind mit ihm hatte, war kurz zuvor gestorben. Er heiratete nie wieder, sondern widmete sich nun ganz seinem Sohn Maurizio, von dem er hoffte, dass er eines Tages den Aufgaben der Firma gewachsen sein würde. Zu seiner großen Enttäuschung jedoch ließ sich Maurizio mit Patrizia Reggiani ein, die Rodolfo überhaupt nicht zusagte. Er hielt sie für jemanden, der nur aufs Geld aus war. Nach einem heftigen Streit verließ Maurizio die Firma und nahm stattdessen eine Stelle in dem Logistikunternehmen an, das Patrizias Vater leitete. Der Graben zwischen Vater und Sohn schien unüberbrückbar.

Papa tat, was er konnte, um Frieden zwischen den Familienmitgliedern zu stiften. Von früh an hatte er gelernt, dass die Familie immer vorging. Der Clan musste zusammenhalten, um den Ruf des Unternehmens zu schützen und den Erfolg zu sichern. Die belanglosen Eifersüchteleien zwischen den Brüdern und Cousins, zwischen Vater und Söhnen bereiteten ihm große Pein.

In England hatten unterdessen meine Mutter und ich unsere eigenen Sorgen. Nach sieben Jahren beschloss Maureen, dass es nun an der Zeit war, uns zu verlassen und sich ein eigenes Leben aufzubauen. Sie wollte zurück nach Rom und dort neue Aufgaben suchen. Ich konnte ihr nicht einmal mehr auf Wiedersehen sagen. Eines Tages kam ich aus der Schule, und sie war fort.

Als Kind konnte ich ihre Entscheidung nicht verstehen. Hatte ich sie verärgert? War ich vielleicht kein braves Mädchen? Wie ein roter Faden zieht sich durch mein Leben, dass meine Mutter es mir gar nicht erst versuchte zu erklären. »Sie vermisste Italien und wollte etwas anderes machen«, sagte sie nur. Als ich selbst erwachsen war, verstand ich Maureens Entscheidung natürlich viel besser. Ihre Aufgabe war praktisch erfüllt, nur meine Mutter hätte sie noch als Betreuerin gebraucht. Ich war glücklich in Hurst Lodge untergekommen, einer neuen Mädchenschule der Region, wo ich mich schon gleich in den ersten fünf Minuten des ersten Tages auf dem Spielplatz mit allen gut verstand. Maureens einzige Gesellschaft neben meiner Mutter war der Familienhund, ein West Highland Terrier namens Giada, den ich immer herauszuputzen versuchte, weswegen er mich nicht besonders mochte. Maureen hatte immer weniger zu tun und niemanden, mit dem sie hätte reden können. Sie langweilte sich, es war Zeit für einen Neubeginn.

Sieben Jahre lang war sie mein Fels in der Brandung gewesen. Sie hatte mir Gutenachtgeschichten vorgelesen und sich um alle meine Belange gekümmert. Wir erlebten viel zusammen, und sie führte mich in die Welt der Bücher ein. Es war Maureen mit ihrem Lächeln, die sich abends als Letzte und morgens als Erste über mein Bett beugte. Sie hatte Heiterkeit und Beständigkeit in unser chaotisches Leben gebracht und sich, wenn meine Mutter nicht in der Lage dazu war, immer um mich gekümmert.

Als sie sich ins Taxi setzte und mich mit meiner Mutter allein ließ, hinterließ sie ein riesiges Maureen-Loch in unserer Welt, das niemand je wieder zu füllen vermochte.

DREIZEHN

Als Erwachsener sind mir Freundschaften immer ein großer Trost gewesen. Meine Freunde, die ich meist noch aus meiner Kindheit und Jugend kenne, sind allesamt großherzig, stammen aus exzentrischen Familien und hatten oft ein ebenso gestörtes Familienleben wie ich. Auch ihre Erziehung verlief alles andere als normal.

Es gibt jedoch eine Sache an mir, die alle zu erstaunen scheint: dass ich nicht viele Fragen stelle. »Du bist doch so sozial und absolut nicht schüchtern!« Ob das angeboren oder ob ich es mir in der Kindheit angewöhnt habe, ich weiß es nicht. Es ist ja nicht so, als würden mich die Dinge nicht interessieren oder wären mir gar egal. Ganz und gar nicht. Ich mag mich eben nicht in anderer Leute Angelegenheiten einmischen. Meinen Forschergeist hatte ich nur in England, zusammen mit Maureen ausgelebt. Nachdem sie fort war, befolgte ich Anweisungen und konzentrierte mich darauf, ein braves Mädchen zu sein – um bloß das empfindliche Gleichgewicht zu Hause nicht zu stören.

Meine Mutter kümmerte sich darum, dass ich immer tipptopp aussah mit meinen Zöpfen, Söckchen und den allgegenwärtigen Start-Rite-Schuhen (die buchstäblich jedes britische Schulkind trug). Am glücklichsten war ich mit meinen Klassenkameraden in Hurst Lodge, wo ich an dem Kameradschaftsgeist der reinen Mädchenumgebung auf Anhieb Gefallen fand. Meine beste Freundin war Belinda Elworthy, und da fast jedes britische Schulkind einen Spitznamen bekommt, wurden wir wohlwollend »Pee und Bee« genannt. Wir hatten unglaublich viel Spaß miteinander.

Zu Hause, wo ich mich niemandem anvertrauen konnte, war das ganz anders. Meine Mutter wünschte sich zwar, mein Vater würde öfter zu Besuch kommen, aber es blieb bei einem Mal pro Monat, und die Wochen dazwischen vergingen schleppend. Das Haus, das sie gefunden hatte, war im Sommer wunderbar, im Winter aber kalt und dunkel, sodass wir einzelne Räume abschließen und die Vorhänge vorziehen mussten.

In Hendon hatten wir wenigstens noch Nachbarn gehabt. Und selbst wenn Mama keinen Kontakt zu ihnen gepflegt hatte, war es doch irgendwie tröstlich zu wissen, dass es in der Nähe Menschen gab. In Berkshire lebten wir in einer Gegend, wo die Häuser unsichtbar hinter verschlossenen Toren lagen. Vor dem Fenster sahen wir nichts als Bäume und ab und zu einen Muntjak-Hirsch über die Wiese springen. Abgesehen von einer Familie, die ein Stück weiter wohnte, fanden wir keine Freunde. Meine Mutter tat sich nach wie vor schwer mit der englischen Sprache.

Mit einem abwesenden Vater und einer Mutter, die auch nicht richtig da war, fühlte ich mich meist nur wie ein Anhängsel. Mama behandelte mich mit derselben mechanischen Routine wie ihren Hund Giada. Wenn ich etwas zu essen brauchte, machte sie mir etwas zu essen. Wenn ich mal wieder ein Bad brauchte, ließ sie mir eins ein. Dann setzte sie mich bis zur Schlafenszeit vor dem Fernseher ab. Sie hatte ihre Pflicht getan.

Ich lernte schnell, mich allein zu beschäftigen und selbstständig zu sein. Wenn ich an den Wochenenden allein war, versenkte ich mich stundenlang in die *Chroniken von Narnia* oder in *Peter Pan* – beides Geschichten, die ihren Helden die Flucht in Fantasiewelten ermöglichen. Ich spielte mit meinen Barbiepuppen oder unterhielt mich mit erfundenen Freunden. Nie kam mir in den Sinn, um ein eigenes Haustier zu bitten, mit dem ich hätte spielen können. Tatsächlich bat ich überhaupt nie um irgendetwas.

Meine Mutter beschäftigte sich tagein tagaus mit Sari Nandis Lehren, den sie noch immer einmal wöchentlich im Norden Londons aufsuchte. Stundenlang lag sie auf ihrem Bett und praktizierte die Pranayama-Atmung als Teil ihrer Vorbereitung auf die Transzendentale Meditation, die sie für eine Weile beruhigte und das Einzige war, was ihr Wohlbehagen bereitete. Damals wusste ich das nicht zu würdigen, doch bemühte sie sich nur verzweifelt, nicht wieder in das schwarze Loch zu fallen. Es mag zwar eine Art Realitätsflucht gewesen sein, doch sie tat, was sie konnte, und zwar mit den Mitteln, die ihr zur Verfügung standen.

Wenn sie in ihrem Zimmer meditierte, wusste ich, dass ich sie nicht stören durfte. Wenn an regnerischen Wochenenden die Tropfen aufs Dach und gegen die Fenster trommelten, konnte ich nicht in den Garten, den ich so liebte. Sobald die Sonne wieder durch die Wolken brach, rannte ich hinaus und tollte mit Brians Kindern herum oder lud Bee zu mir nach Hause ein. Dann spielten wir stundenlang vergnügt miteinander, putzten uns mit Mamas alten Kleidern heraus und dachten uns Geschichten und Figuren aus, die wir zu kleinen Theaterstücken ausbauten.

Begeistert war ich auch, wenn ich zu Bee nach Hause durfte, wo ihre immer fröhliche Mutter Liz mich wie eine zweite Tochter behandelte. Dass Bees Vater nie da war, fiel mir nicht weiter auf, so laut, chaotisch und lustig ging es im Rose Cottage zu. Bee war frech, ebenso ihre Schwester und ihr Bruder – der erste Junge, der mein Herz schneller schlagen ließ. Wir hatten nur Unsinn im Kopf und alberten und tobten herum wie die Wilden. Wir hinterließen das reinste Chaos, aber für mich fühlte es sich an wie ein richtiges Zuhause. Bei uns herrschte eine völlig andere Stimmung. Es gab so gut wie nichts, was meine Mutter nicht verängstigte, und sie entwickelte oft Zwänge. Wenn sie sich Sorgen machte, dass ich zu dünn sei, fütterte sie mich von morgens bis abends mit irgendeinem Sirup, der meinen Appetit stimulieren sollte. Wenn sie meinte, ich sehe blass aus, kniff sie mir in die Wangen, damit sie Farbe bekamen. Wenn mein Haar glanzlos war, machte sie Locken hinein, damit ich wieder vorzeigbar war. Ihr schien es unheimlich wichtig zu sein, dass ich immer und zu jeder Zeit wohlgeraten aussah.

Bee hielt mich für das »glücklichste Mädchen aller Zeiten«, weil ich nicht mit Geschwistern um Aufmerksamkeit zu buhlen brauchte und das große Haus ganz für mich allein hatte. Was mir jedoch tatsächlich mehr fehlte als ein nettes Zimmer, ein schönes Kleid oder hübsch frisiertes Haar, war ein freundliches Wort. Seit ich Liz kannte, sehnte ich mich nach einer Mutter, wie sie eine war. Nach jemandem, der sich mehr für mich interessierte und nicht überall ein Haar in der Suppe fand. Nachdem sich unsere Mütter angefreundet hatten, hoffte ich vergebens, von Liz sorgenfreier Natur würde vielleicht etwas auf meine Mutter abfärben. Als Mama in meinem Alter war, überhäufte meine Großmutter sie mit Liebe und gab ihr das Gefühl, der Mittelpunkt des Universums zu sein. Ich habe nie begriffen, warum sie nicht in der Lage war, dasselbe für mich zu tun.

Tatsächlich kann ich mich nur an eine Handvoll Situationen erinnern, in denen wir etwas Schönes zusammen gemacht haben. So ist mir etwa ein Sonntagmorgen haften geblieben, ich war um die acht Jahre alt. Es regnete und war kalt draußen, und solange wir kein Feuer machten, war Mamas Schlafzimmer der einzige warme Raum im Haus. In Ermangelung von Alternativen lud sie mich noch im Pyjama in ihr Bett ein, und wir schauten gemeinsam fern. Da die Programmauswahl so begrenzt war, sagte sie: »Komm, ich zeige dir ein bisschen Yoga.«

Sie begann mit dem Lotussitz und erklärte mir, wie ich die Beine verschränken sollte, sodass mein Fuß in der Kniebeuge zu liegen kam. Dann zeigte sie mir den Baum. Ich war gut darin und konnte jeweils mehrere Minuten auf einem Bein stehen. »Schau mal, Mama!«, rief ich. Sie war beeindruckt.

»Sehr gut, Patrizina!«, sagte sie. Diesen Kosenamen verwendete sie nur, wenn sie besonders zufrieden mit mir war. »Du bist so beweglich, du bist ja wie ein Gummiband!«

Begeistert über ihre ungeteilte Aufmerksamkeit, probierte ich alle Positionen aus, die sie mir zeigte, und meisterte sie, bis hin zum Schulterstand. Als ich versuchte, auf dem Kopf zu balancieren und meine Beine nach oben zu strecken, verlor ich das Gleichgewicht, fiel kopfüber auf den Teppich und riss meine Mutter mit nach unten. Da lagen wir zusammen und hielten uns die Bäuche vor Lachen, bis uns die Tränen übers Gesicht liefen – ein seltener lustiger Moment in unserem sonst so eintönigen Leben.

Die meiste Zeit lebten wir nur für die Tage, an denen mein Vater zu Hause war und das Leben plötzlich wieder leuchtete. Er brachte die Sonne mit in das große alte Haus, das ohne ihn oft still und düster war. Die Türen wurden geöffnet, die Vorhänge zurückgezogen und überall Blumen aufgestellt. Kaum hörte ich das Knirschen der Autoreifen in der Einfahrt, rannte ich noch vor meiner Mutter zur Tür. Mit seinem breiten Lächeln und den funkelnden Augen war er zwar kein Vater, der mich aufgefangen und herumgewirbelt hätte, aber er tätschelte mir liebevoll den Kopf oder küsste mich auf beide Wangen.

Und dann umarmte er meine Mutter. Doch kaum im Haus, ging es auch schon los mit der Litanei: »Aldo, ich werde nicht fertig mit ihr …« oder »Schau dir ihr Zeugnis an. Was sollen wir bloß machen?« Nie sagte sie etwas Positives, nie zeigte sie ihm eins von den Bildern, die ich in der Schule gemalt hatte. Sie gab mir das Gefühl, eine einzige Enttäuschung zu sein, dabei wollte ich doch so sehr, dass ich für ihn etwas ganz Besonderes wäre. Papa schenkte ihren Kommentaren wenig Beachtung. Verständnisvoll lächelnd sagte er zu mir: »Wir unterhalten uns später, Patricia.«

Dann wurde ich nach oben verbannt. »*Vai in camera tua*!« (Geh in dein Zimmer!), fuhr mich meine Mutter an, während sie Papa in die Küche bugsierte, und versprach, mir zum Essen Bescheid zu geben. Ich nahm ihr übel, dass sie so besitzergreifend war, denn schließlich hatte ich ihm doch auch so viel zu erzählen. Vielleicht hatte ich in der Schule gerade eine Rolle in einem Theaterspiel bekommen, hatte Bücher gelesen und Tänze gelernt. Ich wollte so gern damit prahlen, wie ich in der Zeit, als Mama krank war, praktisch den Haushalt geführt, am Telefon mit erwachsener Stimme gesprochen und Lieferungen angenommen hatte. Sogar das Frühstück hatte ich ihr vorsichtig auf einem Tablett ans Bett gebracht. »Ich hab zwei Eier gekocht, zwei Scheiben Brot getoastet und Tee gemacht«, erzählte ich ihm. »Sie hat mir gratuliert, weil ich nichts vergessen hatte – nicht mal den Honig für den Tee.«

Ich wünschte mir so sehr, dass wir ein paar Tage lang eine völlig normale Familie wären. Ich wünschte mir kleine Glücksseifenblasen, in denen die Welt kurzfristig in Ordnung war, auch wenn ich wusste, dass das nie der Fall sein würde.

Nach Wochen der Einsamkeit war Mama hungrig nach Erwachsenengesprächen. Ihr war klar, dass Papa, kaum angekommen, auch schon wieder die Abreise plante. Daher hatte sie Listen erstellt und bombardierte ihn mit einem ganzen Katalog von Klagen, den er stillschweigend über sich ergehen ließ. Ihr boten seine hochverdichteten Besuche die Chance, Luft abzulassen. Die Folge war, dass sie sich innerhalb von achtundvierzig Stunden hitzige Streits lieferten und gleich wieder versöhnten. Es war ein einziges Drama »Ich konnte damit nicht umgehen«, gab sie später zu. »Immer kam alles auf einmal, es war eine chaotische Situation. Ich musste Geliebte, Mutter, Freundin, Zuhörerin und Köchin zugleich sein, und das alles innerhalb von wenigen Tagen. Ich war seine Florence Nightingale. Da blieb keine Zeit, das Zusammensein einfach nur zu genießen. Die meiste Zeit, die er bei uns verbrachte, überwog das Pflichtgefühl.«

Sie wollte ihm unbedingt erzählen, was sie von ihrem Guru gelernt hatte, und zitierte bis zum Abwinken aus ihrer immer größer werdenden Sammlung von Büchern über Körper, Geist und Seele. Papa hatte sie immer in ihrer spirituellen Suche ermutigt, aber eines Tages ging es ihm dann doch zu weit. »Bruna, Bruna, bitte hör auf, mir Predigten zu halten«, flehte er sie an. »Wir haben nur so wenig Zeit miteinander. Du weißt nicht so viel, wie du denkst. Ich brauche deine Bücher nicht. Ich erlebe täglich das wirkliche Leben.« Sanfter fügte er hinzu: »Dank dir, aber ich habe alles, was ich brauche, in meinem Kopf.«

Ich fand, dass er für einen so ungeduldigen Mann erstaunlich nachsichtig auf ihre Bedürfnisse reagierte. Meist nickte er nur, hörte ihr zu und sagte ihr lächelnd, wie bezaubernd sie sei. Er sprach Italienisch mit ihr, nannte sie bei all ihren Kosenamen und sagte ihr, wie *meravigliosa* sie sei, und lobte sie, weil sie so gut allein zurechtkomme. »*Brava*, Bruna!« Wenn sie fertig war mit Erzählen, kam er an die Reihe und berichtete ihr von den neuesten Entwicklungen in seiner Welt, wobei er aufpasste, sie mit nichts zu beunruhigen. Je mehr er von seinem irrwitzigen Tempo herunterkam und sich entspannte, desto mehr öffnete er sich ihr wie sonst keiner anderen Person. Sie war seine Vertraute, der er die Sorgen über die internen Machtkämpfe in der Familie mitteilte oder berichtete, welche Aufgaben noch vor ihm lagen.

Am liebsten jedoch saß er einfach bei Mama am Küchentisch und ließ sich verwöhnen. Wenn er erkältet war oder hustete, gab sie ihm von einem ihrer Gebräue und legte ihm ihre »heilenden Hände« auf die schmerzenden Glieder. Nichts liebte er mehr, als ihr beim Kochen zuzuschauen. Meine Mutter war eine wunderbare Köchin, die buchstäblich aus nichts etwas zu zaubern wusste, bis das ganze Haus nach den köstlichsten Aromen duftete. Und ich glaube, nichts machte sie glücklicher, als wenn sie rührend und kostend in ihrer Schürze vor dem Herd stand. Eins von Papas Lieblingsgerichten war *coniglio alla cacciatora*, ein »Jagd«-Eintopf mit Kaninchen, Tomaten, Zwiebeln, Paprika, Wein und Kräutern aus dem Garten. Mit der *scarpetta,* der typischen Geste, die in Italien jede selbstgekochte Mahlzeit abschließt, wischte er dann schwatzend und lachend noch den letzten Rest Soße mit einem Stückchen Brot vom Teller, während sie um ihn herumscharwenzelte und ihm doch noch etwas auftat.

Nirgendwo auf der Welt fühlte er sich bei einer Frau so geborgen. Sie war sein sicherer Hafen, an dem er sich wieder regenerieren konnte. Im Sommer saßen sie zusammen auf der Hollywoodschaukel, schaukelten in der Sonne vor und zurück und kicherten konspirativ wie die Kinder. Sie neckte ihn wegen seines starken toskanischen Akzents, bei dem das »k« bekanntlich zu einem weicheren »h« wird.

»Also«, sagte sie zum Beispiel scherzhaft, »*vuoi la Hoha Hola hon la hannuccia horta e holorata*?« (Möchtest du eine Coca-Cola mit einem kurzen, farbigen Strohhalm?)

Im Gegenzug ahmte er dann ihren römischen Akzent mit den Doppelkonsonanten und verschluckten Wortsilben nach und machte sich lustig über die Trennlinie zwischen Nord und Süd, die sich bis heute durch Italien zieht.

Hatten sie sich erst einmal miteinander entspannt, konnte er sich auch mir unbeschwert widmen. Sonntags morgens nahm er mich mit in die Kirche, und hinterher kauften wir in einer kleinen Bäckerei Kuchen. Zuhause saß er dann mit seiner Pfeife vorm Feuer und schaute sich John-Wayne-Western an, bei denen er meist einschlief. Mir machte das nichts. Ich war glücklich, wenn ich nur neben ihm sitzen und ihn anschauen konnte. Für mich waren diese Momente ebenso kostbar wie selten.

Mit diesem Gefühl von Nähe war es vorbei, sobald er uns verließ. Die Tage direkt danach kamen uns immer am dunkelsten vor, da wir wussten, dass er frühestens in einem Monat wiederkommen würde. Mama verschwand in ihrem Zimmer wie eine »Nonne im Kloster«, wie sie selbst sagte, während ich die Vaterfigur wieder aus dem Puppenhaus nahm und auf den Weg schickte. Wie sehr ich auch die unbeschwerte Atmosphäre zu bewahren versuchte, nie schaffte ich es, das Vakuum zu füllen.

Ohne seine Zuwendung welkte meine Mutter dahin wie eine Blume, die kein Wasser bekommt. Wenn ich in die Schule ging, fühlte sich für sie das Haus so still an, dass sie ihren eigenen Atem hören konnte. Wie ich lebte auch sie nur für seine Besuche. Wie ich nährte sie sich nur von den Erinnerungen. »Ich komme bald wieder«, rief er jedes Mal vergnügt winkend, wenn er davonfuhr. Im tiefsten Innern wusste ich, dass das stimmte und dass er mich liebte, egal was passieren mochte.

Meine Mutter schien sich da nicht so sicher zu sein und zog sich immer weiter in die Untiefen ihres Geistes zurück. Bald machte er sich wieder Sorgen über ihre Gesundheit. Nachdem sie an einem Wochenende besonders in sich gekehrt gewesen war, ließ er sich etwas einfallen. »Und wenn Patricia ganz im Internat wohnen würde? Dann könntest du mit mir reisen.« Sie tanzte vor Freude – und ich auch.

Obwohl ich nie darum gebeten hatte, Internatsschülerin zu werden, und diese Entscheidung einzig und allein meiner Mutter zuliebe fiel, war aus meiner Sicht der Wechsel von der externen zur internen Internatsschülerin mit das Beste, was mir je passiert ist. Begierig, dazuzugehören, fand ich dort sofort Seelenverwandte. Ich liebte mein neues Leben und das mit dem Internatsleben einhergehende besondere Gefühl, wenn wir Streiche ausheckten oder bis spät in die Nacht miteinander flüsterten.

Von jenem Tag an fuhr ich nur noch nach Hause, wenn meine Eltern von ihren Reisen zurückkamen. Einmal verging ein Halbjahr, ohne dass ich sie sah. Und selbst wenn ich unsere gemeinsamen Wochenenden vermisste, hatte ich doch ein eigenes Leben und war glücklich und zufrieden. Meine Jahre in Hurst Lodge waren die besten meiner Kindheit, und umgeben von all meinen Freunden wäre ich am liebsten für immer dortgeblieben.

VIERZEHN

Alles, was in einem Kinderleben zum ersten Mal passiert, ist ein Meilenstein – das erste Lächeln, der erste Zahn oder der erste Schritt. In normalen Familien freuen sich die Eltern an diesen Momenten und erzählen ihren Freunden stolz davon.

Als ich Mutter wurde, wollte ich meinen Töchtern von meiner eigenen Entwicklung als Kind erzählen, aber vermutlich war Maureen diejenige, die jeweils meinen »ersten Malen« beigewohnt hatte, denn meiner Mutter konnte ich aus diesen frühen Jahren kaum eine Erinnerung abluchsen.

»Wie alt war ich, als ich anfing zu sprechen?«, fragte ich zum Beispiel.

»Ich erinnere mich nicht. Wahrscheinlich eins.«

»Und was waren meine ersten Worte?«

»Oh, das weiß ich nicht.«

An meine Erstkommunion jedoch können wir uns beide erinnern. Kurz nach meinem neunten Geburtstag flogen wir extra dafür nach Rom. Im Rückblick ist es ziemlich komisch, dass ich das Sakrament ausgerechnet in der Kirche erhielt, die meine Geburt verdammt hatte. Aber in meinem langen weißen Kleid, das mit Gänseblümchen – Mamas Lieblingsblumen – verziert war, und mit den passenden Handschuhen fühlte ich mich wie eine Prinzessin. Nach dem Gottesdienst lud mein Vater Familie und Freunde zum Mittagessen ein. Unter den Gästen befand sich auch meine Tante Gabriella, der ich über die Jahre schon mehrfach begegnet war. Sie und Mama, die sich nach dem Tod meiner Großmutter auseinandergelebt hatten, standen sich jetzt wieder viel näher. *Zia* Gabriella war, im Gegensatz zu ihrer Schwester, lustig und lebhaft und kicherte viel. Umgeben von Menschen, die sich ehrlich für mich zu interessieren schienen, hielt ich Hof, in der Hand das erste Glas Champagner meines Lebens.

Ein anderes solches Erlebnis war der Tag, an dem ich – auf derselben Romreise – mit meiner Mutter zum ersten Mal in meinem Leben Gucci in der Via Condotti besuchte, um nach Geschäftsschluss mal ganz groß einkaufen zu gehen. Bis dahin hatte ich nur eine vage Ahnung gehabt, was mein Vater arbeitete und wohin er fuhr, wenn er uns verließ. In der Schule hatte ich schon begriffen, dass mein komischer italienischer Name – den manche Schulkameradinnen spöttisch wie »Goo-ky« oder »Goo-sie« (»Gänse«) aussprachen – in Wahrheit nichts »goofy« (»Doofes«) an sich hatte. Von der Größenordnung des Unternehmens hatte ich jedoch bis zu diesem Tag keine Vorstellung gehabt. Papa hatte ein paar getreuen Angestellten bedeutet, länger zu bleiben, und führte uns durch das Geschäft, in dem früher auch meine Mutter gearbeitet hatte.

Dass alle so dienstbeflissen waren, fand ich aufregend. Doch spürte ich zugleich, dass Mama sich nicht ganz wohl fühlte. Sie muss an all das Geschwätz gedacht haben. Andererseits fühlte ich mich wirklich wie zu Hause, vor allem als mein Vater sagte, ich könne mir etwas aussuchen. »Warum probierst du nicht ein paar Schuhe an?«

Ich konnte mich gar nicht entscheiden, bis der Geschäftsführer mir ein paar weiche weiße Mokassins zeigte, in die ich mich gleich verliebte. Es waren meine erstens Gucci-Schuhe, und ich trug sie, bis sie mir nicht mehr passten. Papa war die personifizierte Eleganz, wie er mich in seinem indigoblauen Anzug mit dem gepunkteten Einstecktuch anlachte. Hier in diesem Laden fühlte er sich wohl, hier war er offensichtlich zu Hause wie nirgendwo sonst.

Meine glücklichste Erinnerung an ein erstes Mal ist zweifellos meine Reise mit ihm in die Schweiz. Mama kam nicht mit, wir fuhren also wirklich zu zweit in das Schweizer Dorf Suvretta, nahe St. Moritz, zu meinem Onkel Rodolfo ins Chalet. Es war nicht direkt eine Ferienreise, da mein Vater dort geschäftlich zu tun hatte, aber das war mir egal. Ich freute mich einfach nur auf die gemeinsame Zeit.

»*Fai la brava*, Patrizina – benimm dich!«, hatte meine Mutter mir mit auf den Weg gegeben. Als hätte ich je irgendwas anderes getan. Schon damals benahm ich mich auffallend gut und reif für mein Alter, wie die Leute bemerkten. Zugegeben, die Aussicht auf eine lange Reise allein mit Papa war aufregend genug, aber da Mama wusste, dass er anderes auf dem Herzen hatte, wollte sie mich ihm zuliebe vorwarnen. Ich hatte keine Ahnung, dass er ständig mit seinen Brüdern um die künftige Ausrichtung des Unternehmens kämpfte. Oder dass seine Hoffnungen, Gucci an die italienische Börse zu bringen, von seinen Brüdern zunichtegemacht worden waren, weil sie sein Vorhaben für verfrüht und überstürzt hielten. Mein Vater wollte seine Söhne gern zu Direktoren ernennen, um sie für ihre langjährige harte Arbeit zu belohnen, aber Rodolfo und Vasco waren dagegen. Sie hielten es für Vetternwirtschaft und fanden es auch unfair gegenüber ihren eigenen Kindern, selbst wenn diese noch zu jung waren für einen solchen Karriereschritt. Nachdem mein Vater jahrelang auf ein, wie er dachte, gemeinsames Ziel hingearbeitet hatte, muss ihn dieser Familienzwist sehr belastet haben.

Mit seinem Chauffeur Franco fuhren wir die sieben Stunden von Rom nach Mailand. Zwischendurch hielten wir ab und zu, um zu tanken oder einen Happen zu essen. Dann waren wir drei Stunden mit dem Zug unterwegs, fuhren über die Grenze, passierten einen Tunnel nach dem anderen, während Papa Zeitung las und ich mit einem Buch neben ihm saß. Wir aßen im Speisewagen zu Mittag, während ich versuchte, durchs Fenster einen ersten Blick auf die Alpen zu erhaschen.

Der Mann, den mein Vater Foffo nannte, war längst nicht so offen und herzlich, wie ich es gehofft hatte. Er war höflich, wirkte aber im

Beisein meines Vaters eher traurig und finster. Nachdem er mich auf beide Wangen geküsst hatte, zeigte er mir mein Zimmer und kümmerte sich darum, dass ich alles hatte, was ich brauchte. Dabei verhielt er sich jedoch recht distanziert. Zudem schien er irgendwie in der Vergangenheit zu leben. In Anlehnung an seinen früheren Bühnennamen Maurizio D'Ancora hieß sein Chalet Chesa D'Ancora und war mit Andenken an seine Filme vollgestopft. In einem eigenen Chalet, einer Art Kultstätte seiner Karriere, gab es einen Vorführraum, in dem er sich seine alten Produktionen anschaute.

Wir aßen am Ende eines langen Tisches zusammen zu Abend. Danach übergab er mich in die Hände der früheren Gouvernante seines Sohnes, die mit mir ins Chalet nebenan ging, damit er in Ruhe mit meinem Vater sprechen konnte. Ursache für seine Traurigkeit war, wie ich später entdeckte, sein Sohn und dessen Beziehung zu Patrizia Reggiani. Der Graben zwischen Vater und Sohn hatte sich noch vertieft, sie redeten überhaupt nicht mehr miteinander. Während ich es mir gemütlich machte und den Film *Camelot* ansah, stellte sich Papa als Familienoberhaupt und Ratgeber zur Verfügung. Immer hatten ihn Menschen um Rat gebeten, und Foffo bildete da keine Ausnahme. Mein Vater war zwar als Hitzkopf bekannt, der wegen der kleinsten Kleinigkeit aus der Haut fahren konnte, doch ich hatte ihn bis dahin immer nur ruhig und vernünftig erlebt.

»*Zusammen* schaffen *wir* das«, sagte er immer, das Wort *ich* verwendete er nur selten. »Vielleicht könnten *wir* versuchen, die Dinge aus seiner Sicht zu betrachten.«

Andere einzubeziehen war ihm sehr wichtig, wenn es um Entscheidungen ging, die die Zukunft des Geschäfts betrafen. Versehen und Fehler brachten ihn zweifellos auf die Palme; doch wenn es darum ging, eine Krise zu überwinden, war er die Ruhe selbst. Wenn jemand die Kluft zwischen Rodolfo und Maurizio zu kitten vermochte, dann war es mein Vater. Und tatsächlich ebnete diese Schweiz-Reise den Weg zu ihrer Versöhnung.

Ich fand es großartig, morgens aufzuwachen und vor dem Fenster die Postkartenlandschaft mit den Bergen zu betrachten, die ich zum ersten Mal sah. Mein holzgetäfeltes Zimmer war gemütlich mit dem Einzelbett und der Daunendecke, in die ich tief einsank. Nach dem Frühstück gingen wir meist spazieren, und einmal wanderten wir richtig lange auf einem felsigen Pfad durchs Engadin. Wenn die Sonne scheint, gibt es nichts Schöneres als diese Gegend mit all ihren kurvigen Fußpfaden und den pittoresken Steinhäusern. Dort erzählte mir mein Vater zum ersten Mal von seiner Jugend. Ich hörte aufmerksam zu, während ich tapfer mit dem Tempo mitzuhalten versuchte, das er mit seinem Wanderstock an den Tag legte.

»Als ich jünger war, ging ich hier gern Skilaufen«, erzählte er und zeigte auf die Bergspitzen in der Ferne. »Aber dann hatte ich einen bösen Unfall und fing stattdessen an zu klettern.« Als ich ihn erstaunt anblickte, lachte er. »Es drehte sich nicht immer alles um Arbeit, weißt du. Ich bin sehr sportlich gewesen und auch gern geritten.« Verwundert hoffte ich, er würde mir noch mehr über seine Kindheit erzählen, doch blieb es bei diesem flüchtigen Einblick.

Wir stapften weiter, während mein Onkel Foffo und die Gouvernante immer weiter zurückfielen. Auf meine Frage, ob wir nicht warten sollten, spottete er nur: »Die holen schon wieder auf.« Auch wenn meine Beine danach tagelang schmerzten, war ich unendlich stolz, dass ich nicht nur mit ihm mitgehalten, sondern die gesamten zwanzig Kilometer durchgehalten hatte. Am allerschönsten aber war, dass ich Zeit mit meinem Daddy verbringen konnte. Auch wenn es nur zwei oder drei Tage dauerte, war es doch ein großes Abenteuer und sehr kostbar für mich.

Unsere gemeinsame Zeit verging viel zu schnell. Kaum hatten wir Rom erreicht, war er schon wieder fort. Nie hatte mein Vater mehr zu tun als in den Siebzigerjahren. Eine italienische Zeitung hatte ihn kurz zuvor – in Anerkennung seiner neuesten Errungenschaften in Amerika – als »Aldo den Großen« tituliert. Der Umsatz in Amerika schlug alle Rekorde, und mehr als fünfhundert Angestellte kümmerten sich um die Kunden, die vor den Läden Schlange standen, um die neuesten Artikel zu erbeuten. Damals gab es bereits drei Geschäfte in Manhattan, eins davon an der Ecke Fifth Avenue und 54. Straße West. Als er ein weiteres direkt gegenüber eröffnete, hieß die Gegend im Volksmund nur noch »Gucci City«. Dann eröffnete er ein 1600 Quadratmeter großes Geschäft in der North Michigan Avenue in Chicago. Es war das nobelste von allen, mit einem eigenen künstlichen Rasen, der die gesamte Fassade umsäumte. Papa beantwortete, Seite an Seite mit meinem Onkel Vasco, Fragen zur Zukunft des Unternehmens. Dabei beschrieb er seine Söhne stolz als »drei Kanonen mit gemeinsamen Zielen« und versicherte den Reportern: »Wir sprechen alle dieselbe Sprache.«

Weitere Geschäfte eröffneten in Tokio und Hongkong, und Gucci wurde so bekannt, dass die Massenkäufe die Reputation der Marke zu beschädigen drohten. Als einmal ein japanischer Tourist in New York in einen der Läden marschierte und sechzig Taschen auf einmal kaufte, beschloss mein Vater, etwas zu unternehmen. Ihm war klar, dass der Mann diese Taschen in Tokio auf dem Schwarzmarkt dreimal so teuer weiterverkaufen würde. Daher begrenzte er die Käufe auf ein Stück pro Kunde.

Schon bald hatte er das nächste Problem am Hals: Fälschungen. Nichts erboste ihn mehr als die Imitationen, die zum Kauf angeboten wurden. Dass eine Billigkopie als eine echte Gucci verkauft würde, machte ihn so wütend, dass er bekannt dafür wurde, die Straßenhändler direkt damit zu konfrontieren. Dann kaufte er ihnen sämtliche Ware ab, um sie anschließend wegzuwerfen. Einmal erstand er auf diese Weise einen Satz gefälschter Gucci-Uhren, die er von Zeit zu Zeit trug, um herauszufinden, ob jemand den Unterschied bemerkte.

Wann immer er jemanden mit einer gefälschten Gucci-Tasche sah, wies er die Person sofort darauf hin. »Sie wissen, dass dies ein Imitat ist?«, fragte er dann verächtlich.

»Wie können Sie da so sicher sein?«, lautete die erstaunte Gegenfrage.

Milde lächelnd gab er zur Antwort: »Meine Liebe, wieso erkennt eine Mutter ihre eigenen Kinder?«

Bekannt ist die Geschichte, der zufolge er einmal auf einem Flug von New York nach Los Angeles eine Passagierin mit einer gefälschten Handtasche sah. Er lehnte sich über den Gang, tippte sie an die Schulter und fragte lächelnd: »Verzeihen Sie, *Signora*, aber was macht eine so elegante Dame wie Sie mit einem Gucci-Imitat?«

Sie war sichtlich bestürzt. »Mein Mann hat sie mir gekauft!«

Mit einem verständnisvollen Nicken kritzelte Papa etwas auf seine Visitenkarte und reichte sie ihr. Darauf stand geschrieben: »Bitte geben Sie dieser Dame dreißig Prozent Nachlass auf eine *echte* Gucci-Tasche. Gezeichnet, Aldo Gucci.«

Ähnlich wie er seine persönlichen Kreuzzüge führte, installierte mein Vater eine eigene Abteilung, die dort, wo die Imitate auftauchten, gegen die Produktfälscher vorgehen sollte. Die von der Firma angestellten Rechtsanwälte, die zu einem integralen Bestandteil des Unternehmens wurden, hatten meist alle Hände voll zu tun.

Um sich von dem Stress zu erholen, den die Leitung eines so großen Unternehmens mit sich brachte, entflohen Papa und Mama so oft wie möglich in die Sonne. Zweifellos verbrachten sie ihre glücklichste gemeinsame Zeit in Palm Beach, wo er zunächst einen Zwei-Zimmer-Bungalow mit Pool mietete. Er liebte die Gegend so sehr, dass er in der Nähe ein größeres Anwesen kaufte. Nach einer Weile hatte er gefunden, wonach er gesucht hatte: eine Villa im mediterranen Stil mit weißen Stuckwänden und einem mit roten Ziegeln gedeckten Dach am North Ocean Boulevard. Eine große Rasenfläche führte zum Strand, vorbei an einem Gästecottage und dem Pool mit eigener *cabana*. So saßen sie auf der Terrasse, lauschten dem Klang der sich brechenden Wellen und meinten, ihr Paradies, ihr Shangri-la, gefunden zu haben. Kaum jemand hätte ihnen da widersprochen.

Ich war mit Lernen beschäftigt und mochte das Internatsleben noch immer, fuhr aber für mein Leben gern in den Schulferien dorthin. Dann standen wir früh auf, gingen im Meer baden und liefen barfuß durch den Garten zurück, wo wir zum Frühstück Grapefruits pflückten. Mein Vater saß nie still, lag aber doch hin und wieder vollkommen sorglos am Pool. Es gab nur eines, worauf wir achten mussten, und das waren giftige Schlangen. Meine Mutter fand sich eines Tages einer einen Meter zwanzig langen Klapperschlange gegenüber, die über den Küchenboden glitt, und blieb auf der Stelle wie angewurzelt stehen. Später las sie die symbolische Bedeutung der Klapperschlange nach und erfuhr, dass eine unerwartete Katastrophe das Familienoberhaupt treffen könne. Sie betete darum, dass das nicht wahr werden würde.

Glücklicherweise war unser Familienoberhaupt bester Stimmung. Wenn er Lust hatte auszugehen, suchten wir zum Beispiel das La Petite Marmite auf, mein Lieblingsrestaurant, in dem ich zum ersten Mal Schnecken gegessen hatte und immer das Gleiche bestellte. Mitunter – aber nur, wenn wir beide allein waren – aß mein Vater Froschschenkel oder Kalbshirn, und wenn wir einen ganzen Fisch bekamen, verzehrte er den Kopf samt Augen und versicherte mir zu seinem Vergnügen und meinem Entsetzen, wie knusprig sie seien. Meine Mutter hätte ihm nie erlaubt, solcherlei Gerichte zu bestellen.

Papa foppte auch gern die Kellner. So mochte ihn ein armer Oberkellner ansprechen mit: »*Buona sera*, Dr. Gucci. Wie viele sind wir denn heute Abend?«

»Wir?«, fragte Papa dann grinsend. »Wieso? Möchten Sie sich gern zu uns setzen?«

In chinesischen Restaurants jonglierte er plötzlich mit den Tellern oder warf mir einen zu in der Gewissheit, dass ich ihn auffangen würde. Oder er nahm den Bestellblock, notierte etwas, das vage wie Mandarin aussah, und gab ihn dem Kellner zurück mit der Bemerkung, »und zwar bitte mit Reis.« Sein Humor war ansteckend, und mir liefen oft vor Lachen die Tränen herunter, während meine Mutter ihm unter dem

Tisch einen Tritt gab und ihn anflehte aufzuhören. Je mehr sie protestierte, umso unberechenbarer wurde er, und beide baten wir sie dann, doch keine Spielverderberin zu sein. »Entspann dich, Bruna!«, sagte er verschmitzt. »Es ist doch bloß Spaß!« Sie schüttelte den Kopf und nannte uns beide verrückt, aber mir scheint, dass sie manchmal auch nur so böse tat.

Bei besonderen Gelegenheiten nahm mein Vater mich in mein Lieblingsgeschäft in der Worth Avenue mit. Während er draußen vor der Garderobe wartete, probierte ich verschiedene Kleider an und führte sie ihm dann stolz vor. »*Bellissima*!«, rief er, klatschte in die Hände und gab mir das Gefühl, eine Million Dollar wert zu sein. »Ich liebe dieses Orange an dir!« Papa war in meiner Kindheit viel abwesend, aber wenn er da war, machte er alles wieder wett.

An den Sonntagen lagen wir zu dritt zusammengekuschelt im Bett und schauten die amerikanischen *Holy Rollers* im Fernsehen. Unser Favorit war der Pastor der christlichen Pfingstbewegung Reverend Ernest Angley, der eine Perücke trug und direkt aus seinem *Temple of Healing Stripes* in Ohio auf Sendung ging. Wir lachten uns schief über seine albernen Sprüche, wenn er die unter der »Kraft« seiner Hände zusammensinkenden »Sünder« mit dem Ausruf »*Praise the Lord!*« (»Lobet den Herrn!«) rettete.

Florida war der einzige Ort auf der Welt, wo mein Vater nicht jeden Morgen ins Büro ging. Stattdessen werkelte er ein paar Stunden im Garten herum und bekam so den Kopf frei für »tiefschürfendere Angelegenheiten«, wie er es nannte. Am liebsten sehe ich ihn noch vor mir, wie er in Shorts und barfuß den Rasen sprengte. Oder wie er auf der Veranda saß und seine Pfeife mit seiner speziellen Kirschtabakmischung stopfte. Ich traf ihn oft dort an. Tief in Gedanken versunken starrte er, den linken Ellbogen auf den rechten Unterarm gestützt, mit der Pfeife im Mundwinkel Löcher in die Luft.

Auch meine Mutter liebte Florida, wo sie buchstäblich den ganzen Tag im Badeanzug und Pareo verbrachte, in der Sonne lag oder in der

Küche hantierte und das Essen zubereitete. Wir lebten dort viel mehr als Familie, als es in Berkshire je der Fall gewesen war, und für meine Mutter kam die Villa einem Zuhause am nächsten.

In Palm Beach zeigten Mama und Papa auch am offensten ihre gegenseitige Zuneigung. Ich hörte ihn rufen, was sie denn gerade tue, oder ich sah, wie er ihr auf einem Tablett Eistee brachte. »Bruna! Dove sei? Vuoi qualcosa?« (»Wo bist du? Soll ich dir was bringen?«), rief er dann. In diesen Momenten konnte ich das seltene Gefühl genießen, als Familie unter einem Dach vereint zu sein.

Erst viele Jahre später erkannte ich, wie kostbar das war. Und wenn ich heute an unsere Zeit dort denke, ist mir klar, dass dies die besten Jahre unseres Lebens waren.

FÜNFZEHN

Mit dem Begriff Heimat konnte ich noch nie viel anfangen. Da wir in meiner Kindheit ständig unterwegs waren, merkte ich erst spät, dass Heimat immer dort ist, wo ich mir eine Heimat einrichte.

Die »Heimat« meines Vaters war Florenz und später Rom, wo er mit Frau und Kindern lebte, bevor er meine Mutter kennenlernte. Mama siedelte ihre »Heimat« immer in Rom an, doch sie lebte auch in London – zweimal – und in Berkshire, wo sie trotz aller Bemühungen nie richtig heimisch wurde. Florida entwickelte sich für uns alle zur Heimat, und oft lebten wir auch in New York, wo sich Mama nie so wohlfühlte wie Papa. »Ich langweilte mich furchtbar, denn ich hatte einfach zu viel freie Zeit«, klagte sie. »Ich habe mich ständig bei Bloomingdales oder Saks in der Fifth Avenue herumgetrieben und Sachen gekauft, die ich gar nicht brauchte. Seither kann ich Kaufhäuser nicht mehr ausstehen!«

In meinen ersten zehn Lebensjahren war ich von England nach Italien und wieder zurück verfrachtet worden. Kaum fühlte ich mich irgendwo zu Hause, musste ich schon wieder die Sachen packen. Zwischendurch verbrachte ich oft vier Wochen in Amerika oder die Sommerferien an der italienischen Küste. Das Internat mit Bee und allen meinen anderen Freunden war für mich eine Art Heimat. Berkshire, wo wir am längsten lebten, war mir vermutlich am ehesten eine Heimat. Wenn ich an meine Kindheit denke, fällt es mir jedenfalls als Erstes ein.

An einem Samstag im Jahr 1973 wurde dieses Gefühl der Zugehörigkeit für immer zerstört. Ich war über das Wochenende von der Schule nach Hause gekommen, als meine Mutter mich zu sich rief. »Wir ziehen um.« Ich zog scharf die Luft ein. »Wir gehen zurück nach Rom.«

Ich traute meinen Ohren kaum. Das Herz hämmerte mir in der Brust, und in meinem Kopf drehte sich alles. Ohne mir auch nur die Gründe zu nennen, riss mich Mama von meinem geliebten Zuhause fort. Einwände erhob ich nicht, denn wenn ich eine ihrer Entscheidungen hinterfragte, endete das immer mit Tränen – Widerspruch war völlig sinnlos. Im Übrigen bezweifelte ich, dass sich überhaupt jemand für meine Meinung interessierte.

Dieser Umzug brach mir das Herz, doch er war der letzte, den ich an mich heranließ. Die vielen Wohnortwechsel brachten es später mit sich, dass ich nie mehr sonderlich an einem Ort hing. Heute kann ich ohne großes Trara von einem Land ins andere übersiedeln. Ich habe mich zur Zigeunerin entwickelt.

Erst als erwachsene Frau erfuhr ich, was es mit diesem jüngsten Umzug auf sich hatte. Begonnen hatte es, kaum zu glauben, mit einem Handwerker, der die Wände streichen sollte. Mein Vater entdeckte eines Tages in den Sachen des Mannes ein Foto meiner Mutter und vermutete sofort eine Affäre. Als Mama vom Einkaufen nach Hause kam, schrie er sie wütend an: »Was treibst du hier eigentlich?« Sie wollte schon ihre Unschuld beteuern, als sie die Wut in seinen Augen sah. Da ließ sie die Einkaufstaschen fallen und lief schreiend vor ihm davon. Papa holte sie ein, prügelte los und hörte erst auf, als er sich an den Zwischenfall mit Mamas Bruder erinnerte. Da merkte er, dass er zu weit gegangen war.

Als er sich endlich beruhigt hatte, versicherte ihm Mama, dass nichts vorgefallen sei. Er schien ihr zu glauben und flog anschließend gleich nach New York. Das behauptete er jedenfalls. Ohne dass sie es wusste, stornierte er seinen Flug und stieg stattdessen in einem Hotel in der Nähe ab. Am frühen Morgen des folgenden Tages schlich er sich ins Haus zurück, um sie mit ihrem Liebhaber im Bett zu überraschen. Doch zu seinem Erstaunen fand er sie allein und im Tiefschlaf vor. Als sie aufwachte und das Licht anknipste, stand er tief beschämt über ihr. »Bruna, mein Engel, *perdonami!*«, entschuldigte er sich. »Ich hätte dir vertrauen sollen. *Ti prego.* Bitte vergib mir!«

Das Ausmaß seiner Eifersucht erschreckte meine Mutter.

Er spürte ihr Entsetzen. »Wie kann ich das nur wiedergutmachen?«, fragte er. »Du kannst alles von mir haben – alles.«

»Ich will zurück nach Rom«, erklärte sie plötzlich. »Ich habe Heimweh, Aldo. Ich mag hier nicht länger allein sein. Es ist höchste Zeit. Ich will hier weg.«

Mein Vater hatte das nicht geahnt. Schließlich war oberflächlich alles in Ordnung. Ich kam mit der Schule gut zurecht, und die beiden konnten öfter miteinander verreisen. Er wusste, dass sie schlecht Englisch sprach und gern mehr Anschluss gehabt hätte, nicht aber, dass sie so unglücklich war. Weil er es ihr in dieser Situation nicht abschlagen konnte, willigte er ohne Widerworte ein.

Und so blieb mir im Sommer 1973 nichts anderes übrig, als wieder meine Siebensachen zu packen und meinen Freundinnen Lebewohl zu sagen. Mein Vater behielt das Haus zunächst, damit wir bei Bedarf dort Urlaub machen oder eines Tages sogar wieder einziehen konnten. Das wünschte ich mir über alles.

Ich tat mich immer noch schwer, die bittere Pille zu schlucken, die Mama mir verabreicht hatte, als sie mich ein paar Tage vor unserem Abflug zu sich rief und sagte, sie habe mir etwas mitzuteilen – immer ein schlechtes Zeichen. Mein Magen verkrampfte sich, und ich machte mich auf den nächsten Paukenschlag gefasst.

»Dein Vater hat in Italien eine Ehefrau«, sagte sie. Mir fiel die Kinnlade herunter. »Und drei Söhne.«

Mein zehn Jahre altes Gehirn konnte diese Neuigkeiten kaum verarbeiten. Papa mit einer anderen verheiratet? Hatte noch andere Kinder? »Warte mal, bist du denn nicht mit Papa verheiratet?«

»Nein, Patrizina, bin ich nicht«, sagte sie reumütig, um den Schock ein wenig mildern.

Ich war völlig durcheinander. Wie jedes Kind hatte auch ich immer geglaubt, dass meine Eltern fest zusammen waren und dass es auf dieser Welt nur uns drei gab. Ich konnte mir nur schwer vorstellen, dass mein Vater eine andere Familie hatte. Doch meine Mutter hatte da noch etwas gesagt. »Ich habe Brüder?«, fragte ich, die Augen weit aufgerissen.

»Ja«, erwiderte sie langsam. »Sie heißen Giorgio, Paolo und Roberto, und sie sind viel älter als du. Sie sind schon verheiratet und haben eigene Kinder.«

Mein Herz setzte einen Schlag aus, während ich sorgfältig die Namen speicherte. Mir schossen alle möglichen Fragen durch den Kopf. Wie waren sie wohl? Sahen wir uns ähnlich? Hatten sie Kinder in meinem Alter? Stattdessen fragte ich: »Wissen sie von mir?«

Sie nickte. Warum hatte Mama mir das nicht schon viel früher erzählt?, fragte ich mich. Und wenn meine Brüder von ihrer kleinen Schwester wussten, warum hatten sie dann nicht den Kontakt zu mir gesucht?

»Du musst verstehen, das ist keine einfache Situation«, sagte sie, als sie meine Enttäuschung bemerkte. »Du kannst nicht davon ausgehen, dass sie dich mit offenen Armen aufnehmen. Sie sind viel älter als du und führen ihr eigenes Leben. Du hast nichts mit ihnen gemein. Außerdem mögen sie mich nicht besonders und waren daher nicht gerade erfreut, als sie von dir erfuhren.«

Als sie meinen Gesichtsausdruck sah, fügte sie hinzu: »Du bist genauso ein Kind deines Vaters wie sie, aber, na ja, sie sehen das anders.« Sie versuchte es noch einmal anders. »Das hat nichts mit dir persönlich zu tun. Es geht nur ums Geld.«

»Wann kann ich sie sehen?«, fragte ich, ohne ihren Pessimismus zu beachten. Was auch immer sie von mir halten mochten – ich wollte diese meine Brüder unbedingt leibhaftig kennenlernen.

»Das wird schon noch«, erwiderte sie seufzend. »Dein Vater wird sich darum kümmern.«

Als wir kurze Zeit später das Flugzeug nach Rom bestiegen, tobten alle möglichen Gefühle in mir: Trauer, weil ich mein Zuhause, meine Schule und alle meine Freunde zurückließ. Verbitterung, weil meine Mutter mich nicht gefragt und auch nicht bedacht hatte, wie sehr mich der Umzug schmerzen würde. Furcht, weil ich eine neue Schule besuchen würde, in der ich keine Menschenseele kannte, und schließlich auch ein Hauch Faszination, weil ich offenbar doch kein Einzelkind war.

Als ich beim Start des Flugzeugs aus dem Fenster sah, sagte ich mir im Stillen immer wieder vor: »Ich habe Brüder. Ich habe *drei* Brüder!«

Entgegen meinen Hoffnungen dauerte es aber noch ein gutes Jahr, bis ich sie endlich kennenlernte. Zunächst musste ich mich in mein neues Zuhause und den ungewohnten Alltag einleben, vor allem in den Schulalltag an der St. George's English School. Nachdem wir in Hurst Lodge relativ abgeschnitten von der Außenwelt gelebt hatten, wurde ich nun plötzlich in eine aufregende neue Umgebung geworfen. Die Schülerinnen und Schüler sprachen alle möglichen Sprachen, und ich lernte schnell eine Menge italienischer Schimpfwörter. Am besten fand ich allerdings, dass es an der Schule auch Jungs gab.

Ich freundete mich bald mit einem Mädchen namens Andrea Bizzarro an, die wie ich erst kurz zuvor aus einem englischen Internat gekommen war. Sie setzte sich im Klassenzimmer neben mich, hatte aber nichts zu schreiben dabei. »Kann ich einen Bleistift von dir haben?«, fragte sie, als sie die gespitzten Stifte in meinem nagelneuen Mäppchen sah.

»Nur, wenn du ihn mir zurückgibst«, antwortete ich barsch. Zum Glück nahm sie mir meine Unfreundlichkeit nicht übel, und wir wurden Freundinnen. Die Schule war viel lockerer, als ich es bis dahin kannte, und Andrea und ich konnten unsere Uniformen an den Nagel hängen, tragen, was wir wollten, und tun, was wir wollten. Ich tauschte mein geschliffenes Oxford-Englisch gegen Italienisch ein, mitsamt seiner reichhaltigen Gestik und seinem besonderen Tonfall. Ich genoss die Freiheit, die Haare nicht hochbinden zu müssen, trug Schlagjeans und Fiorucci-Oberteile mit frechen Sprüchen darauf. Eine Zeit lang gingen Andrea und ich mit zwei Jungs, die auch beste Freunde waren, trafen uns zum Knutschen auf dem Sportplatz und hörten nach der Schule Schallplatten. Aber bald gaben wir ihnen den Laufpass und blieben für uns. Damit begann eine lebenslange Freundschaft.

Nachdem ich in England fleißig gelernt hatte, tat ich nun nicht mehr als unbedingt nötig. Meine Mutter war alles andere als begeistert, aber in mir war die Rebellin erwacht, und dagegen konnte sie nicht viel ausrichten. Ich hatte nur Jungs im Kopf und nahm die Welt um mich herum praktisch nicht wahr. So entging mir völlig, dass in Italien eine schwere Wirtschaftskrise und militanter Extremismus herrschten. Die berüchtigten Roten Brigaden überzogen das Land mit einer Terrorwelle, mit Sabotage, Entführungen und Morden. Unter den etwa fünfzig Menschen, die sie zwischen 1974 und 1978 umbrachten, befand sich auch der frühere Premierminister Aldo Moro, dessen von Schüssen durchsiebte Leiche im Kofferraum eines Autos im Zentrum Roms gefunden wurde. Weitere Opfer wurden entführt, eingeschüchtert oder ihnen würde in die Kniescheibe geschossen, um sie – genau wie das Land – lahmzulegen.

Am 10. Juli 1973, ein paar Monate, bevor ich nach Rom kam, wurde John Paul Getty III. – Enkel des berühmten Ölmagnaten und ein ehemaliger St.-George's-Schüler – auf offener Straße entführt und in einer Höhle eingekerkert. Seine Entführer, die mutmaßlich einer Mafiaverbindung aus Kalabrien angehörten, forderten 17 Millionen Dollar Lösegeld. Als die Familie des Sechzehnjährigen nicht zahlen wollte, schnitten ihm die Geiselnehmer ein Ohr ab und schickten es an eine Zeitungsredaktion. Nach fünf Monaten Gefangenschaft kam der Junge nach Zahlung von schätzungsweise 2,9 Millionen Dollar frei.

Von diesem Fall, der weltweit Schlagzeilen machte, hatten sogar Andrea und ich gehört. Man riegelte das Schulgelände völlig ab, und wir wurden mit bewachten Bussen zur Schule und wieder nach Hause gefahren. Oft gab es Bombendrohungen, die nicht alle echt waren, sondern teilweise von Witzbolden in St. George's stammten. Uns machte das nichts aus, denn wir durften dann früher gehen und den Rest des Tages am Pool eines nahegelegenen Hotels faulenzen.

Mein Vater verstand sich blendend mit Andrea. Er mochte ihre umtriebige Art und freute sich immer, sie zu sehen, besonders, wenn wir ihn im Geschäft in der Via Condotti besuchten. Später fuhr sie mit uns in die Ferien nach Palm Beach, und er behandelte sie wie eine zweite Tochter. Immer zu einem Späßchen aufgelegt, erfand er oft Geschichten, wenn beim Abendessen Geschäftspartner an unseren Tisch kamen und uns begrüßten. »Darf ich Ihnen Contessa Stuzzicadenti vorstellen?« (Komtess Zahnstocher), sagte er mit ernster Miene und deutete auf Andrea. »Und das ist Principessa dei miei Stivali« (Prinzessin meiner Stiefel), stellte er eine andere meiner Freundinnen vor. Seine ausländischen Kollegen waren stets schwer beeindruckt und merkten erst, wenn er in Gelächter ausbrach, dass er sich auf ihre Kosten einen Spaß erlaubt hatte.

Eines Abends erzählte mein Vater meiner Mutter, dass er mich zu einem Geschäftsessen in Rom mitnehmen wolle. Unsere einzige Gesellschaft war eine atemberaubende Blondine. Sie war sehr freundlich und hatte, wie die meisten Menschen, nur Augen für meinen Vater. Ich sprach nicht viel mit ihr und hatte nur Augen für Papa, der an diesem Abend glänzender Stimmung war und sich geradezu überschlug mit Komplimenten über mein Benehmen und meine erwachsene Ausstrahlung. Als wir an jenem Abend, noch immer euphorisch, nach Hause kamen, hatte meine Mutter schlechte Laune. Ich erzählte ihr deshalb lieber nichts von dem Abend, sondern erwähnte nur kurz den Namen der Frau. Dann ging ich ins Bett.

Während ich in Andrea eine neue beste Freundin gefunden hatte, knüpfte Mama nicht so leicht Freundschaften. Es dauerte sogar Jahre, bis sie Andreas Mutter kennenlernte. Sie vermisste Liz und die enge

Beziehung, die sie einst verbunden hatte. Als sie erfuhr, dass Liz Brustkrebs hatte, war sie am Boden zerstört. Eines Nachts hatte sie einen Traum, in dem sie eine Puppe sah, die mit dem Gesicht nach unten in einer vollen Badewanne lag. Als sich die Puppe umdrehte, war es Liz. Die Vision verfolgte sie die ganze Nacht. Am nächsten Morgen wurde sie telefonisch darüber unterrichtet, dass ihre geliebte Freundin gestorben war. Ihr Weinen drang in jeden Winkel der Wohnung und hielt stundenlang an. Ich hatte sie noch nie so traurig erlebt und konnte ihren Schmerz nicht lindern, so sehr ich mich auch bemühte, sie zu trösten.

Als mein Vater kam, sagte er bedrückt: »So war es auch, als deine Großmutter starb. Wir müssen ihr ein bisschen Zeit geben.«

Bald musste auch er einen Trauerfall bewältigen, denn sein Bruder Vasco starb 1974 an Lungenkrebs. Er war 67 Jahre alt, ein Jahr jünger als Papa. Obwohl sie einander nie sonderlich nah gestanden hatten, war es für meinen Vater ein schwerer Verlust. Vascos Tod veränderte auch die Verhältnisse im Unternehmen, denn als seine Witwe ihre Anteile an meinen Vater und Onkel Rodolfo verkaufte, verfügte Papa über Stimmenmehrheit. Obwohl er auf seinen siebzigsten Geburtstag zuging, war er entschlossen wie eh und je, an der Spitze der Firma die wachsende Konkurrenz auszustechen. Trotz anhaltenden Widerstands wollte er auch seine Söhne für die geleistete Arbeit belohnen. Mein Vater duldete es nicht, dass ihm jemand in die Quere kam, und als er eine eigene Firma namens Gucci Parfums Inc. gründete und seine Söhne als Direktoren einsetzte, bekam er endlich, was er sich gewünscht hatte. Auch diese Firma erwies sich mit der Zeit als überaus erfolgreich.

Rodolfos einziger Sohn Maurizio spielte unterdessen weiter den Rebellen und heiratete schließlich die skandalumwitterte Patrizia Reggiani. Mein Vater schickte den beiden ein Geschenk, nahm aber nicht an der Hochzeit teil. Der Rest der Familie hielt es genauso. Onkel Foffo enterbte seinen Sohn umgehend, und eine Zeit lang sah es so aus, als würde mein damals vierundzwanzig Jahre alter Cousin nie in den Schoß der Familie Gucci zurückkehren. Die tiefe Kluft belastete meinen Vater, der sich in der Familie sein Leben lang dafür eingesetzt hatte, das Vermächtnis Guccios und seinen Wunsch nach Einigkeit zu wahren. Schließlich wurde es ihm zu viel, und er fühlte sich genötigt einzuschreiten. Nachdem er die gekränkten Parteien nacheinander aufgesucht hatte, entwickelte er einen Plan. Maurizio sollte mit Patrizia nach New York ziehen, wo er unter Papas Aufsicht eine Einzelhandelsausbildung machen würde. Ein Anrecht auf Anteile oder eine Stimme im Vorstand sollte er erst erhalten, wenn er sich und seine Loyalität zur Firma unter Beweis gestellt hatte. Der Vorschlag stellte alle Beteiligten zufrieden.

Maurizio und seine junge Braut wohnten zunächst in der freistehenden Wohnung meines Vaters an der 54. Straße West. Die war ihnen aber bald nicht mehr gut genug, und sie zogen in eine Suite im St. Regis Hotel. Schließlich überredeten sie meinen Onkel, ihnen ein Penthouse im nagelneuen Olympic Tower zu kaufen, dem legendären von Aristoteles Onassis erbauten schwarzen Glasgebäude neben der St. Patrick's Cathedral. Durch die raumhohen Fenster hatte man in der Wohnung einen der spektakulärsten Ausblicke Manhattans. Weil Patrizia von allem immer nur das Beste wollte, lebten die beiden deutlich luxuriöser als mein Vater oder die anderen Familienmitglieder. »Lieber sitze ich weinend in einem Rolls-Royce, als auf einem Fahrrad glücklich durch die Stadt zu fahren«, lautete ein berühmter Spruch Patrizias. Behängt mit opulentem Schmuck, gab sie in teurer Designermode die Salonlöwin und schwelgte in ihrer neuen Stellung der Mrs. Gucci.

Als für Maurizio gesorgt war, wandte sich mein Vater wieder seinen Automobilplänen zu. Der von General Motors gebaute Cadillac Seville Gucci für 20 000 Dollar wurde in drei verschiedenen Farben angeboten und hatte ein vinylbezogenes Dach im GG-*rombi*-Design, eine farblich passende Innenausstattung, auf der Kühlerhaube das Gucci-Emblem mit den ineinandergreifenden Gs in vierundzwanzigkarätigem Gold sowie Radblenden und Luxussitze mit den typischen rot-grünen Streifen. Wer zusätzlich 7000 Dollar auf den Tisch legte, erhielt ein farblich passendes Gepäck-Set. Das als »Big Daddy« bekannte Designer-Auto war eins der ersten Gemeinschaftsprojekte einer Luxusmarke und eines Autoherstellers und ebnete den Weg für weitere.

Papa prahlte nicht mit seinem Reichtum, reservierte sich aber doch ein mitternachtsblaues Modell, mit dem er in Palm Beach die Wege zwischen seinem Haus und dem Geschäft in der Worth Avenue zurücklegte. Meine Mutter fand das Auto zu protzig und wollte nicht damit gesehen werden. Sie fuhr lieber ihren himmelblauen Seville, der neben dem teuren Stück in unserer Garage stand.

Um diese Zeit beschloss mein Vater, jedem seiner Söhne von seiner Hälfte der Firma 3,3 Prozent der Anteile zu schenken, weil er darauf vertraute, dass sie ihn im Vorstand jederzeit stützen würden. Mein Bruder Paolo kam dabei besonders gut weg, weil er nach Onkel Vascos Tod auch die Führung der Hauptfabrik in Florenz übernommen hatte und nun über viel Einfluss verfügte.

Vielleicht war das neue Arrangement der Anlass, vielleicht fand er die Gelegenheit auch einfach günstig – jedenfalls versammelte Papa seine Söhne zu einem besonderen Treffen. »Ihr sollt endlich eure kleine Schwester kennenlernen«, erklärte er ihnen. »Patricia gehört zur Familie, und sie will euch unbedingt kennenlernen!«

Lange hatte ich auf diesen wichtigen Tag gewartet, es aber nie gewagt, Papa zu drängen. Ich war ja auch damit beschäftigt gewesen, mich in Rom einzuleben. Vor dem Treffen verspürte ich keinerlei Nervosität, im Gegensatz zu Mama, die dafür sorgte, dass ich manierlich aussah. Statt Jeans und T-Shirt musste ich einen marineblauen Faltenrock und eine Blümchenbluse anziehen. Mein Haar legte sie in große Locken, und als mein Vater eintraf, um mich abzuholen, sah sie mich ein letztes Mal prüfend an und erklärte: »*Sei perfetta!*«

Auf der zweistündigen Autofahrt in Richtung Norden nach Scandicci – das Nervenzentrum der Firma – sprach mein Vater über die frühen Tage in Florenz und die Entstehung der Firma. Als wir auf den

Parkplatz einbogen, deutete er auf ein langgezogenes zweistöckiges Gebäude und sagte: »Hier nimmt alles seinen Anfang.«

Wie immer fiel mir auf, wie sich die Leute in Papas Gegenwart verhielten. Vom Wachmann, der uns durch das Tor ließ, bis hin zur lächelnden Rezeptionistin begegneten alle *il capo* – dem Chef – mit höchstem Respekt. Er legte beruhigend eine Hand auf meine Schulter und führte mich durch die Räume, in denen die Näherinnen, alle im einheitlichen Arbeitskittel, schweigend an ihren Nähmaschinen arbeiteten. Ledergeruch erfüllte das Gebäude, in dem sich Tierhäute und riesige Stoffballen bis zur Decke stapelten. Ich war wie hypnotisiert.

Wir gingen nach oben in ein helles luftiges Büro, in dem Produktskizzen an der Wand hingen und auf den Tischen lagen. Die vielen verschiedenen Entwürfe faszinierten mich dermaßen, dass ich fast vergaß, warum ich dort war. Doch als mein Vater mich bat, neben ihm an dem großen Tisch in der Mitte des Raums gegenüber der Tür Platz zu nehmen, wurde ich doch nervös. Und schon klopfte es an der Tür. Mein Vater rief: »*Avanti!*«

Als ich meine Brüder, die ich schon so lange hatte kennenlernen wollen, zum ersten Mal sah, war ich ein wenig enttäuscht – mein gezwungenes Lächeln muss es ihnen verraten haben. Sie wirkten fast so alt wie mein Vater. In meiner Fantasie hatte ich mir attraktive dynamische Männer vorgestellt, nicht diese Durchschnittsmenschen mittleren Alters. Papa lehnte sich zurück und beobachtete uns, als wäre er der Regisseur eines Theaterstücks, dessen Figuren gerade die Bühne betreten. Ich glaube, als alter Optimist hatte er angenommen, dass wir schon miteinander auskommen würden, wenn er es nur wollte.

Die Männer, die sich einer nach dem anderen einstellten, konnten unterschiedlicher nicht sein. Der sechsundvierzig Jahre alte Giorgio kam zuerst und küsste mich mit einem unbeholfenen »*Ciao,* Patricia« auf die Wange. Er war ein Muttersöhnchen, und sein nervöses Stottern ließ vermuten, dass er Schikanen anderer schutzlos ausgeliefert war. Giorgio, drei Jahre jünger und ein völlig anderer Typ als Paolo, warf die

Tür hinter sich zu und schoss wie eine Kanonenkugel in den Raum. Er umarmte mich und küsste mich durch seinen drahtigen Schnurrbart. In einem erkennbar toskanischen Akzent rief der praktisch kahlköpfige mittlere Sohn: »Ciao, sorellina (kleine Schwester)! Welch eine Freude, dich endlich kennenzulernen!« Auf mich wirkte er gleichzeitig überspannt und theatralisch wie auch überschwänglich und offen. Ich mochte ihn auf Anhieb am liebsten.

Dann marschierte Roberto in den Raum und vermittelte mir plötzlich das Gefühl, ich befände mich in einem Vorstellungsgespräch. Der jüngste Sohn, zweiundvierzig Jahre alt, verhielt sich kühl und distanziert, gab mir ein flüchtiges Küsschen auf die Wangen, setzte sich, zündete sich eine Zigarette an und begann herablassend mit seiner Befragung. »Wie gefällt es dir in Rom? Wo gehst du zur Schule? Wie kommst du mit deinem Italienisch voran?« Er zupfte immer wieder an seinen Manschetten und hatte einen gekünstelten Ton am Leib. Wie ich später erfuhr, hatte er in den Adel eingeheiratet und sich nicht nur ein vornehmes Gehabe, sondern auch eine tiefe Frömmigkeit angeeignet. Merkwürdigerweise schien mein Vater – der Roberto »Sonny« nannte – einen Narren an ihm gefressen zu haben.

Als der Smalltalk beendet war und eine peinliche Stille einsetzte, schlug Papa vor, in der Kantine zusammen mittagzuessen. Sobald wir uns dort um einen Tisch versammelten, entspannte sich die Atmosphäre. Zum Glück kamen immer wieder Angestellte vorbei, schüttelten mir die Hand und erklärten, wie sehr sie sich freuten, mich kennenzulernen. Offensichtlich hatten sie von meiner Existenz gewusst, wohingegen ich nie etwas von ihnen oder meinen Brüdern erfahren hatte, für die sie seit Jahren arbeiteten. Als wir beim Mittagessen miteinander plauderten, wurde mir zum zweiten Mal in meinem Leben bewusst, wie es ist, Teil einer Familie zu sein.

Mama hatte offenbar ihre Zweifel, als ich ihr am Abend von den Ereignissen des Tages erzählte und betonte, wie nett alle zu mir gewesen waren. »Reine Höflichkeit«, erwiderte sie. Als sie sah, dass sie mir die

Stimmung verdarb, schwächte sie ihre Aussage ab. Aber es war offensichtlich, dass sie die Freundlichkeit nicht für aufrichtig hielt.

Ich ließ mir den Tag nicht kaputt machen, und als ich an jenem Abend ins Bett ging, hatte ich das wunderbar zuversichtliche Gefühl, dass es in meinem Leben mehr gab als meine Mutter und meinen Vater. Es war keine Heimkehr, doch ich wusste nun, dass in der Welt noch andere Menschen eine Verbindung zu mir hatten, auch wenn wir nicht richtig zusammengehörten. Ich hatte Brüder, die mir irgendwie ähnlich waren. Für den Moment reichte mir das völlig aus.

SECHZEHN

Nie habe ich das Gefühl gehabt, dass ich mich auf meinen Vater nicht hätte verlassen können. Ich wusste intuitiv, dass er sich auf alle Fälle um meine Mutter und mich kümmerte und dass er uns – wenn er bei uns war – seine ungeteilte Aufmerksamkeit schenkte.

In einer Beziehung zwischen zwei Menschen ist Vertrauen unerlässlich; man lebt sonst in einem ständigen Zustand der Angst. Ich kenne dieses Gefühl nur zu gut, und es hat mich über Jahre unglücklich gemacht. Nur in einer vertrauensvollen Beziehung kann es Frieden und dauerhafte Liebe geben.

Ich vermute, dass Olwen dieses Vertrauen schon Jahre zuvor verloren hatte, und in gewisser Weise galt das auch für Mama. Sie hatte akzeptiert, dass mein Vater im Hinblick auf andere Frauen mit gezinkten Karten spielte, doch tief in ihrem Herzen wusste sie, dass sie »die Einzige« war und dass er sie nie aufgeben würde. Das dachte sie jedenfalls.

Doch in meinen ersten Jahren in Rom zog sich über unserer Wohnung eine dunkle Wolke zusammen, die mit mir nichts zu tun hatte. Es war eine ernste Angelegenheit, obwohl ich erst viel später erfuhr, worum genau es eigentlich ging. Ich wusste nur, dass etwas nicht stimmte und dass meine Mutter wieder ins Elend abrutschte. Papa besuchte uns nicht mehr so oft, wenn er in der Stadt weilte, und Mama mutmaßte, dass er eine andere hatte.

Ihre Befürchtungen waren nicht völlig unbegründet. Der Mann, der einst behauptet hatte, er habe eine Nonne verführt, war ein unverbesserlicher Schwerenöter, und im Gegensatz zu mir wusste Mama von früheren Affären. Eines Abends nahm sie das Telefon ab und hörte mit, wie er einer enttäuschten Liebhaberin erklärte, dass er sie nicht treffen könne. »Bruna ist da«, flüsterte er. Bei einer Abendgesellschaft beobachtete sie einige Zeit später, wie ihm eine Frau unter dem Tisch mit dem Fuß das Bein streichelte.

Doch trotz ihres Verdachts biss sie sich auf die Lippen und sagte nichts. Sie fürchtete, ihre Beziehung könnte zerbrechen, wenn sie das Thema ansprach. Wie viele ihrer Freundinnen mit notorisch untreuen Ehemännern nahm sie es als gegeben hin, dass es für italienische Männer – besonders aus der Generation meines Vaters – völlig normal war, eine oder zwei Geliebte zu haben. Auch ich wusste von dieser Tradition, denn Freundinnen hatten mir von ihren Vätern erzählt, denen die Monogamie offenbar fremd war. Wie in Frankreich und in weiten Teilen Europas musste eine Ehefrau die Untreue ihres Mannes hinnehmen, wenn er sie ansonsten gut behandelte und immer wieder nach Hause zurückkehrte.

Da Papa in der Vergangenheit meine Mutter schon in tiefer Depression erlebt hatte, wusste er um ihre Zerbrechlichkeit und Sensibilität. Er wollte sie vor diesem Schmerz beschützen, für den er doch letztlich die Schuld trug. Nach seiner Logik war sie die einzige Frau, die ihm wirklich etwas bedeutete, egal, auf welchen Abwegen er sich gerade befand.

Um sie aufzuheitern und sie seiner unvergänglichen Liebe zu versichern, nahm er sie hin und wieder mit auf Reisen. Er zeigte sie gern her und genoss die bewundernden Blicke, die sie auf sich zog. Meine Mutter war eine Schönheit und sieht auch heute noch jünger aus als die meisten anderen Frauen ihres Alters. Wegen ihres mangelnden Selbstbewusstseins gelang es ihr allerdings nie, mühelos mit seinen Geschäftspartnern zu parlieren. Sie wusste, dass er sich manchmal wünschte, sie würde sich einen Ruck geben, und daher kaufte sie sich, als sie zu Weihnachten nach New York flogen, ein paar neue Kleider und nahm sich vor, mehr Smalltalk zu machen. Papa war ein paar Mal mit ihr und meinem Cousin Maurizio essen gegangen, und dessen Frau Patrizia besuchte sie hin und wieder, obwohl die beiden Frauen wenig gemeinsam hatten. Als Patrizia Mama an einem Abend, an dem mein Vater nicht in der Stadt war, zu einer Cocktailparty ins St. Regis Hotel einlud, sagte sie daher zu.

»Es kommen ein paar Leute, die *musst* du einfach kennenlernen«, sprudelte es aus Patrizia heraus. Unter den Gästen befand sich eine Frau über sechzig, die in der VIP-Abteilung bei Gucci arbeitete. Sie hieß Lina Rossellini und war die Schwägerin des Regisseurs Roberto Rossellini. Meine Mutter mochte sie auf Anhieb. Lina war freundlich, offen und umgänglich, und Mama wusste auf Anhieb, dass sie Freundinnen werden würden.

Später an diesem Abend gesellte sich Patrizia zu ihnen, aufgedonnert wie eine Figur aus der Achtzigerjahre-Fernsehserie *Denver Clan.* Als eine Gesprächspause eintrat, sagte Patrizia: »Oh, Lina, du *musst* Bruna erzählen, was du neulich gehört hast.«

Lina schüttelte den Kopf und schützte Unwissenheit vor, und meine Mutter spürte gleich ihr Unbehagen.

Doch Patrizia ließ nicht locker. »Ach, du weißt schon – das Neuste von Aldos neuer Geliebten.« Dann nannte sie die Frau beim Namen und sagte zu Mama: »Er hat ihr jetzt eine Wohnung und ein paar teure Kunstwerke gekauft. Es gibt offenbar *nichts*, was er nicht für sie tun würde.«

Der Name der Frau sagte meiner Mutter wenig, aber ihr wurde ganz kalt ums Herz. Sie wahrte die Haltung und zwang sich zu einem Lächeln, während Lina zischte: »N-nein, Patrizia! Was redest du da?«

Maurizios Frau musterte das Gesicht meiner Mutter und spielte dann die Erschrockene: »Ach Bruna! Es tut mir ja so leid, hast du das denn nicht gewusst?«

»Dummes Geschwätz«, gab meine Mutter zurück und eilte davon. Lina folgte ihr und versicherte ihr, dass an den Gerüchten nichts dran sei, doch meine Mutter hatte genug gehört. Sie holte ihren Mantel und ging allein in die Wohnung zurück, um ihre Gedanken zu sortieren. Wo hatte sie den Namen der Frau schon einmal gehört? Er klang seltsam vertraut. Dann fiel es ihr plötzlich wieder ein. Ich hatte ihn an dem Abend erwähnt, als ich in Rom mit Papa ohne sie essen gewesen war. Er hatte seiner *amante* bei dieser Gelegenheit seine Tochter vorgestellt! Das hätte er niemals getan, wenn er nicht den Kopf verloren hätte – und womöglich auch sein Herz.

Mama war völlig außer sich. Der Abend hinterließ einen starken Eindruck bei ihr. Schockiert und panisch vor Angst fragte sie sich, was sie nun tun sollte. Als mein Vater ein paar Tage später nach Manhattan zurückkehrte, ahnte er nicht, was sie in seiner Abwesenheit zutage gefördert hatte. Obwohl die Neuigkeit sie geradezu umbrachte, wollte sie uns die Weihnachtsferien nicht verderben, indem sie Papa damit konfrontierte. Stattdessen ging sie, wie sie es später beschrieb, wie eine *tigre*, eine Tigerin, auf die Jagd und sammelte in den folgenden Monaten gezielt Informationen. »Ich war masochistisch. Ich suchte nach Beweisen, die mir wehtaten, und grübelte darüber nach. Manchmal glaube ich, ich muss den Schmerz genossen haben. Ich habe sogar ein Tagebuch geführt und alles zu Papier gebracht. Ich fand so viele Geheimnisse [...] und es wurden immer mehr.«

Keine der Informationen, die sie in detektivischer Arbeit sammelte, war dazu angetan, ihre Befürchtungen zu zerstreuen. Auf einer Reise nach Palm Beach stöberte sie in einem Schrank und fand Fotos von einer Frau – ein Beweis dafür, dass mein Vater seine Geliebte mit ins Strandhaus genommen hatte und ziemlich sicher auch mit in ihr Bett. Doch noch immer schwieg sie still.

Die neue Geliebte zeigte sich unterdessen recht unverfroren mit meinem Vater in der Öffentlichkeit, sodass immer mehr Tratsch zu meiner Mutter durchdrang. Die Frau hatte alles, was Mama abging:

Sie war jung, sexy und redegewandt. Von ihr ging eine echte Bedrohung aus.

Dann kam der Tag, an dem Mama nicht mehr an sich halten konnte. Es war in Rom, und ich saß zufällig gerade in der Küche, als mein Vater eines Abends in die Wohnung kam, nicht ahnend, was für ein Unwetter seiner harrte. Als er sich wie immer vor dem Abendessen noch umziehen wollte, folgte Mama ihm ins Schlafzimmer und platzte heraus: »Du hast eine Affäre!«

Er erstarrte.

»Ich sah die Veränderung in seinem Gesicht, sobald ich ihren Namen aussprach«, erzählte sie mir später. »Die Augen zuckten und hatten plötzlich so einen Schimmer.« Der nun folgende Streit war der explosivste, den ich je gehört hatte. Ich saß wie festgeklebt auf meinem Stuhl, während sich das Drama ins Wohnzimmer verlagerte. Noch nie hatte ich meine Mutter so wütend erlebt. Mir wurde schnell klar, was sie ihm vorwarf, glaubte aber in meiner Naivität meinem Vater, als er es abstritt.

»Ich weiß genau, was da vor sich geht!«, erklärte sie und wedelte mit den Fotos, die sie gefunden hatte. »Sag mir, dass es nicht wahr ist!« Er blieb in der Defensive und versicherte ihr, dass die Aufnahmen für Werbezwecke gemacht worden waren. Doch sie ließ sich nicht beruhigen. Ihr heftiger Ausbruch schockierte mich dermaßen, dass ich insgeheim dachte, bei diesem Ton könne man es Papa wahrlich nicht verdenken, wenn er sich eine Geliebte nahm.

Der Streit endete erst, als mein Vater einen Gegenstand vom Couchtisch nahm und an die Wand warf. Dann stürmte er hinaus und knallte die Türen hinter sich zu, dass das ganze Haus wackelte. Mir wurde erst viel später klar, wie schlimm die Episode für meine Mutter gewesen sein muss. Wenn sie nicht regelmäßig mit ihrem Guru telefoniert hätte, der ihr immer wieder versicherte, es gebe einen Grund für diese »Prüfung« und sie habe noch einen »höheren Sinn im Leben«, weiß ich nicht, ob sie das überlebt hätte.

Wenn ich gehofft hatte, dass der Streit damit beendet wäre, täuschte ich mich. Meine Mutter war nicht so hilflos, wie sie manchmal wirkte. Vor allem aber wollte sie unbedingt die Wahrheit herausfinden. Fast schien es, als würde die Geschichte in dem Moment, in dem mein Vater seine Schuld eingestand, die Macht über sie verlieren. Nachdem Mama bis dahin jeder Konfrontation aus dem Weg gegangen war, bedrängte sie ihn nun bei jeder Gelegenheit mit ihren Fragen, und die Atmosphäre zwischen ihnen wurde immer angespannter. Das ging monatelang so weiter und äußerte sich unter anderem in einem hysterischen Streit in einem Hotel in Hongkong. Immer wieder leugnete er, untreu zu sein, doch meine Mutter war wie ein Terrier, der seinen Knochen verteidigt.

»Er nahm meine Vorwürfe völlig unbewegt entgegen«, sagte sie später. »Wie eine Statue stand er da, ohne je auch nur ein Wort zu sagen.« Mit einer Hartnäckigkeit, die ich von ihr nicht kannte, sammelte Mama Beweise gegen ihn und befragte Leute, die mehr wussten und sie – wie Patrizia – gern über die Details ins Bild setzten.

»Ich kann Ihnen die Adresse der Wohnung besorgen, die er ihr in Rom gekauft hat«, versicherte ihr eine Frau beim gemeinsamen Mittagessen. Eine andere sogenannte Freundin, die, so Mama, »der Himmel geschickt hatte«, half ihr besonders gern, weil auch ihr eigener Mann eine Affäre hatte. »Die hat Schmuck, das würden Sie nicht glauben«, vertraute sie ihr an. »Das läuft schon eine ganze Weile hinter Ihrem Rücken.« Dass Mama es als Letzte erfuhr, war, gelinde gesagt, demütigend.

So sehr es auch schmerzte, sich das alles anzuhören, notierte sie doch jeden Anlass samt Datum, bis sie ein Dossier zusammengestellt hatte, mit dem sie ihn ein für alle Mal festnageln wollte. Die Beweise waren erdrückend. Wenn sie heute darauf zurückblickt, was er für diese Frau zu tun bereit war, sagt sie, muss er in dieser Zeit wohl »ein bisschen übergeschnappt« gewesen sein. Ob er eine Art Midlife-Crisis durchmachte oder ob er die Frau wirklich liebte, werden wir nie erfahren. »Die Episode hat ihn definitiv aus dem Gleichgewicht gebracht«, sagte sie. »Sie zwang ihn, über sich und über das nachzudenken, was er wirklich wollte.« Eines ist ziemlich sicher: Mein Vater war verzaubert von der neuen Verführerin in seinem Leben, die offenbar so viel von ihm forderte. Die unverfälschte Güte meiner Mutter und ihre von ihm so geschätzte »Tugend« mussten in scharfem Kontrast dazu gestanden haben.

Als schweigende Beobachterin dieses anhaltenden Streits fühlte ich mich ganz und gar nicht wohl, zumal ich immer daran denken musste, wie glücklich meine Eltern in Palm Beach gewesen waren. Nun erkannte ich sie fast nicht wieder. Obwohl ich erst dreizehn war, wohnte ich inzwischen in der Einzimmerwohnung im Stockwerk über Mamas Wohnung. Ich konnte sie nicht hören, wusste aber, dass sie sich fast täglich die Augen ausweinte. Sie tat mir leid, doch wie fast alle Teenager empfand ich meine Mutter vor allem als lästig. Wegen jeder Kleinigkeit hackte sie auf Papa herum, und ich fand ihre ständigen Vorwürfe einfach nur unerträglich. Erst als Erwachsene wurde mir klar, wie respektlos sein Verhalten auf sie gewirkt haben muss.

Als er wieder auf Geschäftsreise ging, ließ meine Mutter ihren Frust an mir aus, was meine Ablehnung noch verstärkte. Wir zankten uns immer heftiger, und unsere Beziehung verschlechterte sich dermaßen, dass ich mich so viel wie möglich außer Haus aufhielt, um ihr nicht zu begegnen. Sie warf mir vor, ich verwandelte mich in den »Albtraum« einer Tochter; sie wisse nicht mehr, wie sie mit mir zurechtkommen solle. Wenn sie besonders wütend war, sagte sie: »Wenn ich nicht wäre, würde dich dein Vater nicht einmal kennen!« Sie fand wohl, ich sollte ihr dankbar sein für das Leben, das ich führte.

Bestimmt trug ich genauso viel Schuld. Ich war frech und gab ihr dumme Antworten. »Wenn du nur halb so viel Energie in meine Erziehung gesteckt hättest wie in die Ratschläge deines kostbaren Gurus, wäre vielleicht alles anders gekommen!«, warf ich zurück. »Ich war das perfekte kleine Mädchen! Ich habe meine Schulaufgaben erledigt und keinen Ärger gemacht, aber dir hat das nie gereicht, stimmt's?«

Während ihr das gesamte Leben zu entgleiten drohte, muss es schrecklich für sie gewesen sein, dass sie auch die Kontrolle über die eine Person verlor, die sie bislang immer im Griff gehabt hatte. Eines Tages jedoch ging ich zu weit. Auf meine Widerworte gab sie mir eine Ohrfeige und verscheuchte mich mit dem Besen. Entsetzt schloss ich mich in meinem Zimmer ein und drehte die Musik lauter, um ihr Gekreische vor meiner Tür zu übertönen.

Nach diesem Vorfall wollte ich meine Sachen packen, ausziehen und bei Andrea wohnen. Ihre Mutter hätte mich sicher aufgenommen, und da Papa so weit weg war, konnte ich nirgendwo anders hin. Ich hatte das Gefühl, in der Falle zu sitzen, und träumte davon, auszubüxen, setzte es aber nie in die Tat um. Das war auch nicht nötig. Mama hatte andere Pläne, und als sich alles beruhigt hatte, rief sie mich zu sich, um mich darüber zu informieren.

»Ich habe genug von deinen Mätzchen, Patricia«, sagte sie müde. »Ich bin es satt, dauernd mit dir zu streiten. Seit wir England verlassen haben, benimmst du dich unmöglich!« Sie machte unmissverständlich klar, dass sie sich für den Zusammenbruch unserer Beziehung nicht verantwortlich fühlte. »Dein Vater hat mich gebeten, mehr Zeit mit ihm in den USA zu verbringen, und da wir uns auch wegen der vielen Entführungen in Rom Sorgen machen, müssen wir für dich etwas anderes finden. Das St. George's ist keine Option mehr. Du gehst wieder in ein Internat – in der Schweiz.«

Das kam für mich dann doch überraschend.

Aiglon College lag in Chesière, einem Dorf hoch oben in den Schweizer Bergen. Meine Zukunft war von Mamas *pendolino* entschieden worden, einem Kristall, den sie an einer Kette über den Namen zweier Schweizer Schulen hatte kreisen lassen. Aiglon und Le Rosey. Aiglon, das sich lose am britischen Privatschulsystem orientierte, war nach dem Krieg von einem ehemaligen Lehrer von Gordonstoun, einer notorisch strengen Schule in Schottland, gegründet worden. Seiner fortschrittlichen Philosophie zufolge sollte die Bildung das »gesamte«

Ich umfassen, Geist, Körper und Umwelt einschließen. Die Schülerinnen und Schüler sollten positiv auf die strenge Disziplin reagieren, zu der auch ein rigoroses Training gehörte, sogar mitten im alpinen Winter.

Am Anfang fühlte ich mich in die Berge verbannt, doch mit der Zeit lernte ich meine neue Umgebung schätzen. Vom Moment meiner Ankunft sorgte die Schule dafür, dass ich mich wohlfühlte. Sie hatte 300 Schülerinnen und Schüler aus aller Welt, sehr viele aus Italien. Wie eine meiner Zimmerkolleginnen sagte: »Wir haben schon eine Pucci und jetzt eine Gucci. Da brauchen wir nur noch eine Fiorucci!«

Natürlich gab es Zeiten, in denen ich nicht so begeistert war, besonders, wenn wir morgens um sieben geweckt wurden und auf der eiskalten Terrasse erst einmal Frühsport treiben mussten. Mir als Stadtmädchen sagte das alles nicht sonderlich zu. Die Tage, in denen ich in Rom verträumt am Pool gelegen hatte, waren nur noch eine ferne Erinnerung. Das bekam ich auf einer besonders anstrengenden Wanderung zu spüren, in der unsere Gruppe in 3000 Metern Höhe bei einem Schneesturm durch hüfthohen Schnee stapfen musste. Zu meiner Schande muss ich gestehen, dass die extremen Bedingungen meine schlimmsten Seiten herauskehrten und ich mich weigerte, noch einen Schritt zu gehen. Ich ließ mich rückwärts in den Schnee fallen, reckte die mit Seehundsfell überzogenen Skier senkrecht in die Luft und erklärte, die Expedition sei zu gefährlich und ich müsse sofort mit dem Hubschrauber gerettet werden. »Das ist völlig verrückt!«, kreischte ich gegen den Wind. Ich konnte meine Hände und Füße schon nicht mehr spüren. »Dafür haben unsere Eltern uns nicht hergeschickt!«

Was nun folgte, war genau das, wofür unsere Eltern uns hingeschickt hatten: der Gemeinschaftsgeist meiner Klassenkameraden. »Komm schon, Patricia! Komm, du schaffst das!«, feuerten sie mich an. Obwohl jeder Muskel meines Körpers schmerzte und sich meine Tränen auf den Wangen in Eis verwandelten, kämpfte ich mich durch den Schnee. Als wir unser Ziel erreichten, war das Gefühl, es geschafft zu haben, einfach phänomenal, und wir klammerten uns aneinander wie echte Überlebende. Die Freundschaften, die ich in Aiglon schloss, sind mir bis heute lieb und teuer.

Während ich in den Bergen oberhalb des Genfer Sees die Schulbank drückte, sauste mein Vater, der »Gucci-Guru«, weiter rund um den Erdball. Er zeigte keinerlei Anzeichen der Ermüdung und konnte offenbar auch nichts aus den Händen geben, von der Gestaltung eines neuen Ladens bis hin zur Ausrichtung der neusten Werbekampagne. Im Rahmen der anhaltenden Expansion überwachte er auch den Abschluss lukrativer neuer Lizenzverträge, darunter die Konfektionskollektion meines Bruders Paolo. Dann brachte er sein eigenes Parfum heraus. Ganzseitige Anzeigen für »Il Mio Profumo« erschienen mit Papas Unterschrift und dem Slogan »Inspiriert von den Frauen, der Liebe gewidmet«.

Papa brachte auch die erste Gucci-Armbanduhr heraus, das Modell 2000, das sich viele Millionen Mal verkaufte und damit in das *Guinness-Buch der Rekorde* einging. Dieses Projekt hatte ihm in New York der belgischstämmige Verkäufer Severin Wunderman angetragen, der eines Tages im Gucci-Büro anrief. Zu seiner Überraschung nahm mein Vater den Anruf entgegen und willigte ein, ihn zu empfangen. Wunderman, Jude und Holocaust-Überlebender, erzählte Papa bei seinem Besuch von seinem schweren Schicksal und drückte dabei auch ein wenig auf die Tränendrüse. Nachdem er nach Kriegsende nach Kalifornien emigriert war, arbeitete er für einen französischen Uhrenhersteller, der auf dem amerikanischen Markt Fuß fassen wollte. Wunderman behauptete, die Zeiten seien schwer, und er könne derzeit nicht einmal seine Miete bezahlen. Daher sei er bereit, mit Papa über die Herstellung einer Gucci-Uhr in Lizenz zu verhandeln. Mein Vater, dem die abgewetzten Schuhe seines Gastes und seine ausgefransten Manschetten aufgefallen waren, erbarmte sich seiner und gab eine größere Bestellung auf. Als die Firma, bei der Severin arbeitete, mit der Nachfrage nicht Schritt halten konnte, schrieb Papa ihm einen großen Scheck aus, damit er sich selbstständig machen konnte. »Gucci Timepieces« generierte jährliche Lizenzeinnahmen von 150 Millionen Dollar, während die neu gegründete Firma Wunderman mehr als 500 Millionen Dollar im Jahr umsetzte und dafür sorgte, dass Severin Wunderman sich lebenslang nie wieder Sorgen um seine Miete machen musste.

Die Geschäfte meines Vaters liefen wie am Schnürchen, und aus den unteren Rängen stieg jemand auf, der so leidenschaftliche Gefühle für die Firma zu hegen schien wie er selbst. Anders als erwartet, war es nicht einer meiner Brüder. Obwohl Paolo Talent und Ehrgeiz hatte und Giorgio und Roberto im Hintergrund still und verlässlich vor sich hin schufteten, sah es ganz so aus, als hätte mein Cousin Maurizio den Geschäftssinn der Guccis geerbt. Der junge Thronfolger hatte sich als Lehrling unter Papa sieben Jahre lang gut entwickelt. Er beklagte zwar, mein Vater sei »ein Tornado« und stauche jeden Mitarbeiter zusammen, der es wagte, sich Urlaub zu nehmen, pries ihn jedoch auch für seinen Mut und seine Visionen. »Bei Aldo geht es nicht ums Leben, es geht ums Überleben«, sagte er. »Wenn er 100 Prozent gibt, muss man 150 Prozent geben. [...] Von meinem Onkel habe ich alles über das Geschäft und den Markt gelernt.«

Paolo muss Maurizio wegen seines Verhältnisses zu Papa beneidet haben, zumal er wegen seinen eigenen Plänen, eine jüngere Klientel zu erschließen, wiederholt mit dem Management aneinandergeriet. Er hatte die Gründung seiner eigenen Firma ins Auge gefasst, »Gucci Plus«, die von außenstehenden Geldgebern finanziert werden sollte. Mein Vater und Onkel Rodolfo wollten davon nichts hören, und ihr Widerstand erboste ihn. Er warf ihnen »mittelalterliche« Methoden vor und beschloss insgeheim, seine Pläne trotzdem weiterzuverfolgen, zuversichtlich, dass Papa ihn am Ende doch unterstützen würde. Damals wussten sie es alle noch nicht, aber damit begann für das Familienunternehmen Gucci der Anfang vom Ende.

Meine Mutter hatte sich, indem sie mich in eine Schule in der Schweiz geschickt hatte, auch unsere Streitigkeiten vom Hals geschafft.

Doch dafür blieb sie allein und angeschlagen in Rom zurück. Ich war nicht dabei an jenem Tag, als sie Papa mit ihren Vorwürfen konfrontierte, weil sie meinte, genügend Beweise gegen ihn gesammelt zu haben. An einem ansonsten ereignislosen Abend wartete sie, bis er es sich nach dem Essen auf dem Sofa bequem gemacht hatte, ehe sie ihren Angriff fuhr. Diesmal gab es kein Geschrei und keine Scherben. Stattdessen ließ er sich das Dossier seiner Missetaten schweigend präsentieren, mitsamt Datum, Ort und Uhrzeit. Es enthielt praktisch jede Reise, jedes Hotelzimmer, jedes Geschenk für seine Geliebte.

Er saß stocksteif da, schweigend wie eine Sphinx. Dann fragte er: »Aber von wem hast du das?'» Ein Muskel in seinem Kiefer zuckte, doch sonst zeigte er keinerlei Reaktion. Dann stand er auf, nahm sein Jackett und verließ schweigend das Haus.

Mama stockte der Atem, als sie ihm nachsah. Sie fürchtete, sie würde ihn nie wiedersehen, gab aber ihren Plan nicht auf, doch noch seine Beichte zu bekommen. Ihre Unbarmherzigkeit war grenzenlos, und so quälte sie ihn weiter mit Fragen und dem Appell: »Nun gib es schon zu, Aldo! Sag mir, dass es wahr ist!« Nachdem sie ihn mehr als zwei Jahre lang bedrängt hatte, trat mein Vater die Flucht an. Im Jahr 1978 flog er allein nach Palm Beach, um dort Ruhe und Frieden zu finden. Doch eines Nachts wurde er um zwei Uhr morgens vom Telefon geweckt. Am anderen Ende der Leitung jammerte meine Mutter, die Dämonen in ihrem Kopf quälten sie. Unter Tränen klagte sie wieder einmal, er sei ihr die Wahrheit schuldig.

Mein Vater war so genervt, dass er schließlich einknickte. »*Basta*, Bruna! *Sì, sì. È tutto vero.* Es ist alles wahr«, brüllte er. »Ich gebe alles zu – okay? Zufrieden?« Es folgte eine unheimliche Stille. Er wartete auf ihre Antwort, doch es kam kein Ton. Behutsam sagte er ihren Namen. Nun fürchtete er doch, dass er zu weit gegangen war. »Bruna? … Bruna?«, sagte er, doch da brach die Verbindung ab.

Von einem Moment auf den anderen hatten sich die Rollen vertauscht. Mit der Beichte meines Vaters hatte meine Mutter bekommen, was sie wollte, doch nun fühlte sie sich, als hätte ihr jemand einen Schlag in den Magen versetzt. Das war er, der Moment, den sie seit Jahren gefürchtet hatte. Überzeugt, dass mein Vater für sie verloren sei, fürchtete sie, dass wir nun ohne alle Rechte völlig auf uns allein gestellt seien. »Ich saß wie gelähmt auf meinem Bett«, sagte sie.

Sie nahm den Hörer ab und rief ihren Guru in London an; die Nummer kannte sie inzwischen auswendig. Sie wusste, dass es eigentlich keinen Zweck hatte, weil er so gut wie nie ans Telefon ging, sondern lieber seinen Anrufbeantworter abhörte. Doch an diesem Tag sorgte ein Schutzengel dafür, dass Sari Nandi den Hörer abnahm. Beim Klang seiner Stimme brach sie zusammen und erzählte ihm alles. »Mr. Nandi, ich will nicht mehr leben. Mein Leben ist ein einziges Chaos!«

Die Bedeutung dieses Telefonats ist nicht zu unterschätzen. Niemand weiß, was meine Mutter getan hätte, wenn sie nicht mit dem einzigen Menschen hätte sprechen können, dem sie noch vertraute. Er hörte den Kummer in ihrer Stimme und redete so lange mit ihr, bis sie sich wieder gefangen hatte. »Ich werde Ihnen helfen«, versprach er. »Bitte, Bruna, beruhigen Sie sich und beten Sie mit mir.«

Seine beschwichtigenden Worte trösteten sie. »Ich kann nicht erklären, warum, aber er gab mir Hoffnung«, erzählte sie mir.

Derweil war mein Vater am Rande der Verzweiflung. Er konnte nicht mehr einschlafen, machte sich schreckliche Sorgen und rief bei Mama an, doch ihr Anschluss war ständig belegt. Als er endlich durchkam, ging sie nicht dran, egal, wie oft er es versuchte. Er hatte keine Ahnung, dass Mamas Guru ihr geraten hatte, aus dem Haus zu gehen und den Rest des Tages mit einer Freundin zu verbringen. In seiner Panik versuchte Papa in den folgenden acht Stunden von Palm Beach aus immer wieder erfolglos, sie zu erreichen. Aus Angst, sie könnte eine Dummheit begangen haben, rief er alle an, die ihm einfielen, sogar Mamas Schwester Gabriella und den Portier des Hauses – der ihre Wohnung jedoch leer vorfand und keine Ahnung hatte, wo sie sein könnte. Papa war völlig von Sinnen.

Als sie spät am Abend nach Hause zurückkehrte und ans Telefon ging, war er vor Panik außer sich. »Kauf dir ein Flugticket!«, rief er. »Du kommst nach New York! Wir müssen reden.«

Als sie in seiner Wohnung in Manhattan eintraf, ging er buchstäblich auf die Knie. »Ich war so ein Dummkopf!«, sagte er. »Ich habe eine Frau mit Geld und Geschenken überhäuft, die mich mehr wegen der Dinge haben wollte, die ich ihr bieten konnte, als für das, was ich bin. Als sie forderte, dass ich dich verlassen soll, war ich entsetzt und sagte: ›Nein! Bruna gehört zu mir wie meine Arme und Beine. Ich kann sie *nie* verlassen!‹«.

Er versicherte ihr, die Affäre sei vorüber, und versprach ihr ewige Treue. Seine Worte schienen von Herzen zu kommen, und Mama wollte ihm auch gern vertrauen. Doch wie immer sorgte sie sich um unsere Zukunft, falls sie sich doch nicht auf ihn verlassen konnte. »Du musst mir versprechen, dass Patricia für dich immer an erster Stelle steht«, erklärte sie ihm nüchtern. »Um mich geht es nicht, mir musst du nichts hinterlassen. Aber du musst schwören, dass du für deine Tochter vorsorgst, genau, wie du für deine Söhne vorsorgen würdest.« Er gab ihr sein Wort.

Mein Vater wurde »über Nacht ein Engel«, so meine Mutter. Überrascht von ihrer Beharrlichkeit und aufs Neue völlig in sie vernarrt, machte er sogar seinen Schwur wahr, ein besserer »Ehemann« zu werden.

Fortan rief sie ihn spontan im Büro an und sagte: »Aldo, ich koche Spaghetti. Möchtest du nach Hause kommen und mit mir essen?« Wenn mein Vater in einer Besprechung saß, hörte er ihr schweigend zu, nahm die Einladung mit einem »*Sì, certo*« an und legte den Hörer auf. Er dachte sich als Ausrede einen Notfall aus, um den er sich kümmern müsse, und beendete abrupt die Sitzung, um mit Mama mittagzuessen. Das war ein Dr. Gucci, wie ihn sich nur wenige vorstellen konnten. »Er hatte viele Gesichter«, sagte meine Mutter, »doch in dem Moment, in dem er durch meine Tür trat, nahm er seine Maske ab.«

Er öffnete sich ihr in einem Ausmaß, wie er es nicht mehr getan hatte, seit er ihr ganz am Anfang die Liebesbriefe geschrieben hatte. »Ich kenne keine Frau wie dich«, sagte er immer wieder. »Dir habe ich alles zu verdanken.« Niemand sonst hatte so viel Einfluss auf ihn. Niemand sonst verstand ihn so gut. Immer wieder drückte er sein Bedauern über den Schmerz aus, den er verursacht hatte, und fügte hinzu: »Solange ich lebe, werde ich versuchen, es wiedergutzumachen.«

Er war davon überzeugt, dass die unverbrüchliche Verbundenheit zwischen ihnen *miracoloso* sei, ein Wunder, und dass sie zusammen von etwas geleitet würden, das größer sei als sie beide. »Es ist absurd. Selbst wenn ich gehen wollte, könnte ich es nicht!«, erklärte er.

Meine Mutter fand das alles andere als absurd. Sari Nandis Prophezeiung, sie folge einen höheren Sinn im Leben, hatte sich bewahrheitet. Ihre Gebete waren erhört worden. Obwohl sie bestimmt lange brauchte, bis sie meinem Vater wieder vertraute, war ihre Liebe füreinander von Dauer, egal, wer oder was auch immer sich zwischen sie stellte. Seine Geliebte mochte sich Papas Herz vorübergehend geliehen haben, doch besessen hatte es immer Mama.

SIEBZEHN

In Bernard Shaws *Zurück nach Methusalem* sagt die Schlange im Paradies zu Eva, »dass die Vorstellung der Anfang aller Schöpfung ist. Du stellst dir vor, was du dir wünschest, du wünschest dir, was du dir vorstellst, und schließlich schaffst du, was du wünschest.« Mein Vater war in erster Linie Geschäftsmann, doch inspirieren ließ er sich von seiner Umgebung und seiner Wertschätzung der Kultur und der schönen Dinge des Lebens.

Er war in dem gigantischen Kunstmuseum aufgewachsen, das sich Florenz nennt, wo er Architektur, Skulpturen und Gemälde hautnah erlebt, ihren Geist geatmet hatte. In Rom verstärkte sich diese Erfahrung noch um ein Vielfaches. Seinen Geschäftssinn mag ich nicht geerbt haben, aber ich hoffe doch, dass einige seiner Stärken auf mich übergegangen sind. Etwa die Fähigkeit, das große Ganze zu sehen, innovativ zu denken und mir kreative Ausdrucksmöglichkeiten zu erschließen.

Von seinen Söhnen war, glaube ich, Paolo ihm am ähnlichsten: produktiv, rastlos und respektlos gegenüber Autoritäten. Vor allem hatte er Talent, auch wenn mein Onkel Rodolfo das offenbar anders sah. Ihr Verhältnis war so zerrüttet, dass Foffo ihn als Chefdesigner feuerte und ihn aus der Fabrik in Scandicci entfernte. Ausgelöst hatte das Zerwürfnis eine Handtasche, die Paolo entwickelt hatte. Mein Onkel befand sie für dermaßen schlecht, dass er sie aus dem Fenster warf – den überraschten Angestellten vor die Füße, die auf dem Hof gerade eine Zigarettenpause machten.

Genau wie bei Maurizio vermittelte Papa einen Waffenstillstand und schlug auch diesmal vor, Paolo solle nach Amerika übersiedeln und unter seiner Aufsicht arbeiten. Mein Onkel war hocherfreut, seinen Neffen aus dem Weg zu haben, und für Paolo eröffnete sich die große Chance, auf die er gewartet hatte. Er erhielt mehrere schicke Titel, unter anderem Managing Director von Gucci Parfums und Gucci Shops sowie Vizepräsident für Marketing. Seine Aufgaben umfassten unter anderem die Entwicklung neuer Werbekampagnen und moderner Ladengestaltungskonzepte. Sein Aufstieg ging mit einer Gehaltserhöhung und einigen Extras einher, unter anderem einem eigenen Büro im Hauptquartier an der Fifth Avenue.

Mein Bruder, der sich ständig gegängelt fühlte, griff seinen »Plan A« – Gucci Plus – wieder auf; sein Konzept für eine jüngere, modernere Konfektionskollektion, die der Vorstand schon einmal abgelehnt hatte. Diese Vision wollte er partout in die Tat umsetzen, und wenn er dafür auf einen unabhängigen Produzenten zurückgreifen musste.

Papa verfolgte derweil seine eigene Vision: Ihm schwebte vor, das Gucci-Image durch die Kombination von Mode und Kunst aufzubessern. Zwei Welten, die nach seinem Verständnis viel miteinander gemein hatten. Dieses Konzept setzte er mit der »Gucci Galleria« um. Die erste Galleria im Jahr 1977 in der Gucci-Boutique von Beverly Hills heimste viel Kritikerlob ein. Zu ihrer Eröffnung erhielten tausend Kunden jeweils einen *chiave d'oro*, einen Schlüssel aus achtzehnkarätigem Gold, mit dem sie die Tür zum exklusiven Mitgliederbereich im Obergeschoss öffnen konnten. Die wenigen Privilegierten, die über den zugehörigen Aufzug einen exklusiven Zutritt zur Galleria erhielten, erwartete dort Luxus in einer völlig neuen Dimension.

Die Galleria war ein echter Hingucker. VIPs wurden mit Champagner empfangen und bewunderten die Kunstwerke zwischen den Vitrinen aus Palisadenholz und Messing, in denen wertvolle Edelsteine,

Schmuck in limitierter Auflage und Handtaschen aus Krokodil- und Eidechsenleder ausgestellt waren. Man flog Handwerker aus der Fabrik ein, damit sich potenzielle Kunden von ihrer Kunstfertigkeit überzeugen konnten. In dem freundlichen und einladenden Raum mit seiner zeitlosen Eleganz konnten die Gäste verweilen, ohne sich zum Kauf verpflichtet zu fühlen. Unabhängig davon, ob sie auf Einladung kamen oder ob sie spontan hereinschauten, um das Ambiente zu genießen: Sobald sie aus dem Fahrstuhl traten, bewegten sie sich in einer völlig anderen Welt.

In einer Branche, in der gerade für eine so allgegenwärtige Marke ein Trend schnell überholt ist, musste mein Vater seinen Konkurrenten immer einen Schritt voraus sein und den Kunden etwas noch Anspruchsvolleres bieten. Die Galleria sollte das Prestige der Firma heben. Als Papa damit Erfolg hatte, machte er sich daran, das Konzept in New York nachzubilden, und schuf eine Verkaufsfläche, die bald als die spektakulärste von Manhattan galt – Aldo Guccis Botschaft an die Welt.

Mein Vater nahm mich damals häufiger zu Veranstaltungen seines Unternehmens mit. Ich war erst fünfzehn, als ich ihn in den Schulferien nach Singapur, Hongkong und Japan begleitete, die ersten von vielen Firmenreisen nach Asien. Dann, im Sommer 1979, flog ich nach Los Angeles, wo ich mit Papa offiziell an einer von ihm gesponserten großen Benefizveranstaltung im berühmten Beverly Wilshire Hotel von Hollywood teilnahm. Weil ich spürte, dass es sich um eine Art Test handelte, ließ ich mich vorher frisieren und trug ein wunderschönes gelbes Chiffonkleid von Halston. Ich saß am Ehrentisch mit June Allyson und Rita Hayworth, die damals eine der faszinierendsten Schauspielerinnen Hollywoods war. Noch mit über sechzig und trotz beginnender Alzheimererkrankung strahlte sie eine zeitlose Schönheit aus.

Der Abend lief wie am Schnürchen. Ich bemühte mich, mir in den Gesprächen mit den Gästen nicht anmerken zu lassen, wie eingeschüchtert ich war. Für einen Teenager gelang mir das offenbar ganz gut. »Dein Vater hat gesagt, du warst fantastisch!«, sagte mir meine Mutter später. Ein Lob von ihm bedeutete mir mehr als alles andere.

Im Juni 1980 fragte Papa, ob ich in Aiglon freibekommen könne, um der großen Eröffnung des neuen US-Flaggschiffs und der Gucci Galleria in New York beizuwohnen. Er schrieb an den Rektor, meine Teilnahme sei »dringend erforderlich« und fügte hinzu: »Die Familien Gucci werden dort sein.« Sogar meine Mutter war dabei. Sie besuchte solche Veranstaltungen nur selten, und ich freute mich, dass sie sich diesmal einen Ruck gab. In meinen vier Schuljahren in der Schweiz hatte sie mir nur gelegentlich einen Besuch abgestattet. Da ich die Sommerferien bei Freundinnen verbrachte, sahen wir uns nur selten. Im Grunde kamen wir nur zusammen, wenn mein Vater einen besonderen Anlass hatte.

Die Eröffnung in New York war ein solcher Anlass. Papa lag sehr daran, dass er mit der Frau gesehen wurde, die die meisten Amerikaner für seine Gattin hielten. Seine angetraute Ehefrau, die über siebzig und gesundheitlich angeschlagen war, lebte derweil zurückgezogen in Italien und ließ sich nur selten in der Öffentlichkeit blicken.

Meine Mutter sah an jenem Abend fantastisch aus, hielt sich aber stark im Hintergrund. Giorgio, Paolo und Roberto kannte sie zwar, doch fühlte sie sich in ihrer Nähe nicht recht wohl. Sicher zog sie sich auch zurück, als Patrizia in ihrer extravaganten Aufmachung für Fotos posierte und Maurizio Hof hielt. Papas Neffe gab zu verstehen, dass die Firma Gucci, wenn mein Vater die Führung abgab, auch weiterhin in Familienhand bleiben würde.

Die neueste Galleria erhielt sogar nach amerikanischem Maßstab frenetischen Beifall. »Der neue Gucci übertrifft sich selbst!«, hieß es in der *New York Times*, die von einer »Oase des dezenten und doch opulenten Luxus'» sprach. Das war die Galleria gewiss. Schon auf der Fahrt mit dem gläsernen Aufzug ins Heiligtum sahen die Kunden unter sich einen gewaltigen sieben mal fünf Meter großen Wandteppich aus dem 16. Jahrhundert mit dem Motiv *Das Urteil des Paris*, den einst Francesco de Medici aus Seide und Wolle hatte weben lassen. Er nahm eine gesamte Wand ein, an einer anderen hing ein fünf mal zwei Meter großes Gemälde mit dem Titel *The White Tree*, das mein Vater bei dem Künstler Roy Lichtenstein in Auftrag gegeben hatte. Die schieren Dimensionen dieser Kunstwerke boten einen Vorgeschmack darauf, was die Gäste erwartete, wenn sie in der Galleria vor den Werken einiger der größten zeitgenössischen Künstler aus Italien und anderen Ländern standen.

»Ich umgebe mich gern mit schönen Dingen«, sagte mein Vater mit Blick auf die einzigartige Sammlung, die er zusammengetragen hatte. »Und zeitgenössische Kunst spricht eine ganz eigene Sprache.« Diese Sprache verstand er, und er wusste sie mehr zu schätzen als Jachten oder andere Statussymbole. Kunst berührte etwas tief in ihm – seinen kreativen Kern.

Die Medien zeigten sich beeindruckt, warfen Papa aber Leichtsinn vor, weil er mitten in einer Rezession 1800 Quadratmeter Ladenfläche eröffnete. Mein Vater rief seinen Kritikern kopfschüttelnd in Erinnerung, dass die Galleria den treuesten Gucci-Kunden vorbehalten sei, »den fünf Prozent, die sich das leisten können«. Er fügte hinzu: »Luciano Pavarotti würde ja auch nicht im Traum daran denken, in einem Café zu singen, auch nicht für alles Geld der Welt. Pavarotti hat eine Stimme und ein Image […] Das hier ist unsere Stimme, die Stimme, [mit der] wir singen.«

Von allen Erlebnissen mit meinem Vater erinnere ich mich am liebsten an jenen warmen Juniabend in Manhattan: Der gern als »Michelangelo der Vermarktung« bezeichnete Mann, der tadellos gekleidet durch die acht Salons schlenderte, umgeben von Orchideen, Kunstschätzen und natürlich Gucci-Produkten. Er hatte ein Lächeln für alle Gäste, begrüßte Damen der Gesellschaft, Politiker, Stars und Schauspielerinnen gleichermaßen freundlich, während im Hintergrund dezent klassische Musik erklang. Papa wirkte zwanzig Jahre jünger. Er war Herr über sein Reich.

Was auch immer die Zukunft für ihn und Gucci bereithalten mochte: An diesem Tag war er vor allem stolz auf das Erreichte. Meine Mutter stand ihm zur Seite, und meine Rolle im Unternehmen wuchs beständig. Seine Familie schien ihre Differenzen vorübergehend beigelegt zu haben, und die Zukunft sah freundlicher aus. In jenem Abend spiegelten sich Jahrzehnte harter Arbeit und unermüdlichen Engagements. Ich nehme an, als mein Vater mit einem Glas Champagner in der Hand sein Werk betrachtete, ging auch ihm durch den Kopf, wie weit er es doch gebracht hatte.

Was er jedoch nicht bedachte, waren die Waghalsigkeit und der Ehrgeiz meines Bruders Paolo. Onkel Rodolfo hatte ihn genau beobachtet, und als ihm zu Ohren kam, dass Paolo seine Pläne für Gucci Plus insgeheim weiterentwickelt hatte, geriet er in Rage – genau wie mein Vater. Vier Monate nach Eröffnung der Galleria in New York wurde Paolo vor den Vorstand zitiert, um sich zu rechtfertigen. Als er eine Entschuldigung verweigerte und stattdessen weitere Forderungen stellte, platzte meinem Vater die Hutschnur. In seiner Wut feuerte er seinen Sohn fristlos und schickte ihn mit einem Entlassungsschreiben des Vorstands in die Wüste.

Paolo hatte Papa unterschätzt. Hätte er etwas Zeit verstreichen lassen und Reue gezeigt, hätte er ihn vielleicht beschwichtigen können. Stattdessen ging der Hitzkopf zu seinem Anwalt und beantragte die Gründung der Marke Paolo Gucci. Das Ansinnen verstieß gegen eine Vereinbarung der Anteilseigner, nach der die Verwendung des Namens Gucci »für die Ausübung jeglicher anderer industrieller, kommerzieller oder künstlerischer Aktivitäten« untersagt war.

Nichts verärgerte meinen Vater mehr als Respektlosigkeit, und die Vorstellung, dass es unter dem Banner »GG« noch einen Ableger geben sollte, brachte ihn so auf die Palme, wie es sonst nur Produktfälscher vermochten. Er strengte sofort einen Prozess wegen Markenverletzung an und drohte dann allen Lieferanten, die es wagen sollten, mit seinem Sohn Geschäftsbeziehungen aufzunehmen, mit einer schwarzen Liste.

Das hätte für jeden, der sich gegen ihn stellte, den sofortigen Untergang besiegelt, denn für die meisten Lieferanten war Gucci der Hauptkunde. Damit war die Angelegenheit vom Tisch und Paolo so verbittert, dass die Beziehung zwischen ihm und Papa nie wieder ins Lot kam.

Das Verhältnis zu meinen anderen beiden Brüdern entwickelte sich damals etwas erfreulicher. Das Klima zwischen uns wurde besser, obwohl sie für mich immer eher Onkel als Brüder waren. An dem Eindruck, den ich bei unserer ersten Begegnung gewonnen hatte, änderte sich im Grunde aber nichts.

Giorgio fühlte sich in Gesellschaft nie besonders wohl und konnte nur, wenn Papa nicht dabei war, er selbst sein. Wenn wir allein waren, stotterte er so gut wie nie. Ich stellte auch fest, dass er einen trockenen britischen Humor besaß und statt ängstlich und sanft auch bissig und scharf wie ein Rasiermesser sein konnte.

Roberto, der sich das Haar stets seitlich nach hinten gelte und die für ihn typischen, gerundeten Hemdkragen trug, blieb hingegen distanziert und behielt mir gegenüber seinen sarkastischen Ton konsequent bei. Ich wurde mit ihm nicht warm und traute ihm auch nicht über den Weg. Vor Papa gab er sich freundlich, doch wenn wir allein waren, behandelte er mich herablassend und kühl. Er und seine Frau nannten mich abwertend »*la lava*«, wegen meiner, wie sie fanden, aufbrausenden Art. Ich nahm es als Kompliment – nicht, dass ich tatsächlich cholerisch gewesen wäre, eher vielleicht quirlig.

Robertos ältester Sohn Cosimo war der einzige Verwandte aus diesem Teil der Familie, den ich wirklich mochte. Er lud mich oft mit seiner Verlobten zum Essen ein und brachte meinem Vater den größten Respekt entgegen. Deshalb kamen wir auf Anhieb gut miteinander aus. Da er schon ein paar Jahre im Unternehmen gearbeitet hatte, kannte er sämtliche Zusammenhänge, und wenn ich in Florenz war, nahm er mich unter seine Fittiche und zeigte mir alles. Anders als meine drei Halbbrüder war er für mich wirklich so etwas wie ein Bruder.

Ich war siebzehn, als ich mit meinem Vater bei einem Besuch der Scandicci-Fabrik eine Präsentation der jüngsten Kollektion für Kunden aus aller Welt miterleben durfte. Meine kindliche Nervosität hatte ich damals bereits abgelegt, und ich fühlte mich in Gesellschaft meiner Familie und der langjährigen Mitarbeiter wie zu Hause. Mit dem Selbstbewusstsein, das mir seit meiner Kindheit in der Schule vermittelt worden war, stellte ich mich unseren Franchise-Partnern aus Japan und Nordamerika wie auch den Vertretern unserer Ladengeschäfte in Großbritannien, Frankreich und Italien auf Italienisch oder Englisch vor.

Mit Cosimo sah ich mir die Modenschau an, auf der Models die Konfektionskleidung, Schuhe, Taschen und Accessoires der neuen Saison präsentierten. Ich beobachtete, wie die Käufer ihre Auswahl trafen, und bekam eine erste Ahnung von der Komplexität des Einzelhandels. Roberto war an jenem Tag verantwortlich für den Ablauf. Er nahm das Mikrofon und bat die Anwesenden zum Mittagessen in die Kantine. Spöttisch rief er mir über den ganzen Raum hinweg zu: »Alle außer dir, Patricia.« Sein schlechter Scherz war für uns beide nur peinlich.

So glücklich mich solche Ereignisse machten, dachte ich doch nie ernsthaft daran, in das Familienunternehmen einzusteigen. Wie mein Onkel Rodolfo vor mir träumte ich von einer Bühnenkarriere. Schon in der Schule hatte ich für mein Leben gern Theater gespielt, zuletzt in Aiglon, wo ich regelmäßig Hauptrollen erhielt und in dem Musical *The Boy Friend* die Rolle der Maisie übernahm. Kaum zu glauben, aber sogar meine Mutter war damals gekommen, um sich das Stück anzusehen. »Brava, Patrizina! Du warst fantastisch«, sagte sie hinterher, ehe sie mich mit ein paar Freunden zum Abendessen einlud. Das ist eine sehr glückliche Erinnerung.

Ich hätte mich riesig gefreut, wenn Papa mein Bühnendebüt miterlebt hätte, doch er bereiste natürlich gerade die andere Seite des Globus. Ich war enttäuscht, kam aber schnell darüber hinweg, zumal auch die Väter meiner Freundinnen durch Abwesenheit glänzten. Wenigstens war meine Mutter gekommen. Papa schrieb mir allerdings ein Briefchen, das ich bis heute besitze, ebenso wie andere aufmunternde Zeilen, die er mir über die Jahre schickte. »Ich sende dir all meine Liebe«, hieß es in dem Brief. »Ich werde immer an dich denken und bin sehr stolz auf meine Tochter.«

Im Sommer 1980 verließ ich Aiglon und kehrte ins Stadtleben zurück. Mit dem Segen meiner Eltern zog ich nach London, um mich aufs Abitur vorzubereiten. Anschließend wollte ich Theaterwissenschaften studieren. Ich hatte eine Wohnung gegenüber Harrods ganz für mich allein und empfand das als wahrhaft befreiend. Endlich musste ich mich an keine Regeln und Vorschriften mehr halten, und zum ersten Mal in meinem Leben war ich wirklich unabhängig. Diese neue Freiheit genoss ich in vollen Zügen.

London war eine aufregende Stadt. Die meisten meiner Freunde wohnten in der Stadt, auch viele, die wie ich Aiglon erst kürzlich verlassen hatten. Meine gute Freundin Maria Dahlin lebte dort, ebenso wie Enrico Marone Cinzano, der mich heute als »neunzig Prozent perfekt und zehn Prozent verrückt« bezeichnet. Damals war das Verhältnis definitiv andersherum. In Klubs wie dem *Blitz* oder dem *Heaven* machten wir drei Nächte hintereinander durch und fuhren bei Sonnenaufgang mit dem Taxi nach Hause, die Klänge von Ultravox, Visage und Human League noch in den Ohren. Wegen des Schlafmangels und weil mich niemand zur Ordnung rief, lernte ich so gut wie nichts. Meine Noten wurden immer schlechter.

Meine Mutter und ich lebten in völlig unterschiedlichen Welten. Wir telefonierten hin und wieder, wenn ich zum Beispiel ein neues Pasta-Rezept brauchte, weil mir die Spaghetti mit Butter und Parmesan zu den Ohren herauskamen – das beste Mittel gegen den häufig auftretenden Kater. »Wie machst du eigentlich deine *penne all'arrabbiata*?«, wollte ich wissen. »Ich bekomme Besuch, da wäre das genau das Richtige.« Wir hatten noch unsere Differenzen, aber wenn es ums Essen ging, gab es wenigstens keinen Streit.

Als ich im Februar 1981 auf meinen achtzehnten Geburtstag zusteuerte, wohnte ich schon sechs Monate in London und lebte planlos vor mich hin. Hauptsache, ich hatte meinen Spaß. Ich verschwendete kaum einen Gedanken daran, dass ich eines Tages Verantwortung übernehmen musste. Letzteres wurde mir vor Augen geführt, als bei Gucci jemand vorschlug, meinen Geburtstag als PR-Event zu begehen. Umgehend teilte ich meinem Vater mit, dass ich mir einen Debütantenball in Palm Beach und New York überhaupt nicht vorstellen konnte.

»Na gut, was würdest du denn stattdessen gern machen?«, fragte er.

Ich entschied mich für ein privates Dinner im Savoy in London, wo mein Großvater (was ich damals noch nicht wusste) hundert Jahre zuvor seine Inspiration gefunden hatte. Obwohl ich jedes Kleid hätte haben können, kaufte ich mir in einem Vintage-Laden an der Kings Road in Chelsea ein langes schwarzes paillettenbesetztes Kleid aus den 1930er Jahren. Den Abend im Savoy werde ich nie vergessen. Leider konnte Mama nicht mitfeiern. Ihre Ausrede lautete diesmal, es seien »zu viele junge Leute« da, in deren Gesellschaft sie fehl am Platz sei. Papa machte das nichts aus, und er amüsierte sich köstlich. Er fühlte sich wohl mit jungen Leuten meiner Generation und führte mich voller Stolz zu meinem ersten Walzer auf die Tanzfläche. Gegen Ende des Abends nahm er das Mikrofon, bat um Ruhe und hielt eine kleine Rede. Während ich etwas schüchtern neben ihm stand, erklärte er meinen Freunden, ich mache ihn zum »stolzesten Vater der Welt«. Das war ein wunderbarer Moment.

Zwei Monate später stand wieder eine große Party an, diesmal in Palm Beach. Da sich mein Vater dort und in New York so viel aufhielt, siedelte er offiziell in die USA über. Italien lag ihm zwar auch danach immer am Herzen, doch es waren turbulente Zeiten, und für viele wurde es dort immer gefährlicher. Im Gegensatz dazu hatten in den USA der Pioniergeist und die Unternehmensfreude den Erfolg meines Vaters erst ermöglicht. Er meldete seinen Erstwohnsitz in Florida an, wo er fortan auch seine Einkommenssteuer entrichtete.

Mit dieser Entscheidung wurde seine Liebe zu Palm Beach noch größer. Er hatte neben unserem Grundstück ein unbebautes Stück Land erworben und ließ sich von dem Architekten, der die Gucci Galleria entworfen hatte, ein sagenhaftes neues Haus bauen. Obwohl ihn das andauernde Zerwürfnis mit seiner Familie, besonders mit meinem Bruder Paolo, beschäftigte, gab er, um sich abzulenken, eine Einweihungsparty. Er bat meine Mutter und mich, beim Beginn dieser neuen Ära dabei zu sein.

Als ich dort eintraf, waren die Vorbereitungen für die »heißeste Fete in der Stadt«, wie es in den lokalen Medien hieß, schon in vollem Gange. Im Garten stand ein riesiges weißes Zelt für die zweihundertfünfzig Gäste, zu denen auch Luciano Pavarotti und die gesellschaftliche Hautevolee von Palm Beach zählten. Während die Bediensteten über das Gelände wuselten und alles vorbereiteten, durchlebte Mama ihre persönliche Hölle. Sie hasste solche Veranstaltungen, zumal, wenn sie dabei auch noch im Mittelpunkt stand. Bei dem Gedanken, sich mit so vielen Fremden unterhalten zu müssen, erstarrte sie geradezu vor Angst.

»Diese Partys bringen mich um!«, rief sie. »Ich ertrage schon das viele Lächeln nicht! Das ist alles so künstlich.« Jahre später erzählte sie mir, sie habe sich in den Kreisen meines Vaters immer »furchtbar deplatziert« und unwohl gefühlt, gerade so, als gehörte sie nicht dazu. »Immer hatte ich Zweifel, ob ich die richtigen Worte fand oder mein Aussehen in Ordnung war. Ich kam mir zehnmal kleiner vor als diese eleganten Frauen, die genau wussten, wie man auftritt und ein Gespräch führt. Ich war das Aschenbrödel.«

Dabei hätte sie sich vor diesem Abend nicht fürchten müssen. Als sie in einem himmlischen grünen Chiffon-Kleid aus dem Schlafzimmer trat, blieb meinem Vater und mir die Luft weg. »*Quanto sei bella!*« (Wie schön du bist!), rief er und umarmte sie. Auch ich versicherte ihr, dass sie sensationell aussah, aber natürlich glaubte sie uns kein Wort und klagte, wir machten uns über sie lustig.

Es war kaum zu glauben, aber sie absolvierte den Abend wie ein Star. Sie mischte sich mit einer Leichtigkeit und Zuversicht unter die Gäste, die ich nur selten zuvor an ihr erlebt hatte. Ich fragte mich fasziniert, wie sie das schaffte. Liebenswürdig ließ sie sich von Pavarotti küssen, der gleichermaßen von ihr hingerissen war wie ich. »Bruna! Welch eine Freude, dich zu sehen!«, rief er, ehe er uns beide in seine massigen Arme schloss. Als ich sah, wie mein Vater das theatralische Spektakel mit dem überlebensgroßen Pavarotti lächelnd beobachtete, begriff ich, warum er und der große Tenor so gute Freunde geworden waren.

Meine Mutter hätte für ihren Auftritt einen Oscar verdient. Nur Papa und ich wussten, wie verängstigt sie innerlich war. Später erfuhr ich, dass sie den Abend nur so gut überstanden hatte, weil eine Freundin ihr den ersten (und letzten) Tranquilizer ihres Lebens zugesteckt hatte. Das Beruhigungsmittel machte sie locker, und so schwebte sie geradezu durch ihre, wie ich es nannte, »Debütantinnenparty«.

»Mit kam es vor, als wäre ich gar nicht da. Ein schreckliches Gefühl!«, erzählte sie mir später. »Nie wieder.«

Der schlimmste Moment kam für sie vermutlich, als sich mein Vater während des Abendessens erhob und uns beide bat, sich rechts und links neben ihn zu stellen, während er seine Rede hielt. Alle sollten wissen, wie wichtig wir in seinem Leben waren, und so zog er uns im Blitzlichtgewitter eng an sich. Als alle Augen auf uns ruhten und mein Vater seine Rede begann, spürte ich, dass Mama sich wünschte, der Boden möge sich unter ihr öffnen und sie verschlucken. »Ich bin unendlich glücklich, Sie alle in unserem neuen Zuhause begrüßen zu dürfen, das als Traum begann und Wirklichkeit wurde«, sagte er mit glänzenden Augen. »Und ich freue mich, dass Sie hier sind, bei meiner wunderschönen Frau Bruna und meiner entzückenden Tochter Patricia, hier in Palm Beach, unserem absoluten Lieblingsort.«

Während die Gäste applaudierten, lächelten wir in die Kameras, und obwohl sich meine Mutter so unwohl fühlte, behielten wir diese Nacht immer in bester Erinnerung.

ACHTZEHN

Wenn meine Mutter etwas von Natur aus wirklich gut konnte, dann war es die Behandlung von Leiden aller Art. Mit ihren selbst gekochten Suppen und Reisgerichten hatte sie wie eine Alchemistin für so gut wie jedes Wehwehchen ein Gegenmittel – eine echte *mamma italiana*.

Als ich noch ein kleines Mädchen war und die üblichen Kinderkrankheiten durchmachte, kümmerte sie sich fürsorglich, ja fast schon besessen um mich. Sie ließ mich mit dem Handtuch über dem Kopf über einer Schüssel Eukalyptusdampf einatmen, der die Nebenhöhlen reinigte. Als ich die Windpocken hatte, schmierte sie mich mit Galmei-Lotion ein und verbot mir strengstens, mich zu kratzen. Sie meinte es gut, aber manchmal ging sie mir mit ihren strengen Vorschriften auf die Nerven. »Nimm das, und geh schlafen!«, lautete ihr Gutenachtgruß, wenn ich krank war.

Vermutlich stand sie mir bei, als mir in Berkshire die Mandeln entfernt wurden, und bestimmt machte sie sich große Sorgen, als ich in Aiglon mitten in der Nacht mit einer Blinddarmentzündung ins Krankenhaus kam, aber die Erinnerung daran muss ich verdrängt haben. Noch heute macht sie viel Aufhebens um die ersten Anzeichen jeder kleinen Erkältung und ruft jeden Morgen an, um sich nach meinem Befinden zu erkundigen. »*Come ti senti oggi?*« – Wie geht es dir heute? –, lautet dann ihre Begrüßung. Nicht anders behandelte sie meinen Vater, mit dem sie allerdings wenig Mitleid hatte, wenn sie meinte, eine Krankheit sei selbst verschuldet. Dass mein Vater und ich auf Reisen mehrere Zeitzonen durchquerten und vielen Krankheitserregern ausgesetzt waren, interessierte sie nicht sonderlich. Als Papa daher eine gewisse Schlaflosigkeit entwickelte, schob sie es auf den Jetlag und machte ihm Vorwürfe. Er war immer ein rastloser Geselle gewesen, doch für jemanden, der einen so wachen Verstand hat, schlief er normalerweise ziemlich gut. Nun, da er nachts nicht mehr zur Ruhe kam, empfahl ihm meine Mutter, die Schlafstörungen ja aus eigener Erfahrung kannte, die Tiefenatmung, die ihm helfen sollte, den Kopf freizubekommen. Es hatte so gut wie keine Wirkung. Oft, wenn Mama in ihrem Haus in Palm Beach in den frühen Morgenstunden aufwachte, war Papa schon aufgestanden. Sie zog sich den Bademantel über, ging hinaus in die feuchte Nachtluft und traf ihn barfuß im Garten an, wo er unter dem Sternenhimmel den Rasen sprengte.

»Aldo! Was machst du da?«, rief sie.

»Alles in Ordnung, Bruna. Geh wieder ins Bett. Ich komme auch bald.«

Von ihm unbemerkt, blieb sie häufig in der Nähe und beobachtete ihn. Er war so in Gedanken versunken, dass er minutenlang an einer Stelle stehenblieb, den Rasen unter Wasser setzte und seine Füße einweichte.

Im Grunde ihres Herzens wusste Mama, dass an seiner Unruhe der Ärger bei Gucci schuld war, und dass ihn keine Atemübung der Welt von seinen Sorgen befreien konnte. Mein Bruder Paolo, der Papa mit seinen Eskapaden zunehmend beschäftigte, war und blieb ein Stachel in seinem Fleisch. »Er gibt sich nie zufrieden«, beschwerte sich Papa mit gesenkter Stimme. »Dauernd will er mehr. Und diese Anwälte, die er da einschaltet! Die bringen doch nichts als Ärger. Warum kann er sich nicht wie seine Brüder auf das Geschäft konzentrieren?«

»Können *die* ihn denn nicht dazu bewegen, dass er mit diesem Unsinn aufhört?«, fragte Mama.

»Sie haben es versucht, aber es bringt nichts.«

»Aldo, du darfst dich nicht so grämen«, sagte sie, obwohl das bei der ständigen Anspannung leichter gesagt als getan war. Wenn sie sich mit mir unterhielt, klang sie ganz anders. »Paolo wird uns noch ruinieren!«, sprach sie dann ihre unguten Vorahnungen aus. »Nichts ist ihm gut genug. Dein Vater ist völlig aufgelöst.«

Und es gab ja auch noch andere Probleme. Mein Onkel Rodolfo hatte kurz zuvor einen größeren Anteil an der Firma Gucci Parfums gefordert, die Papa für meine Brüder gegründet hatte und nun sämtliche Erwartungen übertraf. Damals hatte Rodolfo zugestimmt, seinen Neffen einen Anteil von zwanzig Prozent an dem jungen Unternehmen zuzugestehen. Maurizio hatte keine Anteile erhalten, da er und sein Vater damals zerstritten waren. Nun, da sich die Firma so gut entwickelte, wollte Rodolfo seinen Anteil verdreifachen. Mein Vater lehnte ab.

Der Stress nagte ernsthaft an Papas Gesundheit, auch wenn er es als Letzter zugegeben hätte. Er war sein Leben lang fit und gesund gewesen und hatte nur selten wegen Krankheit zu Hause bleiben müssen. Doch im Sommer 1981, als er mit uns in Florida ausspannen wollte, fing er sich einen schrecklichen Husten ein, der sich hartnäckig hielt.

»Ich kann dir sagen, wie du dir den geholt hast«, schimpfte meine Mutter, während sie ihm warme Milch mit Honig machte. »Weil du dauernd mitten in der Nacht rausgehst. Weißt du denn nicht, wie gefährlich es ist, von der Wärme draußen ins klimatisiertes Haus zu gehen, und das mit nassen Füßen?« Sie fürchtete, sein Immunsystem könnte, verstärkt durch die Schlaflosigkeit, bald schlapp machen, und kochte ihm ihre »Wunder«-Hühnerbrühe. Papa schob ihre Ängste beiseite und behauptete steif und fest, ihm fehle nichts. Obwohl er kaum Luft bekam, wollte er einen Geschäftstermin in Miami wahrnehmen. »Es wird schon gehen«, sagte er mürrisch. »Es sind ja nur ein paar Stunden.«

Mama drohte ihm mit dem Finger. »Nein, Aldo, du darfst da nicht hin! Ich verbiete es dir!«

Sie bedrängte ihn so lange, bis es mir zu viel wurde und ich mich einmischte, um einen Streit zu verhindern. »Ach, lass ihn doch in Ruhe, Mama«, sagte ich. »Er ist alt genug, um selbst zu entscheiden.«

Meine Mutter forderte unverdrossen eine ärztliche Untersuchung. Der Arzt, den sie rief, vermutete eine Grippe und ordnete einen Bluttest an. »Das ist eine Lungenentzündung!«, erklärte Mama. »Er muss ins Krankenhaus.« Sie ignorierte den Rat des anwesenden Arztes und wies unseren Fahrer Stanley an, Papa in die Notaufnahme der örtlichen Klinik zu bringen. »Du fährst mit, Patricia«, befahl sie mir. »Ich packe ihm ein paar Sachen zusammen und komme nach.« Da sie offenkundig nicht mit sich reden ließ, taten wir wie geheißen.

Erst als ich mit meinem Vater auf dem Rücksitz seines Autos saß, verwandelte sich meine Skepsis in Sorge: Womöglich hatte Mama ja recht. Nun, da mein Vater nicht mehr so tun musste, als fehle ihm nichts, wurde er aschgrau und rang um Atem. Als wir im Krankenhaus eintrafen, begab er sich wie ein Kind in die Hände der Ärzte – zum Glück, denn Mama hatte Recht gehabt. Die Ärzte diagnostizierten eine Lungenentzündung. Als sich herausstellte, dass er eine Penicillinallergie hatte, mussten sie mehrere bange Stunden auf ein Spezialantibiotikum warten, das man extra einfliegen lassen musste.

Mir wurde himmelangst, als ich sah, wie schnell sich sein Zustand verschlechterte. Noch kurz zuvor hatte er mit meiner Mutter gestritten, und nun lag er mit hohem Fieber und so gut wie bewusstlos im Bett. Für einen Mann von sechsundsechzig Jahren war sein Zustand lebensbedrohlich. Zum ersten Mal machte ich mir bewusst, dass ich ihn eines Tages verlieren würde, und der Gedanke erschütterte mich zutiefst. Ich besuchte ihn regelmäßig im Krankenhaus, doch meine Mutter wich nicht von seiner Seite, während wir warteten, dass die Medikamente anschlugen. Sie lebte von Bananen und Kaffee und nahm in fünf Tagen ebenso viele Kilogramm ab. Als sie neben ihm am Bett saß, fiel ihr auf, dass Papa eine kleine goldene Madonna mit Kind in der Hand hielt. Er hatte sie wohl vor seiner Abfahrt zu Hause mitgenommen. Mama schloss daraus, dass er die ganze Zeit gewusst hatte, wie ernst seine Erkrankung tatsächlich war.

»Das haben Sie Ihrer Frau zu verdanken«, sagten die Ärzte, als er endlich die Augen wieder öffnete. »Einen Tag später wäre es vielleicht schon zu spät gewesen.«

Ihn überraschte das nicht, hatte er doch in seiner Bewusstlosigkeit »den Schleier berührt«, wie er es ausdrückte. In Verwunderung und Demut erzählte er Mama von seiner Astralwanderung. »Ich habe mich auf ein helles Licht zubewegt«, erzählte er unter Tränen. »Es war so friedlich, Bruna! Ich hatte überhaupt keine Angst.« Er drückte ihre Hand. Er habe sich nur gezwungen, wieder umzukehren, weil er sich noch um »unerledigte Aufgaben« kümmern müsse.

In seinem Delirium hatte er gespürt, dass sie ständig an seiner Seite war. Die Nahtoderfahrung hatte seine Gedanken kristallisiert und ihm bewusst gemacht, wie wenig Zeit ihm womöglich noch blieb. Ihm erschloss sich nun plötzlich die Bedeutung der Spiritualität, von der ihm meine Mutter im Lauf der Jahre immer wieder erzählt hatte. Ja, es war wirklich so: Wir alle haben einen höheren Sinn im Leben und müssen uns gegenüber denen, die uns lieben, anständig verhalten.

Er küsste die kleine Goldfigur in seiner Hand und sagte ergriffen: »Ich schwöre bei dieser Madonna: Wenn ich das Krankenhaus lebend verlasse, mache ich dich zu meiner Frau.«

»Ach, hör auf damit«, schimpfte meine Mutter. »So etwas kannst du nicht schwören. Du bist doch schon verheiratet!« Doch dann berichtete er, was er kurz zuvor auf einem Standesamt in der Nähe Roms erfahren hatte. Seine Eheschließung mit Olwen im Jahr 1927 sei in Italien nicht registriert worden, weil ihm ein Fehler unterlaufen war. Wenn das stimme, so Papa, sei er zumindest aus Sicht der dortigen Behörden offiziell unverheiratet.

Es gab daher womöglich nur von der kirchlichen Heirat in Shropshire ein offizielles Dokument. Solch ein grober Schnitzer hätte für seine Söhne katastrophal enden können.

Meine Mutter hörte sich alles erstaunt an. Dann legte sie ihm die Hand auf die Stirn und bat ihn, sich erst mal gesund zu schlafen. Natürlich freute es sie, dass er sich ihr anvertraut hatte, doch ändern würde sich damit gar nichts. Er sei noch im Delirium, sagte sie sich, und sein Heiratsantrag habe nicht viel zu bedeuten. Schließlich stand fest, dass Olwen den größten Teil seines Lebens Papas Ehefrau gewesen war und ihm drei Söhne geboren hatte. In eine Scheidung würde sie nie einwilligen, und meine Mutter respektierte das. Sie wollte nun vor allem Papa wieder nach Hause holen.

Mein Vater gehörte jedoch zu den Menschen, die einen einmal geleisteten Schwur auch einlösen. Es war nur eine Geste, aber er wollte meiner Mutter für alles danken, was sie für ihn getan hatte. In seinen Augen gab es nur zwei Menschen, die ihn wirklich liebten: Mama und mich. Auf uns konnte er sich verlassen. Liebe und Loyalität seien alles, was zähle, sagte er immer wieder. Liebe und Loyalität.

Er habe nur dank der umsichtigen Fürsorge meiner Mutter und dank seines Gottesglaubens überlebt, meinte er. Deshalb wollte er sein Versprechen uns beiden gegenüber unbedingt halten. Als er uns im November 1981 anrief und bat, an Thanksgiving nach Los Angeles zu fliegen, ahnte keine von uns, was er insgeheim geplant hatte. »Ich habe eine Überraschung für dich«, sagte er am Telefon zu meiner Mutter.

Sie hasste Überraschungen und befürchtete schon das Schlimmste. »Was hast du vor, Aldo?«

»Wenn ich es dir sage, ist es keine Überraschung mehr, oder?« Als sie ein paar Stunden vor mir im Haus in Beverly Hills eintraf, platzte er mit seinem Geheimnis heraus. »Wir heiraten!«, rief er. »In zwei Tagen steigen wir im Ingleside Inn in Palm Springs ab, und am nächsten Morgen wird uns ein Pfarrer trauen. Es ist alles arrangiert.« Sie schüttelte nur den Kopf, weil ihr seine Pläne völlig abwegig erschienen, aber er nahm sie in die Arme und versprach ihr, die Zeremonie werde im engsten Kreis stattfinden: »Nur wir und die Gucci-Pressesprecherin in Los Angeles, eine Dame namens Gloria Luchenbill.«

Meine Mutter, die unter Jetlag litt und immer noch ihre Zweifel hatte, musste seine Ankündigung erst verdauen. Bis dahin hatte er ihr immer versichert, Olwen werde bestimmt vor ihm sterben, und dann könnten sie heiraten. In seinen Briefen hatte er meine Mutter oft als *mia per sempre* bezeichnet (für immer mein). Doch nun wollte er offenbar nicht mehr warten. Die rechtlichen Umstände dieser »Ehe« waren fraglich. Der mit dem Gottesdienst beauftragte Pfarrer kannte die wahren Umstände vermutlich ebenso wenig wie der Priester, der mich in London getauft hatte. Mama nahm Papas Antrag, so unrealistisch er auch sein mochte, als eine Art Bekenntnis an.

Entzückt darüber, dass diese Heirat sein Herzenswunsch war, willigte sie ein. »Gut, Aldo«, sagte sie lächelnd. »Wenn du das wirklich willst, bin ich gern dabei.«

Gloria Luchenbill und ihre Leute waren über die Trauung informiert worden und sollten dafür sorgen, dass alles unter Verschluss blieb. Wenn der andere Teil der Familie davon erfuhr, wäre er, gelinde gesagt, verärgert. Zufälligerweise heirateten meine Eltern einen Tag, nachdem die Schauspielerin Natalie Wood vor der Küste Südkaliforniens ertrunken war. So hatten die Zeitungen keinen Platz für haltlose Gerüchte.

Als ich in unserem Haus in Los Angeles eintraf, hatten meine Eltern schon eine Flasche Champagner geöffnet. »Deine Mutter und ich heiraten!« Damit hatte ich nicht gerechnet. Als er mir seine Pläne erläuterte, wurde mir richtiggehend schwindlig. Der Plan kam mir absurd vor, denn immerhin war Olwen noch seine Ehefrau.

Der pubertierende Teenager in mir hielt eine Heirat in dieser Lebensphase ohnehin für völlig sinnlos und überflüssig. Am Leben meiner Eltern würde sie nichts ändern. Nachdem mir meine Mutter von der Existenz der anderen Familie Papas erzählt hatte, hatte ich mir erst nach und nach klargemacht, dass er und Mama nicht miteinander verheiratet waren. Seine rechtmäßige Ehefrau und die Mutter seiner Söhne war Olwen. Ich akzeptierte das genauso wie Mama und wünschte mir daher auch nicht unbedingt, dass meine Eltern Mann und Frau wurden (es sei denn, Mama wäre dadurch ihre Ängste losgeworden). Für mich änderte sich mit der Heirat nichts.

In jener Nacht warf ich mich im Bett von einer Seite auf die andere und bemühte mich vergebens, die Neuigkeit zu verarbeiten und meine chaotischen Gedanken zu ordnen. Vielleicht lag es an der rechtlichen Grauzone, in der sie sich bewegten, vielleicht wollte ich auch einfach nur in Ruhe Thanksgiving mit ihnen feiern: Jedenfalls hatte ich mal wieder das Gefühl, dass sie mich vor vollendete Tatsachen stellten. Zum wiederholten Male stand ich wie eine Fremde vor dem Fenster und schaute zu ihnen hinein. Ich fühlte mich übergangen und war völlig durcheinander. Wie sehr ich mich auch anstrengte und wie vernünftig ich mit den Jahren werden würde: Ihre Beziehung würde ich doch nie richtig verstehen. Ich war mal wieder ein Rädchen in diesem merkwürdigen Getriebe – der Welt, wie Aldo und Bruna sie sahen.

Doch ich wollte ihre Seifenblase auch nicht zum Platzen bringen, und kurz bevor ich endlich einschlief, nahm ich mir vor, meine eigenen Gefühle beiseitezuschieben. Immerhin freute ich mich wirklich für sie, und ich hatte Mama schon lange nicht mehr so aufgekratzt gesehen. Am nächsten Morgen ging es mir besser, und als meine Mutter und ich bei Neiman Marcus Kleider für die Hochzeit aussuchten, freundete ich mich mit dem Gedanken an eine Hochzeit an. Mama wählte ein hübsches gelbes Chiffonkleid mit blauen Tupfen, und ich suchte mir ein altrosa Kleid von Chloé aus.

Trotz all meiner Bedenken hatte ich allerdings nicht damit gerechnet, was dann geschah. Als ich am nächsten Morgen aufstehen wollte, konnte ich mich buchstäblich nicht rühren. Die Nackenmuskeln waren steif und schmerzten höllisch. Ich weiß nicht genau, was geschehen war, ob ich mich beim Schlafen verkrampft hatte oder ob mein Körper psychosomatisch reagierte. Jedenfalls konnte ich vor lauter Schmerzen nicht einmal den kurzen Weg vom Schlafzimmer in die Küche zurücklegen, geschweige denn zweieinhalb Stunden im Auto sitzen. Da ich meinen Eltern auf keinen Fall den Tag verderben wollte, schlug ich vor, dass sie ohne mich fuhren.

»Nein, Patricia, bitte!«, beschwor mich Mama mit einer Inbrunst, die ich noch nie an ihr erlebt hatte. Sie legte kalte Kompressen auf und versuchte den Krampf wegzumassieren. Als das alles nicht half, brachte sie mich ins nächste Krankenhaus, wo ich eine Cortisonspritze gegen die Schmerzen erhielt. Eine Stunde später saß ich mit einem Kissen im Rücken auf dem Rücksitz einer Limousine und fuhr nach Palm Springs, um der geheimen »Hochzeit« meiner Eltern beizuwohnen. Es war der 30. November 1981, fünfundzwanzig Jahre, nachdem sich die beiden kennengelernt hatten.

Das Ingleside Inn, eine umgebaute Hacienda am Fuß der San-Jacinto-Berge, war für die Hochzeit wie gemacht. Das Hotel, das in seinen besten Tagen ein beliebter Treffpunkt für Hollywoodstars gewesen war, hatte sich seinen großartigen Charme bewahrt. Wir versammelten uns in der lichtdurchfluteten Suite meiner Eltern mit Blick auf die von Palmen gesäumten Grünflächen, und die kurze Zeremonie konnte beginnen.

Papa sah fantastisch aus in seinem dunkelblauen Anzug und der blassgelben Blume am Revers. Ich hatte ihn noch sie so glücklich erlebt, und seine Freude wirkte ansteckend. Mama, die in ihrem hübschen Kleid schüchtern lächelte, war erstaunlich gelassen. Die beiden strahlten eine gegenseitige Liebe aus, die mich überraschte. Ich hatte ja durchaus nicht nur glückliche Erinnerungen an die gemeinsamen Zeiten und musste an die turbulenten Episoden der Vergangenheit denken. Doch nun, als sich die beiden im warmen Sonnenlicht einander an den Händen hielten und der Pfarrer ihnen das Ehegelübde vorsprach, gingen mir diese Worte durch Mark und Bein. »Ich werde dich lieben und ehren und verspreche, dich nicht zu verlassen, weder in guten noch in schlechten Tagen, weder in Reichtum noch in Armut, weder in Gesundheit noch in Krankheit.« Dann sagte mein Vater: »Ich werde dich lieben und ehren, alle Tage meines Lebens.«

Als sie sich gegenseitig ewige Treue schworen, musste ich mich einfach für sie freuen, und meine Vorbehalte schmolzen dahin. In Wahrheit waren sie seit Jahren Mann und Frau, und niemand wusste besser als ich, was jeder von ihnen dem anderen zuliebe aufgegeben hatte. Mama hatte auf ein freies und offenes Leben verzichtet. Als sie schwanger geworden war und sich nicht mehr in der Öffentlichkeit zeigen konnte, hatte Papa sie nach London verbannt. Nicht einmal in Berkshire, wo sie sich Normalität erhofft hatte, war sie richtig glücklich gewesen.

Mein Vater hatte es da viel leichter gehabt. Er war in unserem Leben ein- und ausgegangen, wie es ihm beliebte. Doch auch er hatte einen Preis zahlen müssen: Wegen ihrer Ängste und Depressionen, an denen er mitschuldig war, konnte meine Mutter nie ganz die Frau sein, die er sich gewünscht hatte. Zwei Jahrzehnte zuvor hatte er ihr in einem seiner rührendsten Liebesbriefe sein Herz ausgeschüttet: »Ich weiß, das Schicksal will, dass wir zusammen sind […] Ich liebe dich über alles, du hast mein Herz erobert. Ich gehöre dir.«

Dieser letzte Satz war nun Wirklichkeit geworden.

NEUNZEHN

Beziehungen können eine schwierige Angelegenheit sein. Mit unseren Eltern ist es oft am kompliziertesten: Hier müssen wir meist Kompromisse eingehen, wenn wir erst begriffen haben, dass wir nicht in einer perfekten Welt leben und die Menschen, die wir lieben, Fehler haben.

Hätten meine Eltern und ich in meiner Jugend mehr miteinander geredet, hätte ich sie vielleicht besser verstanden. Da es mir jedoch an Vergleichsmöglichkeiten fehlte, nahm ich an, unser Verhältnis sei normal. Wenn ich meine Freundin Bee mit ihrer Mutter sah oder in Büchern von glücklichen Familien las, wünschte ich mir ab und zu etwas mehr, hatte aber nie große Erwartungen und akzeptierte die Dinge, wie sie waren.

Die Beziehung meines Vaters zu seinen Söhnen war für mich nicht leicht nachzuvollziehen. Er war so erfüllt von den stürmischen Wochenenden in Palm Beach mit seiner neuen »Braut«, dass er mit Sicherheit nicht über die Konsequenzen einer Entdeckung nachdachte. Als es dann passierte, platzte die Euphorieblase.

»Der Rest der Familie weiß Bescheid«, so seine New Yorker PR-Chefin Ruby Hamra am Telefon, vierundzwanzig Stunden, nachdem er mit Mama auf den Neubeginn angestoßen hatte. »Irgendwie hat es sich herumgesprochen. Es tut mir so leid.« Die Flitterwochen meiner Eltern waren vorbei, bevor sie überhaupt begonnen hatten. Obwohl sie auf

Geheimhaltung bedacht gewesen waren, hatten meine Brüder dank einer schwatzhaften Angestellten des Geschäfts am Rodeo Drive von der Zeremonie in der kalifornischen Wüste erfahren. Meiner Mutter war das höchst unangenehm. Sie fühlte sich ähnlich wie damals, als sie noch nicht wusste, wer der Familie in anonymen Briefen von Papas Liebschaft und ihrem Kind berichtet hatte.

Papa kümmerten mehr die Folgen der Hochzeit, auch wenn er vorher wahrscheinlich kaum einen Gedanken darauf verwendet hatte, wie er es seinen Söhnen beibringen sollte. Zum Glück hatte er Ruby, die ihnen weismachte, sie seien falsch informiert worden und versuchte, die Geschichte als unglaubwürdig darzustellen. Aldo und Bruna seien nur nach Palm Springs gefahren, um ihren fünfundzwanzigsten Jahrestag miteinander zu feiern. »Mehr ist da nicht dran«, versicherte sie ihnen.

Glücklicherweise hatte keiner ein Interesse daran, die Presse zu informieren, sodass die Geschichte wohl eher nicht an die Öffentlichkeit gelangen würde. Unglücklicherweise jedoch liefen meine entrüsteten Brüder direkt zum Standesamt, um die Heiratsurkunde ihrer Eltern als Beweis dafür zu besorgen, dass es nur eine rechtmäßige Ehe geben konnte. Dabei entdeckten sie, was mein Vater schon immer gewusst hatte: Der Ehestand ihrer Mutter war rechtlich fragwürdig. Solange ihre englische Hochzeit in Italien nicht gemeldet war, konnte mein Vater unter dem geltenden italienischen Recht tun, was er wollte.

Um dieser misslichen Lage schnell beizukommen, machte sich einer von ihnen eiligst auf den Weg nach England und besorgte dort die vor mehr als fünfzig Jahren hinterlegte Urkunde. Dann begleiteten sie wohl die gebrechliche, dreiundsiebzigjährige Olwen zum Standesamt in Rom, um das Dokument offiziell registrieren zu lassen. So wurde nun schließlich ihre Ehe mit Aldo doch noch formal anerkannt.

Mein Vater war fuchsteufelswild über ihre Einmischung. »Dazu hatten sie kein Recht! Das ist eine private Angelegenheit zwischen ihrer Mutter und mir. Sie wissen genau, dass ich mich immer um sie gekümmert hätte. Es geht sie überhaupt nichts an!«

Für meine Mama war es ein albtraumhaftes Déjà-vu. Ich war noch ein Baby gewesen, als Olwen eine Botin geschickt und sie aufgefordert hatte, Aldo ab sofort in Ruhe zu lassen. Seit damals hatte man sich stillschweigend darauf geeinigt, sich gegenseitig zu respektieren und die Lage so zu akzeptieren, wie sie war. Mama hatte gehofft, das Wochenende im Ingleside Inn würde unbemerkt bleiben. Dass die Sache nun ans Licht gekommen war, hatte die heimliche Hochzeit ihrer Magie beraubt.

Dabei brauchte sie sich gar keine Sorgen zu machen. Auch wenn sich im Wesentlichen nichts geändert hatte, hätte sie doch nie voraussehen können, wie sehr die gefährliche Lungenentzündung zusammen mit dem Ehegelübde meinen Vater verändert hatte. Sie nannte es *un miracolo* (ein Wunder). Sozusagen über Nacht wurde er viel aufmerksamer und fürsorglicher, nahm alle ihre Anrufe entgegen, wollte sie bei sich haben und suchte ihren Rat. Obwohl sie schon so viele Jahre zusammen waren, fühlten sie sich tatsächlich wie Frischvermählte.

Dennoch dachte sie auch an seine eigentliche Ehefrau. Sie wusste, dass es Olwen nicht gut ging und dass die Nachricht von der Ehe auf sie ebenso verstörend gewirkt haben musste wie auf ihre Söhne. Mama sorgte dafür, dass mein Vater ab und zu und besonders an den Sonntagen nach ihr sah. »Vernachlässige sie nicht«, ermahnte sie ihn. Als er Mama einmal zu Weihnachten ein goldenes Armband schenkte, schlug sie vor, es doch stattdessen Olwen zu geben, denn sie wusste, wie sich eine Frau fühlte, die allein zu Hause gelassen wird. »Besorg ihr ein Geschenk. Verbring den Nachmittag mit ihr. Trink Tee mit ihr«, bat sie ihn sanft. Pflichtbewusst ging er dann zu Fuß die dreißig Minuten von Mamas Wohnung zur Villa Camilluccia. Dabei dachte er höchstwahrscheinlich darüber nach, wie kompliziert die Frauen doch sind – um die zweite Frau glücklich zu machen, musste er eben nett zur ersten sein.

Und unweigerlich kam er dann zurück mit den Worten: »Bruna, du kannst dir nicht vorstellen, wie alt Olwen geworden ist. Sie kann mich kaum noch hören und versteht fast nichts von dem, was ich sage. Es kann jetzt nicht mehr lange dauern.«

Darauf lachte meine Mutter nur. »Aldo, du spinnst. Ich sage dir, die Frau wird dich überleben. Glaub mir, du wirst vor ihr sterben.«

Um den Rest seiner Familie zu befrieden, unternahm mein Vater einen unerwarteten Schritt. Nachdem sein letzter Kontakt zu Paolo schon fast ein Jahr her war, lud er ihn nach Palm Beach ein, damit sie Waffenstillstand schließen konnten. Ein New Yorker Richter hatte vor Kurzem Paolos Markenklage abgewiesen, doch Paolo ließ nicht locker. Papa war entnervt, wollte aber noch vor Jahresende ihrem Streit ein Ende setzen. Deshalb stimmte er schließlich fast allen Forderungen Paolos zu.

Dann richtete er seine Aufmerksamkeit auf die nächste problematische Beziehung. Sein Bruder Rodolfo visierte immer ein noch größeres Stück des Kuchens an. Er hatte einen Rechtsanwalt beauftragt, die Unternehmensstruktur und die Verteilung der Ausschüttungen anzufechten. Papa legte den Streit bei und genehmigte die Neustrukturierung, indem er Gucci Parfums integrierte und den Börsengang in Italien erlaubte. Das neue Unternehmen erhielt den neuen Namen »Guccio Gucci SpA« (Società per Azioni), die italienische Bezeichnung für börsennotierte Unternehmen.

Dank dieser Umstrukturierung erhielt Rodolfo in der neuen Organisation mit einem Schlag die entscheidenden fünfzig Prozent Anteil, und sein Sohn Maurizio wurde zurück nach Italien berufen, um ihn bei der Betriebsleitung zu unterstützen. Mein Vater behielt vierzig Prozent, und meine Brüder teilten sich die restlichen zehn Prozent. Außerdem schenkte Papa meinen Brüdern weitere elf Prozent seiner US-Anteile und gab ihnen ein Stimmrecht im Vorstand.

Bei dieser Neuorganisation fiel nie mein Name, und das hatte ich auch nicht anders erwartet. Seit der Zeit, da meiner Tante Grimalda jede Beteiligung an der Firma versagt worden war, wurden Frauen keine verantwortlichen Positionen übertragen. Zwar hatte mein Vater über die

Das Haus meines Vaters in Beverly Hills, um 1980.

Unser glückliches Zuhause in Palm Beach.

Papa und ich auf einer Party in Palm Beach, 1972.

© Mort Key Studios, Palm Beach

Meine Brüder Roberto und Giorgio mit meinem Cousin Maurizio vor der Boutique in Mailand.

© Laurent MAOUS/ Gamma-Rapho via Getty Images

Meine Mutter und ich gemeinsam mit Papa auf der Party in Palm Beach, als er uns in seiner Rede über den grünen Klee lobte.

© Lucien Capehart, Palm Beach

Eins meiner Lieblingsfotos von Papa.

Mama mit Luciano Pavarotti auf der Party in Palm Beach, 1980.

© Lucien Capehart, Palm Beach

Meine Eltern, gutaussehend wie immer, 1980.

Besuch bei Papa in der Haftanstalt Eglin, 1986.

In meiner New Yorker Wohnung gratuliere ich meiner Mutter zum Geburtstag, 1983.

Interview mit mir in der Gucci-Boutique in der Bond Street, London, 1988.

Bademodenpräsentation in der Gucci Galleria für die Zeitschrift Town & Country, 1982.

© Klaus Lucka von Zelberschwecht

Ruby Hamra und ich bei der Eröffnung des neuesten Geschäfts in New York, 1980.

Das neue Gesicht von Gucci: Im Scheinwerferlicht eines Hochglanzmagazins, 1983.

© Christophe von Hohenberg

Mit Papa auf der Feier zu meinem 18. Geburtstag im Savoy in London – wo alles begann.

Jahre auch weibliche Fachkräfte eingestellt, doch lebte diese Familientradition im Wesentlichen fort. Ganz abgesehen davon hegte ich auch keinerlei Ambitionen; ich war viel zu beschäftigt mit meinem Traum, Schauspielerin zu werden. Zum ersten Mal hatte sich diese Leidenschaft in mir geregt, als Bee und ich in Berkshire unsere kleinen Theaterstücke auf die Beine stellten. In Hurst Lodge und später Aiglon, wo ich in Produktionen wie *The Boy Friend* mitspielen durfte, war meine Begabung gefördert worden. 1981 war ich dann nach New York gezogen, weil ich mich an der Juilliard School, der angesehenen Akademie für Tanz, Schauspiel und Musik bewerben wollte, um Schauspiel zu studieren.

Allerdings wurde dieser Traum nie Wirklichkeit. Ich spürte zwar, dass ich Talent hatte, bei der Aufnahmeprüfung fühlte ich mich jedoch überfordert. Ich hatte einen Monolog aus *Iphigenie in Aulis* von Euripides gewählt. In den Proben hatte ich den Text immer wieder geübt und verzweifelt versucht, mich mit Iphigenie zu identifizieren. Sie erinnert ihren Vater daran, wie er sie lächelnd geküsst und auf dem Schoß gehalten habe, und fleht ihn an, sie nicht zu opfern.

Da ich keinen emotionalen Zugang fand, legte mir mein Schauspielcoach nahe, eine persönliche Erfahrung zugrunde zu legen, am besten die Beziehung zu meinem eigenen Vater. »Stell dir vor«, sagte er, »dein Vater steht vor dir mit einem Messer. Was würdest du zu ihm sagen?« Immer und immer wieder las ich die griechische Tragödie. Wie sehr ich es aber auch versuchte, ich konnte mir einfach nicht vorstellen, so mit Papa zu sprechen. Unsere Familie war anders, oder jedenfalls war unsere Beziehung anders. Aufgrund des Altersunterschieds war er nicht so sehr ein Vater, sondern mehr wie ein Großvater für mich, und er konnte sich gar nicht in mein Leben hineinversetzen. Außerdem war er zu einer Zeit aufgewachsen, in der Männer nicht über Liebe, Verlust oder Träume sprachen. Mir wurde klar, dass er nie ein Wort über seine eigene Mutter oder seinen Vater oder über seine Abenteuer als Kind verloren hatte. Ebenso wenig hatte er Geschichten von der Kindheit seiner Söhne erzählt.

Ich war abhängig von einem Mann, der – von seiner Arbeit in Beschlag genommen – durch seinen Tag hetzte und sich selten die Zeit für harmlose Gespräche nahm. Auch wenn er immer liebenswürdig zu mir gewesen war, hatte ich doch nur flüchtig, oberflächlich mit ihm zu tun gehabt. Mit meinen Brüdern war er völlig anders umgegangen. Mama hatte mir erzählt, er habe die drei geradezu tyrannisch erzogen und keine Widerrede geduldet. Und ich fragte mich, ob das wohl der Grund für so viel Feindseligkeit und Unfrieden war. Ich hatte so viele Fragen, die unbeantwortet blieben.

Nach und nach kamen mir Zweifel an der scheinbar guten Beziehung zu meinem Vater, und eine Zeit lang hatte ich sogar das Gefühl, ihn – oder gar mich selbst – überhaupt nicht zu kennen. Die Entdeckung dieses emotionalen Abgrunds in meinem Leben war eine echte Offenbarung und setzte mir psychisch massiv zu.

Obwohl ich bei der Juillard School durch die Aufnahmeprüfung gerasselt war und mein Vater mich für eine Reihe weiterer Veranstaltungen für Gucci verpflichtet hatte, wollte ich die Schauspielerei immer noch erlernen. Ich meldete mich in dem bekannten Herbert Berghof Studio an, um dreimal die Woche Schauspielunterricht zu nehmen. Musste jedoch bald feststellen, dass auch das nicht half. Die Liebe zum Theater war eben nicht genug. Meine Klassenkameraden schienen das Schauspielen förmlich zu essen, zu schlafen und zu atmen, während ich mir eingestehen musste, dass das bei mir nicht zutraf. Ich war mit dem Kopf nicht dabei und brachte das nötige konsequente Engagement für das Handwerk einfach nicht auf.

Stattdessen wuchs ich immer mehr in eine andere Rolle hinein: Ich vertrat meinen Vater bei prominent besetzten Partys und anderen öffentlichen Anlässen. Da ich meinem Alter weit voraus war, fiel es mir leicht, mich unter Papas Geschäftspartner zu mischen oder mit Filmstars wie Cary Grant oder Gregory Peck ins Gespräch zu kommen, die geradezu reizend waren und mir sofort jede Befangenheit nahmen. Nur ein einziges Mal hätte mir meine Jugend fast ein Bein gestellt. Es war bei einer Abendgala im *Metropolitan Museum of Art* in New York, bei der Ausstellungseröffnung der *The Vatican Collections: The Papacy and Art*, eine von den Vatikanischen Museen als Leihgabe zur Verfügung gestellte Sammlung von 237 Skulpturen, Gemälden und Wandteppichen, darunter auch ein eindrucksvolles Ölbild von Caravaggio mit dem Titel *Die Grablegung Christi*. Ich hatte meinen Schulfreund Enrico gefragt, ob er mich begleiten wolle, und muss gestehen, dass wir an dem Abend zu viel Champagner tranken und leicht beschwipst waren. Wir mussten uns mächtig zusammenreißen, als wir einer der mächtigsten Frauen der Welt vorgestellt wurden: Nancy Reagan. Klein wie sie war, strahlte die damalige First Lady tatsächlich eine eindrucksvolle Präsenz aus.

Wer noch Eindruck auf mich machte, war Prinz Charles, den ich Jahre später bei einem von Gucci gesponserten Poloturnier im Windsor Great Park kennenlernte. Er spielte selbst mit, und als sein Team gewann, überreichte ich ihm den Pokal. Er blitzte mich mit einem Lächeln an, das mich fast erröten ließ. »Erfreut, Sie kennenzulernen«, sagte er mit seiner bekanntlich wohlklingenden Stimme und unterhielt sich dann mit mir, als wäre ich in diesen wenigen Momenten der Mittelpunkt seiner Welt. Es war ein surreales Erlebnis.

Je mehr Unterrichtsstunden ich in New York wegen der Geschäftsverpflichtungen verpasste, desto mehr ließ auch mein Ehrgeiz nach. Ich begriff, dass ich das Theater würde opfern müssen, wenn ich mich, wie Papa sich das wünschte, in das Familienunternehmen einbringen wollte. Die beiden Welten lagen zu weit auseinander. Die Schauspielerei war unsicher und trug immer das Risiko des Scheiterns in sich, während mein Vater mir grenzenlose Unterstützung und eine klare, chancenreiche Zukunft anbot. Irgendwann merkte ich, dass alles ganz schnell gegangen war und ich ihm die Entscheidung überlassen hatte. Zwar hätte ich gern ein Examen abgelegt, aber dazu hatte er mich nie ermutigt. Doch im Grunde glich die Arbeit für ihn den Verzicht auf eine weitere Ausbildung aus. Zum ersten Mal in meinem Leben bekam ich positives Feedback. »*Brava*, Patricia!«, sagte er oft, und mit seinem Stolz wuchs auch mein Selbstbewusstsein.

Für meine Schauspielerkarriere mochte der letzte Vorhang gefallen sein, aber ich bereute nicht, mit meinen Freunden in New York zu leben. Einige von ihnen waren inzwischen aus Europa dazugestoßen – Maria lebte in Soho, während Andrea und Enrico von Boston herüberkamen. Damals gab es eine klare Trennung zwischen Uptown und Downtown. Tagsüber lebte ich in Uptown, der Domäne meines Vaters, die restliche Zeit aber verbrachte ich downtown, wo ich mich zu Hause fühlte. Lower Manhattan glich damals noch einem richtigen Dorf, und zugleich gab es so unterschiedliche Menschen auf den Straßen. Die Schwulenszene wuchs rasant, und die persönliche Ausdrucksfreiheit war nahezu revolutionär. Das war so radikal anders als alles, was wir kannten: Wir konnten sein, wer immer wir wollten. Ich trug gern japanische Mode oder völlig zusammengewürfelte Outfits, die ich in Vintage-Läden gefunden hatte, dazu extravaganten Modeschmuck und, wenn mir danach war, sogar eine Perücke. »Wetten, dass du die nie im Leben tragen würdest?«, neckte mich Enrico eines Tages, als er ein Paar Brustwarzenklemmen in einem Sexshop entdeckte. Wenige Tage darauf erschien ich auf einer Promi-Party in einem wilden Outfit mit den von außen angebrachten Klemmen.

Bei einem langweiligen Debütantenball in der Upper East Side rief ich ein paar Leute zusammen und schlug ihnen vor: »Lasst uns downtown gehen ins Area gehen oder in die Danceteria auf der 21. Straße! Es wird euch gefallen, das verspreche ich euch!« Und los ging's, die Mädchen noch im langen Rock und die Jungs mit schwarzem Schlips. Natürlich fielen wir überhaupt nicht auf an diesem Ort, wo von Madonna-Doppelgängerinnen im Lederoutfit mit toupiertem Haar bis hin zu ausstaffierten Leuten wie uns alles vorkam. Das New York der Achtziger war einfach einmalig.

Fast mehr noch als das verrückte Nachtleben gefiel mir jedoch an meinem New Yorker Leben, dass ich so viel Zeit mit meinem Vater verbringen konnte. Uns verband dieselbe ruhelose Energie, sodass sich Mama mitunter beschwerte: »Ihr beide macht mich ganz schwindlig!« Papa war so umtriebig, dass es auch mir schwerfiel, mit ihm Schritt zu halten. Ich saß in seinem Büro und fragte mich, wie er es bloß schaffte. Ein Meeting jagte das nächste, und dazwischen führte er noch Telefonate, ohne je einen Augenblick innezuhalten. Hatte er einen Moment Pause, gingen wir in den Verkauf hinunter und drehten unsere Runden durch die verschiedenen Abteilungen, in denen er mich dann jeweils auf die Probleme an den Auslagen hinwies. Es war faszinierend, ihn beim Denken zu beobachten und zu erleben, wie er instinktiv eine richtige oder gute Wirkung erkannte. Außerdem hatte er das unwillkürliche Bedürfnis, mich anzuleiten und mir alles beizubringen, was er wusste. Das Zusammensein mit ihm war unglaublich intensiv, und ich lernte täglich dazu.

Je stärker er mich ins Geschäft einbezog, umso mehr begriff ich, wie viel der Name, den ich mein Leben lang trug, den Menschen bedeutete. In London hatte sich niemand groß darum geschert. Wenn aber in Manhattan irgendwer von meiner Verbindung zu Gucci erfuhr, sah er mich gar nicht mehr richtig als Person, sondern schaute fast durch mich hindurch. Das war mir so unangenehm, dass ich, sofern es sich vermeiden ließ, meinen Namen überhaupt nicht erwähnte. Nicht dass ich meine Identität versteckt hätte, schließlich hatte ich keine andere. Vielmehr war es so, dass mein Name mir zwar auch Türen öffnete, sich mitunter aber auch sehr negativ auswirken konnte.

Die Vorteile waren natürlich unübersehbar. Als Tochter von *il dottore* wurde ich auch weiterhin zu etlichen Benefizveranstaltungen eingeladen, darunter auch einem Konzert in der Radio City Music Hall mit Frank Sinatra und Luciano Pavarotti. Ein anderes Highlight war der *Carousel of Hope Ball*, den die *Children's Diabetes Foundation* (Stiftung für Kinder mit Diabetes) alle zwei Jahre organisierte. Aus diesem Anlass gab der Unternehmer und Philanthrop Marvin Davis eine Party zum Thema »Florentiner Fantasie« mit einer Modenschau, bei der die Models in schwarzen Trikots Gucci-Kleider und Schmuck vorführten.

Da mein Vater in Rom aufgehalten worden war, wurde ich für jenen Abend zum Aushängeschild bestimmt. Nach dem Dinner trat ich auf die Bühne, um eine kurze Rede zu halten. »Im Namen meines Vaters Dr. Aldo Gucci, der leider heute Abend nicht hier sein kann, bin ich sehr glücklich, eine so wichtige Sache unterstützen zu können. Ich hoffe, dass Sie sich alle gut unterhalten und die Show genießen.« Dann hatte ich im Finale noch einen Auftritt im bodenlangen weißen Fuchsmantel und einer maßgearbeiteten Kette mit einem riesigen Aquamarin. Auch wenn es schwer zu glauben sein mag, schaffte ich das alles trotz meiner Jugend mit Leichtigkeit. Es war für mich nichts anderes, als auf der Bühne zu stehen. Ich spielte eine Rolle. Und wenn ich doch einmal Lampenfieber hatte, dann nicht, weil ich die Marke Gucci repräsentierte, sondern weil ich meinem Vater keine Schande bereiten wollte.

Damals begleitete mich fast immer Ruby Hamra, die mich auf alles vorbereitete, was ich vor der Presse oder bei öffentlichen Veranstaltungen sagen sollte. »Lass mich wissen, was du davon denkst«, sagte sie, wenn sie mir eine Rede zeigte, die sie für mich verfasst hatte. Wenn ich einmal nervös aussah, beruhigte sie mich und behauptete, mit meinem englischen Akzent würde man mir ohnehin so gut wie alles durchgehen lassen.

Ich war noch so jung, gewöhnte mich aber langsam an die Vorstellung, dass öffentliche Auftritte nichts Besonderes waren. Ich vermute, dass Papa mich insgeheim auf die Probe stellte, ob ich das wirklich machen wollte. Aber er setzte er mich nie unter Druck. Er sondierte das Terrain, ließ mich ausgehen und Spaß haben und beobachtete, wie ich zurechtkam. Zum Glück blieb ich dabei und hatte auch keine Angst vor großen Tieren. In Wahrheit fand ich die Schönen und Reichen ebenso langweilig oder faszinierend wie Otto Normalverbraucher. Allerdings war mir bewusst, dass meine Pflichten schon etwas Besonderes waren und ich mich geehrt fühlen konnte, sie erfüllen zu dürfen.

Offenbar fand mein Vater, dass ich gute Arbeit leistete, denn bald bekam ich neue Aufgaben. Am schönsten fand ich es, dass er mir bei den Vorschlägen, die ich für die Schaufenstergestaltung in der Fifth Avenue machte, freie Hand ließ. Ich behandelte jedes Schaufenster wie eine Bühne, verwendete abstrakte Kunst aufstrebender Künstler, die ich von Downtown kannte, und stattete sie mit verschiedenen Requisiten und Stoffen aus, damit das Ganze ein wenig stärker ins Auge stach und lustiger aussah. Ich begann, mit den Stilebenen zu spielen. Statt der zu den Handtaschen und der Kleidung passenden Schuhe, wie es bisher dem Gucci-Stil entsprochen hatte, setzte ich etwas Unvorhersehbares wie etwa eine farbenfrohe Tasche, einen feschen Hut oder leuchtenden Schal dazwischen.

Für mich war das ein natürlicher kreativer Prozess, und die Ergebnisse kamen so gut an, dass mir schließlich die Verantwortung für die Schaufenster aller Geschäfte in New York, Chicago, Palm Beach, Beverly Hills und der Kooperationspartner in ganz Nordamerika überlassen wurde.

Wie immer tat ich, was von mir verlangt wurde, und freute mich, dass Papa mir mehr Verantwortung überließ, obwohl es für ihn ein Risiko darstellte. Meine neuen Aufgaben brachten es mit sich, dass wir mehr miteinander zu tun hatten und im Alltag enger miteinander verbunden waren, als ich es als Kind je erlebt hatte. Zwar fanden deshalb noch lange keine tiefschürfenden Gespräche zwischen uns statt, doch der Kontakt war unbeschwert, und in Restaurants brachte er mich oft noch so zum Lachen, dass ich fast erstickte – vor allem dann, wenn er jemanden aufs Korn nahm.

»Siehst du die junge Dame da drüben, die mit dem alten Mann? Das ist seine Sekretärin, nicht seine Frau.«

Mama behauptete immer, es gebe niemanden, den er nicht richtig einzuschätzen wüsste. »Er liegt immer richtig.«

Mich faszinierte seine Fähigkeit, die Beziehungen anderer Menschen einzuordnen, zumal er sich in seinem eigenen Leben ja durchaus des Öfteren verschätzte. Dennoch stellte ich bei jedem Abschied seufzend fest, dass sich zwischen uns eigentlich nicht viel geändert hatte, auch wenn wir uns jetzt zweifellos näherstanden und unkomplizierter miteinander umgingen. Nach einem Tätscheln meiner Wange oder einer flüchtigen Umarmung blieb ich ausnahmslos mit dem Gefühl zurück, dass ich im Grunde nichts über ihn oder sein Leben erfahren hatte. Und manchmal fragte ich mich, ob sich das je ändern würde.

ZWANZIG

Mit der Liebe kenne ich mich recht gut aus. Als Kind mag ich unterversorgt gewesen sein, aber nach allem, was ich in meinem Leben durchgemacht habe, halte ich mich jetzt gewissermaßen für eine Expertin. Das war nicht immer so. In meinen ersten Jugendbeziehungen experimentierte ich noch ziemlich herum und war nicht besonders geschickt in der Wahl meiner Partner, sodass es am Ende oft Tränen gab.

Was dieser jugendliche Herzschmerz jedoch unverhofft zuwege brachte, war, dass meine Mutter und ich uns näher kamen. Wir gerieten zwar noch aneinander, verbündeten uns aber auch immer mehr und suchten Rat beieinander. Mit der Zeit vertraute ich mich ihr an, vor allem in Liebesangelegenheiten, über die ich mit Papa nie reden konnte. Wie die meisten Väter hatte er seiner Tochter gegenüber einen ausgeprägten Beschützerinstinkt. Als einmal jemand fragte, wann ich denn heiraten würde, unterbrach er ihn: »Das werde ich nicht zulassen!«, und fügte hinzu, er »beschäftige mich zu sehr«, als dass ich noch Zeit für einen Freund haben könnte. Er hatte ja keine Ahnung.

Mama dagegen wusste Bescheid. Sie bekam jedes Mal mit, wenn ich mir einbildete, wahnsinnig verliebt zu sein, nur um dann festzustellen, dass es doch nicht der Richtige war. Nachdem ich ihre Beziehung mit meinem Vater aus nächster Nähe hatte beobachten können, schwor ich mir, Italienern grundsätzlich aus dem Weg zu gehen. »Das sind alles

Betrüger«, erklärte ich. »Die sind alle gleich, das finde ich nur langweilig. Sie sind so vorhersehbar, vor allem darin, wie sie Frauen behandeln.«

Ich zog die nordischen oder angelsächsischen Typen vor, die groß, attraktiv und sehr verschieden waren. Keine Beziehung hielt, doch meine Mutter litt stellvertretend für mich mit und nahm an meinen Liebesabenteuern regen Anteil.

Mit neunzehn war ich dann tatsächlich so sehr mit Gucci beschäftigt, dass ich eine ernste Beziehung gar nicht in Betracht ziehen konnte. Gloria Luchenbill schickte meinem Vater ein Memo mit der Nachricht: »Ich denke, es ist an der Zeit, dass wir Patricias exzellentes modisches Image für den Markt der Teenager nutzen.« Es werde dem Unternehmen »absolut keinen Abbruch tun«, die nächste Generation anzusprechen und dem mittlerweile doch etwas »matronenhaften« Ruf entgegenzuwirken.

»Was meinst du dazu, Patricia?«, fragte mein Vater, als er mir die Notiz zeigte.

»Was würde das bedeuten?«

»Wir würden eine Werbekampagne mit dir starten, bei der du die neueste Kollektion tragen könntest.«

»Hätte ich weiterhin ein Mitspracherecht bei der Gestaltung?«, fragte ich.

»Natürlich«, antwortete er beschwichtigend.

Dann ging alles so schnell, dass sich mir der Gedanke aufdrängte, er hätte es von vornherein so geplant. Plötzlich stand ich nicht mehr hinter den Kulissen, sondern wurde Model und Guccis öffentliches Vorzeigegesicht in fünfseitigen Zeitschriftenartikeln. Als Teenager wirkte ich in den Gucci-Kleidern von vornherein anders als die älteren Models. Ich erschien in der Gucci-Galleria und wurde in Abendkleider, Freizeitkleidung oder auch Badeanzüge gesteckt, während Coiffeure mir das Haar hochsteckten und sich um mein Make-up kümmerten, bevor die Fotografen drauflos knipsten.

Dann tat mein Vater etwas, das mich erstaunte. Ganz nebenbei zeigte er mir eine Aktennotiz. Und als ich fragte, worum es sich handele, sagte er: »Och, das ist bloß die Mitteilung, dass du in den Vorstand aufgenommen wirst.«

Ich schien es als Letzte zu erfahren. »Was heißt das?«, fragte ich.

»Das heißt nur, dass du ab und an zu den Meetings kommen musst. Dann wirst du einen Einblick erhalten, wie die Dinge hier funktionieren.« So wurde ich also völlig selbstverständlich in den Vorstand von Gucci America berufen. Ich besaß damit nicht nur eine größere Vollmacht in meinen täglichen Aktivitäten, sondern gehörte nun offiziell zum Leitungsgremium. »Ich möchte dir mehr Verantwortung übertragen«, sagte er zu mir, verschwieg jedoch den wahren Grund für meine plötzliche Beförderung. Für ihn hatte es Vorteile, jemanden mit im Boot zu haben, der in seinem Sinne abstimmte. Dennoch bin ich überzeugt, dass er wirklich meinte, ich könnte etwas Substanzielles beitragen.

Ich war noch nicht einmal zwanzig und dachte gar nicht weiter darüber nach, dass ich in der Familie nun die allererste Frau war, die in den Vorstand aufgenommen wurde. Als ich, von Kopf bis Fuß in Gucci-Kleidern, das Vorstandszimmer betrat und meinen Platz neben Giorgio an dem ovalen Mahagonitisch einnahm, konnte ich jedoch die brennenden Blicke spüren. Ich bewahrte Haltung, nickte und lächelte nur dazu.

Jeder wusste, dass ich vor allem da war, um meinen Vater zu stärken. Aber ich genoss es trotzdem. Ich war auch fasziniert von der Dynamik zwischen ihm und meinen Brüdern, wenn er diesen Sitzungen vorstand. Sein Lieblingssohn Roberto war nur selten in den USA, aber wenn er sich dann bei einer solchen Gelegenheit blicken ließ, konnte er nichts verkehrt machen. Auch Giorgio kam nur unregelmäßig, doch hatte mein Vater an allem, was er sagte, etwas auszusetzen. Paolo kam zu keiner einzigen Vorstandssitzung, solange ich in New York war. Er und mein Vater lagen sich noch immer in den Haaren, zudem war er in jener Zeit vor allem in Italien und mit Gucci Plus beschäftigt. Mein Cousin Maurizio dagegen war immer da und stimmte meinem Vater in allem zu.

Nach dem Start der neuen Werbekampagne wurde ich in der Presse nur noch als das »Gucci-Girl« tituliert. Die Modeseite der *New York Times* nannte mich »das heiratswürdigste Mädchen der Welt« und beschrieb mich als »italienische Schönheit mit englischem Akzent, hineingeboren in eine männerdominierte Dynastie«. Andere wieder wetteten, ich werde Aldo Guccis Nachfolgerin werden. Die Vorstellung, rechtmäßige Erbin zu sein, war absurd, und wann immer mich jemand danach fragte, lautete meine Antwort: »Ich hoffe doch sehr, dass das nicht der Fall ist!« Ich lernte ja noch, und Gucci war ja nicht gerade ein Krämerladen. Was meine Brüder davon hielten, erfuhr ich bald genug. Paolo, der noch immer um seine Position kämpfte, behauptete, ohne meinen Vater werde ich nicht einen Tag überstehen. Zugleich gab er aber zu, ich hätte »mehr Köpfchen als alle anderen zusammen«.

Unterdessen reiste ich im ganzen Land herum und schnitt bei verschiedenen Geschäftseröffnungen die Bänder durch. Die kamelhaarfarbenen Lederhosen oder der Wildlederrock mit Seidenbluse, die ich zusammen mit den obligatorischen Gucci-Accessoires trug, sollten beweisen, dass unsere Kleidung auch zu einem jüngeren, moderneren Publikum passte. »Meine Generation würde nicht im Traum darauf kommen, etwas mit dem GG drauf zu kaufen«, vertraute ich Ruby Hamra auf dem Weg zu unserem nächsten Termin an. »Unser Image ist zu bieder. Ich würde gern ein bisschen Energie und Spaß in die Sache hineinbringen.«

Papa muss seine Bedenken gehabt haben. Mein Umgang mit den Schaufensterauslagen hatte ihm jedoch gezeigt, dass ich einen guten Blick und das gewisse Etwas für einen Erfolg mitbrachte. »Vergiss nur nicht, dass du eine Gucci bist«, sagte er zu mir. »Du musst dabei immer schick und elegant sein.« Abgesehen von seiner Anerkennung gab er mir vor allem eine Stimme. Ich fühlte mich dazugehörig und konnte mir eine Zukunft in der Firma vorstellen, die mir die ersehnte kreative Freiheit ließ. Vielleicht würde es dort auf Dauer ja doch einen Platz für mich geben.

Paolo dagegen konnte sich über seine Zukunft nicht so sicher sein. Nach seiner Rückkehr in den Schoß des Unternehmens hätte er sich vor allem hinsichtlich seiner Entwürfe für Gucci Plus mehr Unabhängigkeit gewünscht, musste aber feststellen, dass jede seiner Zeichnungen einer Genehmigung bedurfte. Und die wurde meist nicht gegeben. Der Vorstand argumentierte damit, dass er das Firmenimage nicht einfange. Er wiederum sah seine Niederlagen als von Papa und Onkel Rodolfo eingefädeltes Komplott und beschwerte sich über die unfaire Behandlung. Als mein Vater ihn im Juni 1982 bis zu einer Vorstandsprüfung in Florenz im folgenden Monat sperrte, erreichte die Krise ihren Höhepunkt.

Ich war nicht auf der Sitzung, hörte jedoch von ihrem tumultartigen Verlauf. Anscheinend unterbrach Paolo die Sitzung wiederholt, um seine Beschwerden kundzutun. Dann befragte er meinen Vater, abweichend von der Tagesordnung, nach Gewinnen, die angeblich an ausländische Holdings umgeleitet worden seien, wie er kürzlich herausgefunden habe.

Als die Sitzung außer Kontrolle geriet, versuchte mein Vater, Ordnung zu schaffen, und bat die Sekretärin, die Protokollführung auszusetzen. In die folgende peinliche Stille drang ein ungewöhnliches Klicken. »Was ist das für ein Geräusch?«, fragte Papa.

Nach allgemeinem Horchen drehten sich alle Köpfe zu Paolo. Das Klicken kam von einem Rekorder, den er in seiner Jackentasche versteckt hielt. Da er nun entdeckt war, zog er das Anstoß erregende Gerät heraus und legte es herausfordernd auf den Vorstandstisch.

»Er hat alles aufgezeichnet!«, rief jemand ins kollektive Entsetzen über diesen enormen Vertrauensbruch hinein.

Meinem Vater zufolge ging der eigentliche Tumult dann damit los, dass Giorgio und Maurizio versuchten, dem fast hysterischen Paolo den

Kassettenrekorder zu entreißen. Vom Kopf des Tisches aus sah mein Vater ungläubig zu, wie sein Neffe und seine Söhne miteinander rauften, bis Paolo das verräterische Gerät packte und aus dem Gebäude rannte. Dabei schrie er, er sei körperlich angegriffen worden. Als er ein paar Kratzer auf seinem Gesicht entdeckte, erhob er Anklage wegen Vertragsbruch mit einem Schadenswert von 13,3 Millionen. Außerdem beschuldigte er seine Verwandten, ihn mit Fäusten und »verschiedenen Gegenständen geschlagen und verprügelt« zu haben.

Die Nachricht von der Keilerei geriet mit sensationslüsternen Schlagzeilen wie »Familienfehde erschüttert das Haus Gucci« in die Öffentlichkeit und Vergleiche mit der historischen Familie Borgia wurden gezogen. Mein Vater reagierte wie üblich sehr diplomatisch. Er zuckte mit den Achseln und sagte: »Paolo übertreibt gern schon mal.« Hinter verschlossenen Türen war er jedoch außer sich vor Wut und sagte zu Mama: »Der Junge zeigt keinen Respekt!«

Papa entließ Paolo als Direktor, sodass ihm nur die Firmenanteile blieben. Wir fragten uns, was Paolo nun vorhätte, denn uns war natürlich klar, dass er diesen Rauswurf nicht einfach so akzeptieren würde. Tatsächlich stiftete er bald wieder Unfrieden, indem er seinen Namen per Vertrag einer Möbelkollektion lieh. Er eröffnete sogar widerrechtlich einen Paolo-Gucci-Laden in New York. Meine Mutter und ich waren nicht die Einzigen, die sich Sorgen machten, wohin das noch führen sollte. Mama war besonders beunruhigt darüber, dass mein Vater in einem Alter, in dem die meisten Menschen ihren Ruhestand genießen, so tief in Schwierigkeiten steckte.

Die nächste Hiobsbotschaft folgte auf dem Fuße: Bei Onkel Rodolfo wurde Prostatakrebs diagnostiziert. Eine Strahlenbehandlung zwang ihn in den Rollstuhl, und er zog sich zur Erholung nach St. Moritz zurück. Innerhalb weniger Tage sprang Maurizio ein und übernahm die Betriebsleitung in Mailand. Als in einer führenden italienischen Zeitschrift ein selbstverherrlichender Artikel über ihn erschien, war mein Vater entsetzt, denn Maurizio wurde darin als der künftige Visionär von Gucci dargestellt. Meine Mutter hatte eine Ahnung, wer hinter der Reklame steckte, und warnte Papa in weiser Voraussicht: »Maurizios Frau wird dieses Unternehmen noch ins Verderben treiben!«

Ich wollte wie üblich auf keinen Fall Probleme machen. Anfang 1983 – also noch vor meinem zwanzigsten Geburtstag – arbeitete ich Vollzeit als Modekoordinatorin, zog als Abgesandte umher und durfte, was für mich besonders kostbar war, meinen Vater bei Ladenbesuchen, Sitzungen und Treffen mit dem Personal begleiten.

»Aufs Detail kommt es an«, ermahnte er mich, wenn er wieder einmal stehen blieb, weil die gläsernen Arbeitsflächen nicht so einwandfrei sauber waren wie damals bei meinem Großvater. »Die Qualität muss stimmen«, mahnte er, wenn er nach Kratzern oder Schrammen an einer Tasche suchte. Ich merkte mir all diese Maximen und tröstete mich mit der Tatsache, dass ich, wann immer ich es brauchte, auf seine Erfahrung und Weisheit zurückgreifen konnte.

Ich war eine fleißige Schülerin und wollte meine Rolle in der Firma unbedingt weiter ausbauen, auch wenn ich dafür hart arbeiten musste und noch ein weiter Weg vor mir lag. Doch das war mir egal. Es machte mir Spaß, und ich verdiente zum ersten Mal in meinem Leben eigenes Geld.

Mein Vater jettete weiter um die Welt, um unsere Überseegeschäfte im Auge zu behalten, während meine Mutter wie bisher die meiste Zeit in Rom verbrachte. Zu der Zeit hatte ich noch nicht allzu viel Kontakt mit ihr. Sie kommentierte auch mein Engagement in der Firma nicht, die in ihrer Welt kaum eine Rolle spielte. Als ich herausfand, dass sie in diesem Jahr zu ihrem Geburtstag im Oktober allein in New York sein würde, beschloss ich, in meiner Wohnung, die gegenüber der meines Vaters lag, eine Party für sie zu schmeißen. Eines meiner Lieblingsfotos von ihr stammt von jenem Abend. Sie war Mitte vierzig und sah großartig aus in ihrem rosa Angorapulli und den schwarzen Lederhosen. Meine Freunde nötigten ihr Champagner auf und machten einen ungeheuren Wirbel um sie. Als dann jemand das Licht herunterdimmte, präsentierte ich ihr einen flambierten Kuchen, und alle sangen »Happy Birthday«.

»*Buon compleanno*, Mama!«, rief ich, während sie die Kerzen auspustete. Ausnahmsweise schien sie es zu genießen, im Rampenlicht zu stehen und »*la festeggiata*«, die Gefeierte, zu sein. Obwohl wir noch immer unsere Differenzen hatten, teilten wir inzwischen auch viele unbeschwerte Momente. Es machte mich glücklich, sie so fröhlich zu sehen, und ich betete darum, dass es anhalten möge.

Im nächsten Frühjahr flogen Papa und ich nach Mailand. Vordergründig beabsichtigten wir, ein neues Geschäft direkt gegenüber von dem Laden zu eröffnen, den Onkel Rodolfo nach dem Krieg geführt hatte. Maurizio sprang ein, um den Start zu überwachen, doch mein Vater vermisste den Bruder an seiner Seite. Normalerweise hätte Papa die Zügel in der Hand gehabt, aber jeder wusste, warum er eigentlich gekommen war. Er wollte sich von seinem Bruder verabschieden, denn Foffo lag im Sterben.

Bis zu diesem Tag in Mailand hatte ich nie wirklich Gelegenheit gehabt, Maurizio kennenzulernen. Abgesehen von seinen unauffälligen Auftritten im Vorstand hatte ich ihn nur einmal auf einer Party in New York zusammen mit Patrizia gesehen, aber da hatten wir uns kaum unterhalten. Als er entgegen dem Wunsch meines Vaters darauf beharrte, ihn auf dieser letzten Reise zu Foffo zu begleiten, offenbarte er daher eine Seite seines Charakters, die ich vorher nicht gekannt hatte. Tatsächlich bewachte Maurizio alle Besuche der Familie bei Rodolfo, was meinen Bruder Roberto später zu der Bemerkung veranlasste, man hätte meinen können, »er bewachte einen Gefangenen«.

Meinen Vater nahm es sehr mit zu sehen, wie gebrechlich Foffo geworden war. Da Maurizio eine besitzergreifende Präsenz an den Tag legte, konnten die Brüder nur kurz miteinander sprechen, bis Rodolfo seinen Sohn aufforderte, den Raum für ein paar Minuten zu verlassen, weil er »unter vier Augen« mit meinem Vater sprechen wollte. In dieser kurzen Zeit, die ihnen gegeben war, winkte er Papa näher zu sich heran und ließ sich von ihm versprechen, dass er Maurizio genau im Auge behielt und seine Frau Patrizia nie auch nur in die Nähe der Firmenanteile kommen ließ. Mein Vater versicherte es ihm und blieb noch ein wenig, bevor er sich mit einem Kuss auf die Stirn von ihm verabschiedete.

Rodolfo starb im Mai 1983 und wurde in Soffiano, im Familiengrab am Rande von Florenz beigesetzt. Damit war mein Vater – der Älteste der Brüder – Guccios einziger hinterbliebener Sohn. Es war das Ende einer Ära und der Beginn eines neuen Kapitels in der Firmengeschichte. Unbeantwortet blieb allerdings die Frage, wer seine fünfzig Prozent Aktienanteil erben würde.

Vertieft in meine Arbeit, nahm ich die Kämpfe zwischen meinem Vater und dem Rest der Familie kaum wahr. Er diskutierte diese Probleme nur selten mit mir, zudem hatte ich mich Hals über Kopf verliebt. Ich hatte mein Wort, mich nie in einen Italiener zu verlieben, gebrochen und angefangen, mit einem italienischen Weinhändler aus dem norditalienischen Vicenza auszugehen. Er hieß Santino. Unsere erste Begegnung stand unter einem eher schlechten Stern, denn ich war ihm auf einer Cocktailparty in Newport, Rhode Island, in jenem Sommer buchstäblich in die Arme gestolpert. Die Party wurde anlässlich Italiens Eintritt in den *America's Cup* mit der Yacht *Azzurra* von Aga Khan gegeben und von Cinzano gesponsert. Ich ging in einem kurzen schwarzen, paillettenbesetzten Cocktailkleid von Gucci durchs Gras, als ich mit dem Stöckelabsatz im weichen Boden steckenblieb und das Gleichgewicht verlor.

»Darf ich Ihnen helfen?«, sagte Santino und fing mich auf. Ich schaute ihm in die grünen Augen und war verloren. Er ähnelte Frank Sinatra und war extrem attraktiv. Außerdem war er spontan und frech, und ich wusste nie, was ihm als Nächstes einfallen würde. Er faszinierte mich, und wir verstanden uns auf Anhieb. Als ich erfuhr, dass er einen Freund von mir in New York kannte, lud ich ihn zu einer Dinner Party ein, die ich wenige Wochen später in meiner Wohnung gab. Er kam und lud mich wiederum am Wochenende darauf zum Brunch mit Freunden zu sich nach Hause in Greenwich Village ein, wo wir die erste Schwulenparade aller Zeiten anschauten. Danach verließ ich seine Wohnung kaum noch. Zum ersten Mal in meinem Leben hatte ich einen Mann gefunden, der mich gern hatte und alles für mich tat.

»Ich weiß, was du denkst, aber dieser Mann ist anders!«, sagte ich meiner Mutter, die ihre Skepsis nicht verbergen konnte. »Er gibt mir das Gefühl, etwas Besonderes zu sein. So einen Mann hatte ich noch nie.« Ich sagte ihr nicht, dass er auch etwas Wildes an sich hatte, das mich anzog, wie es noch bei keinem anderen der Fall gewesen war. Es hatte mich total erwischt.

Nicht lange danach schlug Santino einen Kurztrip nach Jamaika vor. Ich ging hinüber in die Wohnung meiner Mutter, um ihr Bescheid zu geben. »Mama, ich muss einfach mit! Wirst du mich decken?« Geheimniskrämerei war ihr Metier, sie ließ sich darauf ein, Papa nur das Nötigste zu sagen – und weg war ich. Zwar hatte ich keine Angst vor meinem Vater, aber es war ja noch die Anfangszeit, und da brauchte er es noch nicht zu erfahren.

Ich glaube, ich war nie glücklicher als damals in Jamaika. Wir sprangen in das tiefe kalte Wasser des Blue Hole, tanzten bis zum Morgen auf einem Reggae-Festival und lagen unter einer Palme in der Hängematte. Alles war neu und aufregend, und alles schien sich in meinem Leben harmonisch zu fügen. Mein Vater hatte mir im Geschäft mehr Verantwortung übertragen, meine Mutter war frohen Mutes, und ich hatte jemanden gefunden, der mir das Gefühl gab, dass ich die einzige Frau auf der Welt für ihn war.

Was konnte da noch schiefgehen?

EINUNDZWANZIG

Man könnte meinen, meine Familie hätte einfach Glück gehabt, doch mein Vater hat das nie so gesehen. Er war weder abergläubisch, noch glaubte er an das Schicksal. Er fand, wie ich auch, dass Menschen ihr Glück selbst in der Hand haben und mit gut durchdachten Entscheidungen ihr Schicksal beeinflussen können.

Mein Großvater Guccio wurde nicht durch Zufall oder Glück Page im Londoner Savoy, sondern weil er es so geplant hatte. Dass mein Vater ein kleines Florentiner Familienunternehmen übernahm und in ein globales Phänomen verwandelte, hatte er nicht dem Glück zu verdanken, sondern seinem Weitblick und harter Arbeit. Auch Mama wurde bei Gucci eingestellt, weil sie unbedingt arbeiten wollte (sie selbst würde das allerdings wohl eher auf den Einfluss der Sterne zurückführen).

Später hatte mein Vater allerdings allen Grund, mit dem Schicksal zu hadern, denn eine Reihe von Katastrophen brachte seine sorgsam konstruierte Welt ins Wanken. Die Vorahnungen meiner Großmutter und die hellseherischen Träume meiner Mutter hätten möglicherweise prophezeit, was uns bevorstand. Heute sagt Mama, sie habe damals nur nicht erkannt, welch starkes Vorzeichen die Schlange in Florida gewesen war. Dabei hatte sie doch gelesen, dass das Tier Unglück für den Haushaltsvorstand verheißt.

Alles begann an einem Sommermorgen des Jahres 1983. Als mein Vater das Foyer seines Bürogebäudes in der Fifth Avenue betrat, sprach ihn ein Fremder an und händigte ihm Rechtsdokumente aus. Der Mann war, wie sich herausstellte, Vertreter der US-Bundessteuerbehörde. Und die Papiere, die er meinem Vater in die Hand drückte, enthielten die Aufforderung, seine persönlichen Finanznachweise und die Unterlagen der Firma Gucci America für die Jahre 1979 bis 1981 vorzulegen. Die Vorladung ergab sich aus einem der von Paolo angestrengten Gerichtsverfahren wegen angeblicher »finanzieller Ungehörigkeit«. Danach hatte Papa steuerrelevante Zahlungen auf ausländische Konten umgeleitet. Die Anschuldigungen waren vor Gericht zwar verworfen worden, jedoch den Steuerfahndern der Bundessteuerbehörde zu Ohren gekommen.

Die Beziehungen zwischen Paolo und Papa hatten damit den absoluten Tiefpunkt erreicht. Nachdem mein Bruder aus der Firma gedrängt worden war, rief er meinen Vater in Palm Beach an und bat ihn um Hilfe. Er klagte, nach der Scheidung von seiner ersten Frau und seiner Wiederheirat fehle es ihm an Geld. Dabei habe er doch nun zwei Familien zu ernähren, und ein Baby sei auch unterwegs. Mama war bei dem Telefonat dabei und entnahm Papas Körpersprache, dass das Gespräch nicht sonderlich gut verlief. Als das Thema »Gucci Plus« aufkam, lehnte mein Vater eine Zusammenarbeit rundweg ab. Er konnte Paolo weder den Vorfall im Vorstand verzeihen noch den Prozess, den er gegen die eigene Familie angestrengt hatte.

Schließlich ging er in die Luft. Er sprang auf und schrie: »Nein, Paolo! Ich kann dir nicht helfen! Man hat dir ermöglicht, in die Firma zurückzukehren, und sieh an, was du angerichtet hast! Was fällt dir ein? Du hast dir das alles selbst eingebrockt!«

Dann knallte er den Hörer auf, verfluchte den Tag, an dem sein Sohn das Licht der Welt erblickt hatte, und rief »*un idiota!*«, ehe er aus dem Zimmer stürmte und meine Mutter sprachlos zurückließ. Wie weit Paolo aus Rache gehen würde, ahnte er damals noch nicht. Aus dem »Idioten« wurde ein »*maledetto*«, ein Verdammter, als wir feststellen mussten, dass er sich zur Kooperation mit der Steuerbehörde bereit erklärt hatte. Diese war nun im Besitz vertraulicher Dokumente, die nur aus den privaten Unterlagen meines Vaters stammen konnten.

Tief unter der ständig schwelenden Wut meines Vaters verbarg sich aber noch etwas anderes: die bittere Enttäuschung darüber, dass sein eigener Sohn ihn dermaßen hinterging. Dieser Verrat brach ihm das Herz und das merkte man ihm an. Als Mama mich anrief, um mir davon zu erzählen, klang sie so verzweifelt, dass ich schon einen Nervenzusammenbruch befürchtete.

»Was ist denn los?«, fragte ich.

»Es geht um deinen Vater. Es ist schrecklich, ihn so zu sehen. Er sitzt nur da und spricht kein Wort. Das ist alles Paolos Schuld. Dieser Mensch ist einfach abscheulich! Ich weiß nicht, was ich tun soll.«

Die neuesten Nachrichten aus New York machten alles nur noch schlimmer. Bundesbeamte waren mit einem Durchsuchungsbefehl in die Verwaltung von Gucci gestürmt und hatten alle Unterlagen und Kontoauszüge der Firma mitgenommen. Kapitalgeber bis nach Hongkong wurden zu einer Zusammenarbeit mit der Staatsanwaltschaft aufgefordert. Die Ermittlungen verliefen international und würden sich nicht einfach in Luft auflösen. Mein Vater wusste, dass er als CEO die volle Verantwortung übernehmen musste, zumal, wenn die Sache an die Presse gelangte.

Meine Mutter und ich machten uns große Sorgen, doch Papa beruhigte uns mit dem Hinweis darauf, dass sich seine Anwälte und Steuerberater um alles kümmerten. Sie hätten die Zahlungen ins Ausland vorgenommen, um Firmen in Fernost zu finanzieren, sagte er, und nun müssten sie das Chaos auch wieder beseitigen. Weil er unbedingt wollte, dass alles seinen gewohnten Gang ging, kehrte er zur Arbeit zurück.

In diesen Monaten ging es meinem Vater nicht gut. Rodolfo und Vasco waren tot, Maurizio konnte er nicht trauen, und der Steuerberater meines Vaters, der die Geldtransfers eingefädelt hatte, war kurz zuvor gestorben. Meine Brüder Roberto und Giorgio waren durch die Ereignisse und die möglichen Folgen für sie und ihre Familien dermaßen beunruhigt, dass sie Papa Tag und Nacht mit Anrufen aus Italien bombardierten.

Je tiefer die Steuerbehörde in den Vorgängen herumstocherte, desto verstörender wurden die Befunde. Die Steuerberater hatten Papas Einkommen auf nur 100 000 Dollar im Jahr angesetzt, doch dann fanden die Steuerfahnder heraus, dass seine Häuser in Palm Beach und Beverly Hills von einem ausländischen Unternehmen bezahlt worden waren. Das brachte sie auf die Idee, Beratungskosten und andere Gebühren in Millionenhöhe in Augenschein zu nehmen, und so stießen sie auf weitere »Unregelmäßigkeiten«.

Die Anwälte meines Vaters arbeiteten weiter mit den Behörden zusammen und verfolgten, soweit möglich, eine Strategie der Offenheit und Kooperation. Papa versicherte den Beamten, die Firma habe stets die rechtlichen Gepflogenheiten beachtet und den US-Staat nie wissentlich betrogen.

Mama und mich brauchte er nicht davon überzeugen, dass er nur dem Rat seiner Steuerberater gefolgt war und selbst ein solches Risiko nie eingegangen wäre. Seine Rechtsberater versicherten ihm wiederum, er werde trotz der »Unstimmigkeiten« ausstehende Steuern zuzüglich einer Strafe einfach bezahlen können, und damit sei die Sache erledigt. Obwohl sein Fall im Fokus der Öffentlichkeit stand und von einem ehrgeizigen jungen Staatsanwalt namens Rudolph Giuliani bearbeitet wurde, behaupteten sie, er könne um eine Freiheitsstrafe herumkommen. Er müsse nur die volle Verantwortung übernehmen und für die Dauer des Prozesses in den USA bleiben. »Wir handeln einen Deal für Sie heraus«, hörte ich sie sagen. »Ihnen wird nichts passieren.«

Er befolgte alle ihre Ratschläge. Papa liebte Amerika und wollte auf keinen Fall wie ein Verbrecher nach Italien fliehen, auch wenn meine

Mutter ihn genau darum anflehte. »Lass uns nach Rom zurückgehen, Aldo!«

»Nein, nein, Bruna«, erwiderte er lächelnd. »Das kommt überhaupt nicht infrage.«

Papa wollte ja noch so viel erreichen, nicht nur in Amerika, sondern weltweit. Selbst wenn ihm kurz der Gedanke an Flucht gekommen sein sollte, stand es für ihn doch außer Zweifel, dass er in den USA bleiben und sich den Konsequenzen stellen musste.

Einer seiner Berater sah das allerdings anders. Er warnte eines Abends beim Essen meine Mutter, mein Vater könne durchaus im Gefängnis landen. Daraufhin regte sie sich dermaßen auf, dass Papa sich vorzeitig verabschieden und sie nach Hause bringen musste. Als sie allein waren, brach sie völlig zusammen.

»Gefängnis, Aldo? Aber du bist fast achtzig! Sie können dich doch nicht wirklich einsperren, oder?«

Er nahm sie in die Arme und versprach ihr, dass nichts Derartiges geschehen werde. »Keine Sorge. Es wird alles gut.«

Als Mama mir davon erzählte, wurde mir richtiggehend übel. »Gefängnis?«, fragte ich.

Über eine Haft wollte ich nicht einmal nachdenken. Mein Vater war doch unbesiegbar, ein Mann, der sein Schicksal selbst in die Hand nahm, der alles in Ordnung brachte, alles zusammenhielt! Das durfte nicht geschehen.

Erst jetzt wurde mir klar, warum mein Vater mich in sein Leitungsgremium aufgenommen hatte. Meine Aufgabe war es, all seinen Anträgen zuzustimmen und jede Entscheidung mitzutragen. Das konnte alles sein, von der Billigung des Budgets für ein neues Geschäft bis hin zur Festlegung von Umsatzzielen für das nächste Quartal. Ich verstand zwar nicht immer genau, worum es ging, und verlor bei technischen oder finanziellen Details manchmal den Faden (Zahlen waren nie meine Stärke), aber wenn mein Vater jemals Verbündete gebraucht hatte, dann in dieser Zeit. Er konnte auf meine Unterstützung zählen, wenn er im Vorstand etwas durchbringen wollte. Dennoch stand er unter enormem Druck.

Zu Hause wahrte er vor Mama und mir seine Fassade, doch im Vorstand lernte ich eine neue Seite von ihm kennen, von der ich bis dahin nur gehört hatte. Der unfreiwillige Adressat einer seiner schlimmsten Wutausbrüche war mein Bruder Giorgio. Ich weiß nicht einmal mehr, was meinen Vater so auf die Palme brachte, aber plötzlich sprang er auf und brüllte Giorgio über den ganzen Tisch hinweg an. Er wütete wie ein Orkan. Ich erschrak, hatte ich ihn doch mein Leben hat lang ausgeglichen und beherrscht erlebt. Es war kein schöner Anblick, wie er seine Schimpftirade abließ, die Adern am Hals geschwollen und das Gesicht dunkelrot. Ich flehte ihn innerlich an, er möge doch bitte aufhören.

Der arme Giorgio sah aus wie ein Hase, der wie gelähmt im Scheinwerferlicht eines Autos steht. Ich hatte noch nie erlebt, dass jemand öffentlich so erniedrigt wurde, spürte seine Scham und wandte den Blick ab. Bestimmt war ich der letzte Mensch, den er dabeihaben wollte. Ich schämte mich mit ihm und schämte mich für den unkontrollierten Ausbruch meines Vaters. Als Papas Wut endlich nachließ, sank er atemlos auf seinen Stuhl. Man hätte eine Stecknadel fallen hören können.

In diesem Moment wurde mir klar, dass sein Wutausbruch mit Giorgios Fehlverhalten nichts zu tun hatte, sondern der Verzweiflung angesichts der Katastrophen geschuldet war, die über ihn hereingebrochen waren. Er wusste genau, wie tief er in der Patsche saß.

Auch meine Mutter spürte das, und die Angst vor dem, was kommen mochte, setzte ihr schlimm zu. Eines Tages traf ich sie allein in ihrer Wohnung in New York an; Papa war zu seinen Finanzberatern nach Italien gereist, was ihm die Behörden noch immer erlaubten. Mama weinte aus Angst, mein Vater könnte in Haft kommen. Sie war überzeugt, dass er das Gefängnis nicht lebend verlassen würde. Ich wollte sie beruhigen, aber sie war untröstlich. Mich überkamen ungute Erinnerungen an die Depression, die sie in meiner Kindheit heimgesucht hatte. Schließlich bat ich Papa, sofort aus Italien zurückzukommen. Gemeinsam gelangten wir zu dem Schluss, dass es besser für sie wäre, wenn sie nach Rom zurückkehrte, damit sie von den dramatischen Ereignissen in den USA möglichst wenig mitbekam.

Um meinen Vater machte ich mir nicht weniger Sorgen als um Mama, da sie ja nun nach Hause geflogen war. Dass er für sie stark sein musste, hatte seine Entschlossenheit vielleicht noch gestärkt. Mein Leben lang war ich davon ausgegangen, dass nur sie von ihm abhängig war. Erst in den frühen Tagen der Betrugsermittlungen begriff ich, dass ihre Abhängigkeit auf Gegenseitigkeit beruhte.

Auf mir lastete nun viel Verantwortung. Ich unterstützte Papa, wo ich konnte, und lenkte ihn, so weit wie möglich, von seinen Problemen ab. Damals arbeitete ich an einem meiner anspruchsvollsten Projekte, der Präsentation der Frühlings-Sommer-Kollektion vor dreihundert geladenen VIP-Gästen und Medienvertretern im Cotillion Room des Hotel Pierre in New York. Wenn es gut lief, sollte die Show in Chicago, Palm Beach und Los Angeles wiederholt werden. Dass ich das Ereignis als Regisseurin, Choreografin und Produzentin begleitete, war für mich eine willkommene Abwechslung. Inspiriert vom Bühnendesign unserer jüngsten Modenschau in Mailand suchte ich wochenlang Models und Musik aus, arrangierte die Kleider und choreografierte die Auftritte. Die Musik, die ich zusammenstellte, reichte von brasilianischer Bossa Nova bis Reggae und R&B. Ich hatte alle Hände voll zu tun, und dass alle Aufmerksamkeit mir gelten würde, schüchterte mich mehr ein als jede Vorstandssitzung es vermocht hätte. Im Finale sollten Models, die ich aus Hunderten von Portfolios ausgesucht hatte, in hautengen schwarzen Catsuits die neuesten Schmuckstücke aus der Kollektion Oro Coccodrillo präsentierten.

Zu meinem großen Erstaunen kam mein Vater schon früh. Als er meine Überraschung bemerkte, küsste er mich auf die Wange und sagte: »Was denn? Darf ich meiner Tochter nicht Glück wünschen?« Dann setzte er sich an einen Tisch, von dem aus er alles gut beobachten konnte. Ich war furchtbar nervös an diesem Abend, und als die Models an mir vorbei auf den Laufsteg in das bunte Scheinwerferlicht und das Blitzlichtgewitter eilten, betete ich innerlich, alles möge nach Plan gehen.

Nach der Show brandete Applaus auf, und der Gesichtsausdruck meines Vaters verriet, dass ich ihm eine Freude bereitet hatte. Schon allein, dass er seinen Kummer vorübergehend vergessen konnte, war die Sache wert.

Als ich ihn da stehen sah, klatschend und »*Brava!*« rufend, verzieh ich ihm ein für alle Mal, dass er damals nicht in meine Schule gekommen war, als ich dort in *The Boy Friend* mitspielte.

»Patricia, ich bin so stolz auf dich!«, sagte er später hinter der Bühne und hob anerkennend ein Glas Champagner. Das war ein Glücksmoment, der sich tief in mein Herz einbrannte. Egal, was an Gutem oder Schlechtem noch kommen mochte: Die Erinnerung an diesen Abend würde mir immer bleiben.

ZWEIUNDZWANZIG

Der schlimmste Verrat, heißt es, begehen diejenigen, die uns am nächsten stehen. Das kann man im Fall meines Vaters sicher so sagen. Jeder von uns hat in seinem Leben in der einen oder anderen Form schon Verrat erlebt – angefangen mit den Cliquen unserer Jugend, die sich fanden und wieder auflösten. Doch wenn wir erwachsen sind, wiegt jeder Verrat schwer und kann verheerende Folgen haben.

Meine Mutter war von ihrer Freundin verraten worden, die Giorgio die anonymen Briefe geschickt hatte. Papa war Verrat schon früher begegnet, wenn auch nicht in dem Ausmaß, das ihn nun erwartete. An der nächsten Gucci-Vorstandssitzung, die für den September 1984 in Manhattan anberaumt war, konnte er aus Termingründen nicht teilnehmen. Nachdem die Steuerbehörde in seinem Fall eine Anhörung vor dem Geschworenengericht angesetzt hatte, musste er sich mit seinen Anwälten beraten. Zu der im selben Haus stattfindenden Vorstandssitzung schickte er seinen Stellvertreter Robert Berry. Als Robert atemlos in sein Büro stürmte, blickte mein Vater erstaunt auf und machte sich auf weitere schlechte Neuigkeiten gefasst. Gab es etwas Neues? Hatte Paolo wieder eine Intrige ersonnen?

Was er nun erfuhr, kam für ihn völlig überraschend. Maurizio, der ja Rodolfos Anteile geerbt hatte, hatte beantragt, den Vorstand aufzulösen, meinen Vater zu entlassen und einen neuen Vorstand mit ihm als Vorsitzenden zu berufen. Dieser unerhörte Putsch war mit militärischer Effizienz geplant worden, und wie Papa später erfuhr, handelte Maurizio nicht allein: Paolo hatte sich bereit erklärt, ihm seine Anteile zu verkaufen und ihm so die Kontrolle über die Firma zu überlassen.

Mein Vater stand bei der Nachricht nicht einmal auf. Es nutzte ja nichts. Was geschehen war, ließ sich nicht ändern. Nur ein paar Stockwerke weiter unten hatte also sein eigener Neffe, den er einst bei sich aufgenommen, dem er alles beigebracht hatte, ein teuflisches Bündnis geschmiedet, um ihn vom Thron zu stoßen.

Als ich ein paar Tage später nach New York zurückkehrte, war Papa so niedergeschlagen, wie ich ihn noch nie erlebt hatte. Er saß in seiner Wohnung allein in der Dämmerung und starrte vor sich hin. »Soll ich uns etwas zu essen besorgen?«, fragte ich ihn.

Er rührte sich nicht. »Ich habe keinen Hunger«, erwiderte er. »Mach du nur. Ich brauche nichts.«

Meine Mutter flog nach New York zurück, um bei ihm zu sein, während er seine Verteidigung vor Gericht vorbereitete. Es ging ihr besser als in den Monaten zuvor, doch sie machte sich nach wie vor große Sorgen. An einem Tag, an dem sie mal wieder recht niedergeschlagen war, überbrachte ich ihr Neuigkeiten, die sie, wie ich hoffte, aufheitern würden.

»Ich bin schwanger.« Dass ich die Worte aussprach, machte sie für mich erst richtig greifbar. Angesichts der dunklen Wolken, die über uns hingen, hatte ich gezögert, es ihr zu sagen. Ich liebte Santino und wollte das Baby mehr als alles andere, doch ich wusste nur zu gut, dass ich in den Augen meiner Eltern noch zu jung für ein Kind war.

»Ich wusste es«, erwiderte meine Mutter schon fast resigniert. »Ich habe von einem kleinen Mädchen im Sommerkleid geträumt. Du wirst ein Mädchen bekommen.«

Ich hatte keine Zweifel an ihrer Vision und freute mich natürlich, musste aber doch zugeben: »Ich wollte immer einen Jungen haben.«

Dann erzählte ich ihr den zweiten Teil meiner Neuigkeiten. »Santino und ich wollen heiraten.«

Mama reagierte nicht so, wie man es sich als Tochter erhofft. Sie sog zischend die Luft ein, ehe sie sagte: »Na gut. Aber deinem Vater sagen wir es besser noch nicht. Er hat so schon genug Probleme.«

Da Papa Santino erst kurz zuvor kennengelernt hatte, war die Ankündigung vielleicht wirklich etwas verfrüht. Sicher hätte er nichts dagegen gehabt, aber begeistert wäre er wohl auch nicht gerade gewesen. Ich hoffte nur, dass er sich für mich freute, wenn er es dann erfuhr.

Mama schwieg ein Weile und fragte dann: »Musst du denn wirklich heiraten?«

Aus ihrem Mund überraschten mich diese Worte. »Ich wünsche meinem Kind den besten Start ins Leben«, sprach ich das Offensichtliche aus. »Mit einer Mami und einem Daddy, die zusammenleben wie eine normale Familie. Das hättest du dir unter normalen Umständen doch auch gewünscht.«

Als ich ihren zweifelnden Gesichtsausdruck sah, fügte ich hinzu: »Keine Sorge, Mama, es wird eine kleine intime Feier – nur wir, Santinos Familie und ein paar Freunde.«

Santino war einverstanden, dem Rat meiner Mutter folgend Papa erst an Weihnachten zu informieren, wenn wir uns alle in Palm Beach trafen. Dort wäre er entspannter, dachten wir, und wir könnten die Sache ungestört besprechen. Ein paar Tage nach unserer Ankunft hielt ich die Zeit für gekommen. Ich setzte mich neben ihn, legte die Finger auf meinen Bauch und sagte: »Da ist etwas, das du wissen solltest, Papa. Ich bekomme ein Kind.«

Er starrte mich ausdruckslos an. Schließlich sagte er tonlos: »Das freut mich für dich.«

Ehe er noch etwas sagen konnte, schob ich eilig nach: »Wir haben das nicht geplant. Ich weiß, dass das jetzt nicht gerade günstig für dich kommt, aber Santino und ich lieben uns und wollen heiraten. In Jamaika.«

Er wandte sich von mir ab und schloss die Augen. Mir schien, er setzte diesen Punkt innerlich auf seine Liste verfahrener Situationen, über die er noch nachdenken musste. Endlich sagte er: »Wir müssen Vorkehrungen treffen, um deine Interessen zu wahren. Ich will keine Risiken eingehen.« Dann sah er mich wieder an und sagte freundlicher: »Mach deine Hochzeit so, wie du sie dir wünschst.«

Als ich ihm von unseren Plänen erzählte, nickte er nur lächelnd. Sie entsprachen nicht seinen Wünschen, aber das hatte ich schon vorher gewusst.

Wie jeder junge Mann, der bei einem Vater um die Hand seiner Tochter anhält, war Santino nervös. Am Ende platzte er am ersten Weihnachtsfeiertag mit seinem Antrag heraus, als mein Vater den Truthahn zerlegte. Mit einem dreißig Zentimeter langen Messer in der einen und einer großen Gabel in der anderen Hand blickte Papa seinen zukünftigen Schwiegersohn kurz an, legte die Utensilien zur Seite und schüttelte Santino die Hand.

Den Hochzeitstermin hatten wir für den 19. Januar 1985 festgelegt, also drei Wochen später. Insgesamt fünfundzwanzig Freunde und Angehörige waren zur Zeremonie in einer idyllischen Kirche geladen, die katholische Missionare im sechzehnten Jahrhundert in der St. Ann's Bay im Norden Jamaikas errichtet hatten. Santinos Eltern hatten sich mitsamt seinen zwei Brüdern angekündigt, doch die Familie meines Vaters wurde nur von Robertos drittgeborenen Sohn Uberto vertreten, der zufällig gerade in New York war und sich in letzter Minute entschloss zu kommen.

Meine Freundin Maria und ihr Freund kamen ebenso wie meine Trauzeugin Andrea und mehrere Freunde aus New York. Wir hatten die Männer um weiße Garderobe gebeten, doch Santinos Vater und Brüder ignorierten die Bitte und erschienen im schwarzen Anzug. Nach dem Gottesdienst sollten die Gäste zu einer Villa am Meer gebracht werden, die wir für einen Empfang am Strand gemietet hatten.

Ein paar Wochen zuvor waren mein Verlobter und ich nach Montego Bay geflogen, um alles vorzubereiten. Papas Anwalt aus New York hatte sich mit einem Ehevertrag eingefunden, den Santino bereitwillig unterzeichnete.

Der Morgen der Hochzeit war chaotisch, und ich musste alle möglichen Probleme selbst lösen, da meine Mutter nicht mit den Vorbereitungen befasst war. Nachdem ich alles erledigt hatte, legte ich mein Hochzeitsgewand an, eine *Salwar-Kamiz*-Hose und ein langes cremefarbenes Seidenhemd, das meinen wachsenden Bauch verbarg. Der afroamerikanische Designer Willi Smith, mein Vermieter und Nachbar in Tribeca, hatte es mir geschenkt.

Dann fuhr Andrea mit mir zur Kirche, wo mein Vater schon auf mich wartete, um mich zum Altar zu geleiten. Das war einerseits selbstverständlich, und doch bedeutete es mir sehr viel, dass er sich trotz seines wahnwitzigen Terminplans und des schwebenden Verfahrens die Zeit für mich genommen hatte.

Wie er da vor der Kapelle stand, im blauen Hemd und im cremefarbenen Leinenanzug, sah er unglaublich vornehm aus. »Sei bellissima!«, sagte er lächelnd und hielt mir seinen Arm hin. »Das ist dein großer Tag, Patricia. Den kann dir keiner verderben.«

Als wir durch den Mittelgang auf meinen Bräutigam zuschritten, der ebenfalls im weißen Anzug vor dem Altar stand, packte mich die Aufregung. Wie jede Braut fragte ich mich, ob ich das Richtige tat. Wir blieben vor dem freundlich lächelnden Priester im Ornat stehen, und ich spürte, wie sich der Arm meines Vaters enger um meinen Ellbogen schloss.

Mama sah teilnahmslos aus der ersten Reihe zu; die Vorbehalte, die sie gegen meine Entscheidung hatte, waren ihr immer noch anzumerken. »Ich bin mir nicht sicher, ob er der Richtige für dich ist, Patricia«, hatte sie gesagt. Santino und ich kämen aus verschiedenen Welten, betonten meine Eltern. Unsere unterschiedliche Herkunft und unser junges Alter bei der Geburt des Kindes würden uns noch schwer zu schaffen machen. Doch weil Mama wusste, dass ich stark war, hoffte sie das Beste.

Ich nahm noch einmal einen tiefen Atemzug, trat dann neben Santino und sah den Priester an, der mit gefalteten Händen wartete. Ich wollte meinem Vater den Arm entziehen, doch statt mich loszulassen, zog er mich nur noch enger an sich.

»Sehr witzig, Papa«, flüsterte ich. Er hielt mich weiter fest und sah mit einem merkwürdigen Gesichtsausdruck ins Leere. Als ich ihm nach einer unbeholfenen Pause den Arm entzog, packte er mich, für alle sichtbar, am Handgelenk. Mit Tränen in den Augen wandte er sich mir zu, lockerte den Griff und drückte meine Hand ein letztes Mal. Ich dachte, er wolle etwas sagen, aber das war gar nicht nötig.

Er zwang sich zu einem Lächeln und stellte sich neben meine Mutter. Ich kämpfte gegen die Tränen an. Am liebsten hätte ich ihn umarmt und ihm gesagt, dass ich ihn gut verstünde. Dass er mich liebte, war immer eine unausgesprochene Gewissheit gewesen, doch in diesem Moment wollte er es mir mitteilen. In dieser alten Kirche schenkte er mir das Schönste, was ein Vater seinem Kind geben kann: seine bedingungslose Liebe – und mit dieser Geste meine kostbarste Erinnerung an ihn.

Später versammelten wir uns am Strand vor unserer Villa, wo ein traditioneller jamaikanischer Ziegenspießbraten serviert wurde und eine Calypsoband Lieder von Harry Belafonte spielte, die unsere Gäste in Stimmung brachten. Santinos Vater machte meine Mutter beschwipst. Ich habe sie zuvor oder auch später nie so überkandidelt erlebt und so viel lachen sehen. Es war ein ausgelassener, ein wunderbarer Tag. Genau so hatte ich mir meine Hochzeit immer vorgestellt.

Drei Tage und drei Nächte waren wir eine normale glückliche Familie. Niemand hätte geahnt, dass Papa mitten in einer tiefen Krise steckte. Im Augenblick seiner Ankunft war aller Stress von ihm abgefallen. Trotz seiner Sorgen zog er das Jackett aus und schien fest entschlossen zu sein, sich zu amüsieren und sich unsere gemeinsamen Tage nicht verderben zu lassen. Dafür werde ich ihm ewig dankbar sein.

Als wir in die USA zurückkehrten, gab es nur noch wenig Anlass zur Freude. Maurizio, der selbst ernannte »Friedensstifter«, der behauptete, er werde den Schaden »reparieren«, hatte sich auch zum Vorsitzenden von Guccio Gucci SpA aufgeschwungen. Er ernannte meinen Vater zum »Ehrenvorsitzenden« der italienischen Sparte, doch der Titel hatte keinerlei Bedeutung. Aus Papas Sicht riss Maurizio dem Unternehmen anschließend die Seele aus dem Leib, denn er verlegte den Gucci-Hauptsitz von Florenz in ein schickes neues Bürogebäude in Mailand, unweit seines Privatwohnsitzes. Dann setzte er zu einer wüsten Einkaufsorgie an und verschwendete Millionen.

Nach dem Kauf eines Firmenjets und anderen Exzessen war er in der Presse nur noch der »Erbe, der zügellos mit Geld um sich wirft«. Das Unternehmen rutschte immer tiefer in die Krise. Ohne Rücksicht auf ihre Loyalität und Erfahrung feuerte Maurizio Ruby Hamra und andere langjährige Mitarbeiter. Dann verkleinerte er das Lizenzgeschäft und »rationalisierte« das Unternehmen, das in jenem Jahr einen Rekordgewinn von 63 Millionen Dollar auswies. Mit einem Handstreich zerstörte er einen Großteil dessen, was mein Vater in Jahrzehnten aufgebaut hatte.

Papa musste hilflos zusehen, wie Maurizio die Firma – seine Firma – systematisch zerlegte. Anschließend brach sein Neffe, der Papa zufolge an »katastrophalem Größenwahn« litt, seine Übereinkunft mit Paolo, nach der dieser im Tausch gegen seine Anteile seine eigenen Entwürfe fertigen durfte. Wieder folgten Prozesse. Mein Vater war verzweifelt. Er hatte Rodolfo auf dem Sterbebett versprochen, auf dessen einzigen Sohn aufzupassen und zu verhindern, dass dessen Frau Patrizia an das Geld der Familie gelangte. Nun feierte die PR-Maschinerie des Unternehmens Maurizios Frau als »Königin von Gucci«, und Papa warf sich vor, dass er Foffo im Stich gelassen hatte.

Das Einzige, was meinem Onkel Rodolfo wohl gefallen hätte, war die überraschende Krise, die bald Maurizios Ehe erfasste. Maurizio verließ Patrizia – Mutter seiner zwei Töchter –, schloss sie aus einem ihrer

Häuser aus und demütigte sie in aller Öffentlichkeit. Das Mitleid mit ihr hielt sich jedoch in Grenzen, ohnehin stand zu vermuten, dass sie nicht klein beigeben würde.

Ich war viel zu sehr mit meinem eigenen Leben beschäftigt, um mich mit den Ereignissen in Italien zu befassen. Meine Ehe zeigte erste Risse, und als am 2. Juli 1985 im Mount Sinai Hospital in New York nach langwierigen Wehen meine Tochter Alexandra zur Welt kam, stand zwischen Santino und mir längst nicht mehr alles zum Besten. Andrea und ihre Schwester kamen mich besuchen. Auch meine Mutter reiste an, musste allerdings rasch zurück nach Rom zu meinem Vater, der seine dezimierten Geschäfte zu ordnen versuchte. Mama blieb gerade lang genug, um ihre Enkelin zu begutachten und ihre Schönheit zu bewundern.

In Santinos Gegenwart fühlte sich meine Mutter nicht wohl. »Dieser Mann tut dir nicht gut«, sagte sie oft. Sie hatte immer vermutet, dass er nicht da sein würde, wenn ich ihn wirklich brauchte. Und tatsächlich reiste er wenige Wochen nach ihr ab, weil er sich angeblich um Geschäfte in Sardinien kümmern musste.

Wegen einer Infektion infolge des Kaiserschnitts verbrachte ich zehn Tage im Krankenhaus und brauchte anschließend Wochen, um wieder auf die Beine zu kommen. Lange konnte ich vor lauter Schwäche nicht stehen, geschweige denn Alexandra in die Arme nehmen. Ich wünschte nur, meine Mutter wäre da und könnte sich um mich kümmern. Zum Glück kam mir nach Santinos Abreise Andrea zu Hilfe, und mit der zuverlässigen Unterstützung Dr. Benjamin Spocks und seines Ratgeberklassikers zur Kinderpflege eigneten wir uns die wichtigsten Grundlagen an.

Als Papa fünf Wochen nach der Geburt seiner Enkelin endlich in die Stadt zurückkehrte, nahm er sich sofort ein Taxi und besuchte mich in meiner Wohnung in Tribeca. Der Stadtteil wirkte auf ihn wie das Ende der Welt. Auf dem Weg zu meiner Wohnung kam er an Mülleimern und ärmlichen Werkstätten vorbei und fragte sich, was seine

Tochter nur hierher verschlagen hatte. Doch als er Alexandra in den Armen hielt, spielte das alles keine Rolle mehr. Papa hatte zwar schon zehn Enkelkinder, doch diesmal war alles anders. Meine Mutter sagte, sie habe ihn noch nie so entzückt gesehen. Alexandra weckte eine Zärtlichkeit in ihm, die er nicht einmal bei meiner Geburt gezeigt hatte.

Santino und ich durchlebten gute und schlechte Tage. Als junge Eltern begleiteten wir aber gespannt die ersten Begegnungen unseres Babys mit der Welt. Ich war gern Mutter, doch schon bald musste ich wieder arbeiten gehen und meinem Vater zur Seite stehen.

Auch wenn Papa es nie zugegeben hätte, so kämpfte er doch zunehmend auf verlorenem Posten. Je stärker er sich an die Macht klammerte, desto mehr entglitt sie ihm. Überleben konnte er jedoch nur, wenn er losließ. Meine Mutter war schon Jahre vorher zu dieser Erkenntnis gelangt, und Papa hatte beobachten können, dass ihr das inneren Frieden beschert hatte. Nun hörte er mit wachsendem Interesse zu, wenn sie über ihren Glauben sprach und die Erleichterung, die er ihr verschaffte.

Meine Mutter, die in einem frommen katholischen Umfeld aufgewachsen war, hatte nie die Existenz Gottes hinterfragt, war aber mit ihrem Glauben trotzdem nie richtig ins Reine gekommen.

»Ich war fromm, ohne religiös zu sein«, erklärte sie meinem Vater. »Ich glaubte, aber ohne jede Leidenschaft. Als mir mein Guru dann erklärte, dass Gott in *allem* steckt, begriff ich plötzlich, worauf er hinauswollte. Damit konnte ich etwas anfangen.«

Mein Vater wollte diesen Guru nun endlich kennenlernen und flog mit Mama nach London, um ihn zu besuchen. Zu seiner Überraschung fühlte er sich sofort zu dem warmherzigen Weisen hingezogen. »Sie müssen beten und beten und vertrauen«, riet ihm Sari Nandi. Bis zu dieser Begegnung war mein Vater auf seine stille, zurückhaltende Weise religiös gewesen und sonntags in die Kirche gegangen. Doch nun betete er regelmäßig und besuchte oft die St. Patrick's Cathedral in der Fifth Avenue unweit seiner Wohnung.

Seine Gebete schienen erhört zu werden, denn er erfuhr etwas, das die Lage womöglich völlig verändern sollte. Onkel Rodolfos Assistentin Roberta hatte meinen Vater aus Mailand kontaktiert und ihm mitgeteilt, dass Maurizio sie zwei Tage nach Foffos Tod angewiesen habe, seine Unterschrift auf einigen Firmenanteilsscheinen zu fälschen. Als sie sich weigerte, habe er jemand anders damit beauftragt. Diese Fälschung ersparte ihm mehrere Millionen Dollar Erbschaftsteuer.

Papa gab diese Information in Florenz an einen Richter weiter, der die Aktien umgehend beschlagnahmte, um weitere Ermittlungen anzustellen. Mein Vater reichte dann eine zivilrechtliche Klage gegen seinen Neffen ein, weil er seine Firma »mit illegalen Mitteln« unter seine Kontrolle gebracht habe. Maurizio stritt die Beschuldigungen ab, doch ehe er es sich versah, hatte man ihn bei Guccio Gucci SpA ausgebootet, und es sah danach aus, als könnte Papa seine frühere Position als Vorsitzender wieder einnehmen.

Über mehrere Winkelzüge, die in der Presse genüsslich ausgebreitet wurden, konnte Maurizio dies jedoch in letzter Minute verhindern und die entscheidende Vorstandssitzung verschieben. Dieser neueste verräterische Akt seines Neffen gipfelte darin, dass mein Vater bei seiner Rückkehr aus Italien feststellen musste, dass sein New Yorker Büro in seiner Abwesenheit ausgeräumt worden war und eine Kündigung auf ihn wartete. Weltweit arbeiteten mittlerweile fast zwanzig Familienmitglieder in der Firma, doch zum ersten Mal seit mehr als sechzig Jahren gehörte mein Vater nicht dazu. Maurizio bestätigte als US-Vorsitzender in einer Presseerklärung, dass man »Aldo Guccis Wirken im Unternehmen beendet« habe und er keine Position mehr bekleide.

Völlig verzweifelt rief mein Vater Mama an. »Sie haben mir alles genommen – alles, Bruna!«, klagte er. Da sie ihn nicht trösten konnte, beschwor sie ihn, seinen Glauben nicht zu verlieren, wie Sari Nandi es ihm geraten hatte. »Wir müssen beten, Aldo«, erklärte sie. »Etwas anderes bleibt uns nicht übrig.«

DREIUNDZWANZIG

Menschen werden oft über ihren Namen definiert. Wie wir heißen und vor allem, was andere von uns halten, wirkt sich wiederum unmittelbar auf unser Verhalten aus. Seit meinen Tagen in Hurst Lodge weiß ich, dass mein Nachname ein gewisses Prestige besitzt. Wenn ich jemandem meine Kreditkarte gebe oder einen Termin vereinbare, sieht mein Gegenüber oft zweimal hin. Werde ich gebeten, meinen Namen zu buchstabieren, atme ich tief ein und sage deutlich Buchstabe für Buchstabe: »G-U-C-C-I.«

Wenn ich in London oder New York jemanden kennenlernte, stellte ich mich immer bloß als »Patricia« vor. Das war einfacher für mich. Später nahm ich den jeweiligen Namen meiner Ehemänner an, weil ich lieber anonym bleiben wollte. Mittlerweile hat sich der Kreis geschlossen, denn meine Töchter haben – gegen meinen Rat – beschlossen, neben dem Nachnamen ihres Vaters auch den Namen Gucci zu verwenden. Sie gehen damit das Risiko ein, als jemand wahrgenommen zu werden, der sie gar nicht sind.

Meinem Vater bedeutete sein Name alles. Lange bevor er und mein Großvater die Firmengeschichte neu erfanden, war er stolz auf das, was sie erreichten und dass sie durch harte Arbeit, Weitblick und Entschlossenheit das Glück der Familie schmieden konnten. Aus dem einfachen Hutladen in der ländlichen Toskana hatten sie ein führendes Unternehmen für Luxusartikel mit einer einzigartigen Markenidentität geschaffen. Dieses Familienerbe wollte Papa an die nächste Generation, an seine Söhne und Enkel, seine Neffen und vermutlich auch an mich und meine Kinder weitergeben.

Noch mit achtzig Jahren hätte er sich niemals vorstellen können, dass sein Name einmal durch den Schmutz gezogen würde und – schlimmer noch – sein eigen Fleisch und Blut Schande über ihn bringen könnte. Er war zutiefst erschüttert und fand sich nicht so leicht mit den veränderten Umständen ab. Zum ersten Mal seit Jahrzehnten besaß er kein Büro mehr, konnte keine unternehmerischen Ziele mehr verfolgen. Um seine Würde zu wahren, richtete er sich in einer Wohnung in New York, die neben seiner eigenen lag, einen vorübergehenden Stützpunkt ein. Mama hielt sich überwiegend in Italien auf, flog aber immer mal wieder für einen Monat nach New York, ehe sie sich wieder in ihre Heimat zurückzog. Papas Sekretärin kam jeden Tag und half ihm mit den Anrufen und seiner endlosen Korrespondenz mit Anwälten, Steuerberatern, Kollegen und seiner Familie in Italien.

Als er Santino und mir vorschlug, von Tribeca wieder in mein altes Appartement gegenüber seinem zu ziehen, willigte ich sofort ein. Da unser neues »Zuhause« altmodisch und nach unserem hellen, weißen luftigen Loft geradezu deprimierend war, war mein Vater sofort damit einverstanden, dass wir sie entsprechend den Bedürfnissen einer jungen Familie modernisierten.

Ich freute mich, in dieser schrecklichen Zeit wieder in seiner Nähe zu sein. Er war inzwischen sehr geschwächt und wirkte so zerzaust, dass es mir das Herz brach. Zum Glück hatte ich so viel um die Ohren, dass ich gar nicht zum Nachdenken kam. Ich saß noch im Vorstand und verantwortete als eine der Führungskräfte die Ladengestaltung. Im Vorstand musste ich unter anderem über die uns vorgelegten Anträge zur künftigen Ausrichtung des Unternehmens abstimmen. Giorgio und Roberto, die ebenfalls einen Vorstandssitz bekleideten, blieben in Italien, von wo aus sie Papa Bericht erstatteten. Ich hatte kaum Kontakt zu ihnen, und mein Vater kümmerte sich als Einziger um ihre Belange.

Egal, auf welcher Seite des Atlantiks wir Vorstandsmitglieder uns gerade befanden, es war uns untersagt, Informationen an meinen Vater weiterzugeben, ein Verbot, gegen das wir natürlich verstießen. Vor allem ich reichte alles an ihn weiter, was an Berichten, Protokollen und Briefen hin und her lief. Mir war bewusst, dass Maurizio und seine Leute mich entlassen würden, wenn meine Indiskretion ans Licht käme, aber das Risiko ging ich bewusst ein.

Vor dem ersten Gerichtstermin meines Vaters im Januar 1986 war mit seinen Rechtsberatern vereinbart worden, dass er zwar aussagen würde, von den Steuersparmethoden nichts gewusst zu haben, sich aber dennoch schuldig bekennen, das geschuldete Geld zurückzahlen und auf eine Geldstrafe hoffen würde. Als der Termin näher rückte, bereitete er seinen Auftritt sorgfältig vor. Ich weiß nicht mehr, wie oft wir uns mit seinen Anwälten trafen, die uns immer wieder versicherten, dass sie eine Gefängnisstrafe verhindern würden.

Um das Familienvermögen zu schützen, verteilte mein Vater seine Anteile am italienischen Unternehmen an Giorgio und Roberto. Paolo ging leer aus. Damit blieben Papa nur 16,7 Prozent der US-Firma. Im Rückblick war das die katastrophalste Entscheidung seines Lebens. In seinem verzweifelten Bemühen, das Familienerbe zu schützen, überlegte er keine Sekunde, ob er sich auf seine Söhne auch verlassen konnte.

Angesichts der Turbulenzen im Leben meines Vaters konnte ich kaum an etwas anderes denken. Sechs Monate waren seit Alexandras Geburt vergangen, und wir hatten sie immer noch nicht taufen lassen. Santinos Eltern, gläubige Katholiken, warnten uns, dass unsere Tochter in der Hölle enden würde, falls ihr etwas zustoßen sollte. Als sie uns in jenem Jahr an Weihnachten zu sich nach Italien einluden, planten wir daher für den 30. Dezember in ihrer norditalienischen Heimatstadt die Taufe.

Mein Vater konnte nicht kommen. Er musste sich auf den anstehenden Prozess vorbereiten und entschied sich stattdessen für ein ruhiges Weihnachtsfest in Rom. Er brauchte auch die Zeit allein mit Mama. In den vorangegangenen Monaten hatte er eine zunehmende Abhängigkeit von ihr entwickelt, und es schmerzte ihn ungemein, dass sie so weit weg war. Zwar telefonierten sie jeden Tag und führten bis tief in die Nacht lange Gespräche, doch er vermisste sie schrecklich.

Wieder vereint in der Stadt, in der sie sich einst verliebt hatten, blendeten meine Eltern die Möglichkeit, dass er ins Gefängnis musste, weitgehend aus. Besonders für Mama war das unvorstellbar. Dass er wahrscheinlich vor ihr sterben würde, ließ sich nicht wegdiskutieren. Als er in Florida an der Lungenentzündung erkrankt war, hatte sie sein Ende bereits kommen sehen, sich aber damit getröstet, dass sie an seiner Seite war. Im Gefängnis würde es einen solchen Trost nicht geben, und sie befürchtete, dass eine Trennung unter so furchtbaren Umständen sein sicheres Ende bedeutete. Und wahrscheinlich wäre es auch das ihre.

Die Festtage verbrachten sie in einem Auf und Ab der Gefühle. Beide schliefen nicht viel und schreckten mitten in der Nacht auf, weil es womöglich ihre letzte gemeinsame Zeit war. An dem Abend, an dem Papa in die Staaten zurückkehrte, war er so ernst wie nie. Er hatte am Vormittag gepackt und letzte Vorbereitungen getroffen, ehe er Mama eine Stunde vor der Abreise bat, sich zu ihm zu setzen. Er habe ihr noch etwas Wichtiges zu sagen.

Er reichte ihr einen großen Umschlag. »Ich möchte, dass du darauf aufpasst, Bruna. Du bist der einzige Mensch, dem ich vertrauen kann. Wenn mir etwas zustößt, musst du es Roberto und Giorgio geben.« Er öffnete den Umschlag und zeigte ihr eine ledergebundene Aktienmappe und ein Bündel Lire. Wie es in der Familie Gucci seit Langem Tradition war, wurde die Verantwortung in männlicher Linie weitergegeben. Mit ihrer lebenslangen Arbeit für die Firma hatten sich meine Brüder den Anspruch darauf erworben. Ich wurde nicht berücksichtigt und erwartete das auch nicht. Papa folgte der Tradition – ein klassisches Beispiel für das konservative Denken meines Vaters und seiner Generation.

Meine Mutter, die unsere Zukunft in den Händen hielt, war ergriffen von seinem unendlichen Vertrauen. »Jede andere Frau wäre nach Südamerika durchgebrannt und hätte es sich gut gehen lassen«, sagte sie später. Allerdings machte ihr die Verantwortung auch Angst, und sie ging, die Aktien unter ihrem Wollmantel versteckt, eilig zur Bank, um sie in einem Schließfach sicher zu verwahren.

Ein paar Tage später wurde Alexandra in der Chiesa di San Martino in Schio, hundert Kilometer westlich von Venedig, getauft. Es war ein kalter nebliger Tag, und wir saßen fröstelnd in der Kirche. Mama nahm am Gottesdienst teil, wirkte aber sehr traurig. Es war ein emotional aufgeladener Tag: Meine liebe Freundin Maria, der ich die Patenschaft angetragen hatte, war wenige Monate zuvor bei einem Autounfall ums Leben gekommen. Eine Freundin Santinos hatte neben dem zweiten Paten Enrico Marias Stelle eingenommen. Unser kleines Mädchen wurde auf den Namen Alexandra getauft.

Als wir nach New York zurückkehrten, ging mein Vater auf seinen eigenen Wunsch hin allein zu dem Gerichtstermin. Er hatte darauf bestanden, dass meine Mutter zu Hause blieb, weil es sich um eine »reine Formalität« handle. Er würde auf schuldig plädieren, und der Fall würde bis zur Verhandlung und Urteilsverkündung vertagt werden. Unsere Anwesenheit sei nicht nötig, sagte er. In Wahrheit wollte er nicht, dass ihn jemand in seiner Schande sah, und meine Mutter fürchtete, es nicht zu ertragen.

Weil ich natürlich wusste, was Papa durchmachte, wenn keiner von uns ihm zur Seite stand, fühlte ich mich hilflos und haderte mit dem Schicksal. Nicht nur hatte man ihn gezwungen, die Schuld für etwas auf sich zu nehmen, an dem er nicht beteiligt gewesen war. Alle anderen hatten auch noch den Profit eingestrichen, besonders Rodolfo und – über sein Erbe – Maurizio. Doch weil mein Vater dem Unternehmen vorstand und als Einziger über eine Greencard verfügte, musste er den Kopf hinhalten. Nicht, dass er es anders gewollt hätte. Als Mann von Prinzipien glaubte er, dass Macht auch Verantwortung mit sich bringt und vor Gericht Unwissenheit nicht vor Strafe schützt.

Mein Vater stand im Gerichtssaal wenige Meter von der Pressetribüne entfernt, wo die Reporter nur darauf warteten, ihn als Betrüger vorzuführen. Er bekannte sich der Steuerhinterziehung in zwei Fällen und der Verschwörung zur Behinderung und Ablenkung der Steuerbehörde in einem Fall für schuldig. Jeder Anklagepunkt konnte maximal fünf Jahre Gefängnisstrafe bringen, doch seine Anwälte hatten versprochen, dass er das Gericht als freier, wenn auch deutlich ärmerer Mann verlassen würde. Die Vertreter der Steuerbehörde erklärten, seit 1972 seien insgesamt 18 Millionen Dollar hinterzogen worden, die überwiegend an »namentlich nicht genannte Mitverschwörer« geflossen seien. Mein Vater schulde dem Staat fast 8 Millionen Dollar an Steuerrückständen. In einer kurzen Erklärung legte Papa dem Richter dar, dass er nicht daran beteiligt gewesen sei und von den Auslandszahlungen nichts gewusst habe.

Nach einer zehnminütigen Verhandlung wies ihn der Richter an, die Steuerschuld zu begleichen. Er wartete, bis Papa an Ort und Stelle einen Scheck über 1 Million Dollar ausgestellt hatte, ehe er den Fall vertagte.

Als ich Papa in Manhattan aufsuchte, war er sichtbar erleichtert, dass er es nun hinter sich hatte. Doch in den vielen Jahren als Geschäftsmann hatte man ihn noch nie öffentlich so gedemütigt, und das belastete ihn schwer. Er habe sich »zum Wohl aller« schuldig bekannt, sagte er.

In den nächsten sechs Wochen drehte sich alles um die Schlacht vor Gericht und seine Entscheidung, das Urteil auf den September 1986 zu vertagen. Als Papa im März unerwartet zu meinem dreiundzwanzigsten Geburtstag kam, war ich daher begeistert. Santino hatte eine Überraschungsparty in einem argentinischen Restaurant im Meatpacking District organisiert, einer Gegend, die damals als tabu galt. Papa war von meinen Freunden und einigen der schillerndsten Figuren des New Yorker Nachtlebens umgeben, unter ihnen Dianne Brill, die selbst ernannte »Königin der Downtown-Szene«. In dieser Nacht sah ich nach Ewigkeiten zum ersten Mal wieder ein Schimmern in Papas Augen. Die auch als »Bubbles« bekannte Dianne, einen Meter fünfundsiebzig groß und mit einer himmelhohen Turmfrisur, freundete sich gleich mit meinem

Vater an. Und er konnte gar nicht anders, als über den Tisch ihren berühmten Busen zu beäugen. Da Mama noch in Rom weilte, hatte Papa Lina Rossellini mitgebracht, die völlig überwältigt war und fasziniert beobachtete, wie meine Freunde so richtig in Partylaune kamen.

Kurze Zeit später tat mein Vater etwas Erstaunliches. Er hatte noch Anspruch darauf, an der nächsten Vorstandssitzung in Florenz teilzunehmen, und man wartete gespannt, ob er sich dort einfinden und Maurizio gegenübertreten würde, der die Zügel fest in der Hand hielt. Als er tatsächlich erschien, war die Atmosphäre zum Schneiden. Trotz allem, was Maurizio ihm angetan hatte, umarmte mein Vater seinen Neffen, als wäre nichts geschehen, und küsste ihn auf beide Wangen.

Dann nahm er an dem Tisch Platz, an dem er früher den Vorsitz geführt hatte, titulierte den neuen Vorsitzenden als »jungen Mann« und schlug ihm mit einem onkelhaften Lächeln vor, ihre Meinungsverschiedenheiten beizulegen und zusammenzuarbeiten. Maurizio spielte sein Spiel nicht mit. Er machte unmissverständlich klar, dass er ungeachtet der polizeilichen Ermittlungen gegen ihn seine Umstrukturierungspläne umsetzen werde. Die einzige versöhnliche Geste war, dass meine beiden Brüder Vizepräsidenten bleiben sollten.

Wie immer zeigten die Medien ein großes Interesse an den Vorgängen in der Firma. Nach der Sitzung sagte mein Vater zu einem Journalisten, er sei nach wie vor optimistisch und kehre in der Hoffnung nach New York zurück, dass »eine Einigung kurz bevorstehe«. In Manhattan angekommen, wirkte er tatsächlich zuversichtlicher, und eine Zeit lang nahmen wir unseren normalen Alltag wieder auf. Oft aßen wir gemeinsam in unseren Lieblingsrestaurants oder bei mir zu Hause zu Abend. Santino war ein wunderbarer Koch, seine Gerichte schmeckten besser als in manchem Restaurant. Papa spielte mit seiner »Alexina«, der Liebe unseres Lebens. Mit den ersten Wörtern sprach sie auch eins für Großvater: »*babbo*«, in der Toskana der Kosename für den Patriarchen. Papa liebte ihn, denn seine Söhne hatten ihn immer »Daddy« genannt.

Auf Bitten meiner Mutter leitete Papa in Italien meine amtliche Registrierung als seine Tochter in die Wege, damit ich meinen Pflichtteil erben konnte, zuzüglich dessen, was er mir hinterlassen wollte. Meine Mutter erklärte, ich würde andernfalls formal nicht als Erbin anerkannt werden. »Du bekommst einen italienischen Pass!«, rief sie.

»Aber ich liebe meinen britischen Pass«, erwiderte ich. »Ich bin stolz darauf!«

Ungeduldig behauptete sie, dass ich beide haben dürfe. »Tu nur, was ich dir sage, es ist zu deinem Besten«, schloss sie.

Ich widersprach nicht.

Mein Status wurde in jenem Mai offiziell bestätigt. Im Alter von dreiundzwanzig Jahren war ich italienische Bürgerin und offiziell Aldo Guccis Tochter. Ich hatte nun denselben Anspruch auf das Erbe meines Vaters wie meine Brüder, auch wenn mir das nicht sonderlich viel bedeutete. Papa fragte sich wahrscheinlich auch, was er überhaupt noch zu vererben hatte, wenn die ganze Affäre vorüber war. Er musste noch mehrere Millionen Dollar für die Steuerschulden auftreiben, die nicht einfach auf dem Konto lagen. Der erste Vermögenswert, den er veräußerte, war eine Immobilie und etwas Land in Palm Beach. Dann musste er zu seinem großen Leidwesen die Kunstwerke aus der Gucci Galleria eins nach dem anderen verkaufen. Von all den schlimmen Verlusten, die er hinnehmen musste, war dies sicherlich der schmerzhafteste, demontierte er doch mit der Galleria das prächtigste Aushängeschild seiner Firma.

So gelassen er sich nach außen gab, während der Termin der Urteilsverkündung näher rückte, verlor er doch an Gewicht, wurde blasser und alterte sichtlich. Seine Gespräche mit meiner Mutter wurden immer intensiver und emotionaler. Sie war zunehmend depressiv, und so verbrachte ich neben meinen Mutterpflichten und Eheproblemen viel Zeit mit Telefonaten nach Rom, in denen ich sie aufzuheitern versuchte, damit Papa die Angst in ihrer Stimme nicht hörte.

»Beten Sie, und vertrauen Sie auf einen guten Ausgang«, hatte Sari Nandi den beiden geraten. Mein Vater befolgte seinen Rat und ging regelmäßig in die St. Patrick's Cathedral, wo er darüber nachsann, was wohl aus ihm werden würde. Den großen Namen Gucci schien er schon eingebüßt zu haben. Was war von seinem Lebenswerk geblieben?

Auch ich steckte in einer Krise. Nachdem ich zunächst nicht hatte in die Firma eintreten wollen, hatte mein Vater mich umgestimmt und mir eine erfüllende und dankbare Aufgabe gegeben, die ich nach und nach lieben lernte. Auch wenn ich eine Laufbahn im Handel nicht geplant hatte, so fühlte ich mich mittlerweile im Unternehmen doch wohl. »Was wird die Zukunft bringen?«, fragte ich mich.

Ich war nie besonders gläubig gewesen, aber ich muss zugeben, dass ich mich in jenem langen heißen New Yorker Sommer, in dem eine mögliche Inhaftierung meines Vaters immer näher rückte, auch an Gott wandte.

VIERUNDZWANZIG

Wie stark wir sind, wissen wir meist erst, wenn wir wirklich auf dem Prüfstand stehen. Dann entdecken wir plötzlich ungeahnte Kräfte in uns. In meinem Leben gab es immer wieder harte Zeiten, in denen ich auf solche Kräfte zurückgreifen konnte.

Zweifellos war das der Fall, als ich, untergehakt mit meinem einundachtzigjährigen Vater, die Treppen des imposanten Gerichtsgebäudes des New York State Supreme Court am Foley Square emporstieg, wo ihn womöglich eine Haftstrafe erwartete. Es fühlte sich an, als würden wir einen hohen Berg erklimmen. Mir ging die Puste aus. Papa hatte nie von mir erwartet, dass ich ihn zum Prozess begleiten würde, er hatte auch nicht darum gebeten. Aber Mama war in Rom, und ich weigerte mich, ihn seinem Schicksal allein zu überlassen.

Das Gerichtsgebäude ist in der Art eines römischen Tempels aus Granit gebaut. Es besitzt eine breite Steintreppe und eine Kolonnade mit korinthischen Säulen, die einen dreieckigen Giebel mit der Inschrift trägt: *The True Administration of Justice Is the Firmest Pillar of Good Government* (Gute Rechtspflege ist der stabilste Pfeiler einer guten Regierung). Genau wie Papa an meinem Hochzeitstag meine Hand nicht hatte loslassen wollen, so wollte ich ihn jetzt nicht loslassen, als wir den Gerichtssaal betraten und unsere Plätze einnahmen – mein Vater und seine Anwälte ziemlich weit vorn, Santino und ich einige Reihen dahinter.

Als einziger Angeklagter in einem Betrugsverfahren mit einem Schadenswert von mehreren Millionen Dollar müssen seine Gedanken zurück zu jenen Tagen im Jahr 1953 gewandert sein, als er mit dem Blick auf die Freiheitsstatue im Hafen von New York von Bord ging und davon träumte, Amerika zu erobern. Er war die Fifth Avenue auf und ab spaziert, hatte Räumlichkeiten für sein erstes Geschäft in den USA gesucht und sich im Herzen der Stadt seinen Namen in großen glänzenden Lettern vorgestellt. Wenige Jahre später, als Jetlag und Begeisterung ihn nachts nicht schlafen ließen, schrieb er einen seiner vielen Liebesbriefe an seine »Brunina« in Rom. »Ich möchte, dass du weißt, wie schön hier alles ist. In New York brummt das Leben. Es ist einfach wunderbar, so zu leben!«

Jetzt saß er vor Gericht, die Hände fest im Schoß verschränkt, die Träume zerstoben. Betrogen, enteignet und bloßgestellt, sah er kleiner aus als sonst – zusammengesunken auf seinem Stuhl, starrte er geradeaus, als sich die Presse und die Öffentlichkeit hinter uns aufstellten. Da war er nun, der Moment, auf den wir alle gewartet hatten. Die Monate der Diskussionen und Bitten waren vorbei. Abgesehen von Santino und mir waren weder Familienmitglieder noch frühere Kollegen oder Angestellte anwesend. Solidarität sprach allein aus den Referenzen, in denen der Richter auf die vielen, von meinem Vater unterstützten Wohltätigkeitsorganisationen hingewiesen wurde. Maurizio kam nicht. Papas Söhne Roberto und Giorgio hatten sich entschieden, in Italien zu bleiben. Auffallend war die Abwesenheit von Paolo, der die Steuerbehörden ja mit den Informationen versorgt hatte.

Während ich darum kämpfte, stark zu bleiben, begann das Verfahren mit dem Vorgespräch der Parteien im Ankleideraum des Richters. Es war eine Qual nicht mitzubekommen, was hinter der schweren Eichentür vor sich ging, aber durch einen Gerichtsschreiber bekamen wir später eine offizielle Aufzeichnung davon. Der Anwalt meines Vaters, Milton Gould, der nur vier Jahre jünger war als er, erinnerte den Richter zunächst daran, dass Papa nicht nur voll kooperiert und den Großteil dessen, was er dem Fiskus schuldete, zurückgezahlt habe, sondern dass er auch ohne Weiteres hätte nach Italien fliehen können, um der Strafverfolgung zu entgehen. Stattdessen habe er sich »bewusst, klug und verständnisvoll« entschieden, sich der Klage und seinen Verantwortlichkeiten zu stellen. »Wie behandeln wir einen Einundachtzigjährigen, der einen so eindeutigen Beweis seiner Reue abgibt?«, fragte er.

Der Richter zeigte von Anfang an nur wenig Wohlwollen. »Ich verstehe, dass Mr. Gucci einundachtzig Jahre alt ist. Aber als diese Machenschaften begannen, war er einundsiebzig. Und hier geht es um den größten Steuerbetrug, mit dem ich es je zu tun hatte.« Er pflichtete Gould allerdings bei, dass es sich dabei auch um einen der »amateurhaftesten« Betrugsfälle handelte, der ihnen beiden je begegnet sei.

»Dieser Mann kennt sich mit den Abläufen im amerikanischen Steuerwesen nicht aus«, stimmte Gould zu. Es gebe keinerlei Beweis, sagte er, dass mein Vater den Betrug geplant oder überhaupt aktiv betrieben habe – genau wie der Rest der Familie habe er nur davon profitiert.

Als Papa gefragt wurde, ob er etwas zu sagen habe, fing zunächst sein Anwalt an zu sprechen. Doch Papa unterbrach ihn. Er spürte, dass der Richter kein Vertrauen in ihn hatte, und glaubte, an sein Mitgefühl und seinen Gerechtigkeitssinn appellieren zu können, wenn er ihn direkt und aus dem Herzen ansprach. Beim späteren Lesen der Niederschrift wurde mir klar, wie nervös er gewesen sein muss, denn sein sonst einwandfreies Englisch hatte ihn im Stich gelassen. Er erklärte, wie viel ihm Gucci, seine Familie, seine Freunde und seine Mitarbeiter bedeuteten: »Zweitausend Menschen, die sich engagieren und fleißig arbeiten. Meine Arbeit hat mich immer erfüllt.« Er gab zu, dass er entgegen dem Rat des Rechtsanwalts das Wort ergriff, fügte aber hinzu: »Angesichts des Ernstes, der Bedeutung und der Schwere der Umstände kann ich nicht anders.« Er entschuldigte sich für alle »finanziellen Ungehörigkeiten« und erklärte sich bereit, die Konsequenzen zu tragen. Bekräftigte aber auch, dass er in zweiunddreißig Jahren Geschäftstätigkeit vermutlich nicht mehr als zwei Schecks unterzeichnet habe. Er sagte, er gehe nur selten zur Bank und »wusste nie besonders gut Bescheid.«

Dann brach er zusammen. »Ich will mich ja gar nicht verteidigen, indem ich sage: ›Ich habe nichts gewusst.‹ Nein. Nein. Ich bin kein Kind. Ich bin ein verantwortungsbewusster Mann und bekenne mich schuldig. Ich bete nur zu Gott, dem Allmächtigen, dass er mir die Kraft geben möge, diesen Tag zu überstehen. Es tut mir so leid. Bitte, ich bin so wütend auf mich.«

Als Gould einwarf, er müsse das nicht tun, ließ er sich in seinen Stuhl zurücksinken. Er war gebrochen. Sein Anwalt teilte dem Richter mit, sie hätten soeben erlebt, »wie ein Mensch zerbrochen« sei. Er fügte hinzu, dass in der Familie schwerste Mißhelligkeiten herrschten. »Dieser Mann ist buchstäblich aus dem Gebäude verbannt worden, das er selbst erbaut hat. Er hat dieses Geschäft aufgebaut. Er hat Gucci zu einem Weltunternehmen gemacht. Jetzt hat man ihn von allem ausgeschlossen, er ist in einer schrecklichen Verfassung.« Während Papa sich die Tränen abwischte, verglich sein Anwalt seine Lage mit der von Shakespeares König Lear, dessen umstrittene Verteilung des Reiches auf seine Kinder damit endet, dass er an gebrochenem Herzen stirbt. »Genau die Menschen, denen [Aldo Gucci] Macht und Reichtum verschafft hat, haben nicht nur davon profitiert, sondern ihn auch zerstört«, schloss er seine Ausführungen.

Der Richter beendete das Vorgespräch, und sie kehrten stillschweigend in den Gerichtssaal zurück. In dem Augenblick, in dem ich meines Vaters Gesicht sah, wusste ich, dass sich etwas Folgenschweres ereignet haben musste. Sein Ausdruck war mir fremd, und mir wurde bang ums Herz. Dann rief der Gerichtsschreiber: »Erheben Sie sich!«, und der Richter rauschte in seiner Robe herein. Als ich seinen harten Gesichtsausdruck sah, wurde mir fast schlecht.

Zusammen mit seinen Rechtsberatern stand Papa auf. Er war so nah, dass ich ihn fast hätte berühren können. Stattdessen schaute ich mit bohrendem Blick auf seinen Hinterkopf, in dem verzweifelten Versuch, ihm meine unverbrüchliche Liebe und Unterstützung zuteilwerden zu lassen. Jeder Muskel in meinem Körper zog sich zusammen, als der Staatsanwalt mit seinem Schlussplädoyer und der formalen Forderung nach einer Gefängnisstrafe für den Angeklagten begann. Gould folgte mit seinen Schlussbemerkungen. Statt jedoch schweigend zuzuhören, unterbrach ihn der Richter mehrfach und widersprach vielen seiner Argumente.

Meine Haut fing vor Hitze an zu kribbeln, und ich spürte, wie mir die Galle hochstieg. Mein Mund war so trocken, dass ich kaum schlucken konnte. Dieser Fall war ein einziger Hohn, doch andere schienen das durchaus anders zu sehen.

Als Gould sich mit einem Seufzer setzte, fragte der Richter meinen Vater, ob er noch etwas hinzuzufügen habe. In dem Bewusstsein, dass jedes Wort von ihm den gesamten Weg zurück bis zum Urheber des Verrats finden würde, räusperte er sich, stand noch ein letztes Mal auf und sagte mit einer mir völlig fremden Stimme, dass es ihm »zutiefst leid« tue. Dann begann er auf eine Weise zu stottern, die mich zutiefst betroffen machte.

»Dies ist meine letzte Lebensphase, es ist ein sehr dürftiges, sehr schlechtes Ende«, begann er stammelnd. Er bat um Milde und appellierte an die »Nachsicht« des Richters. Während er sich die Augen mit einem Taschentuch abtupfte, machte er geltend, er sei das Opfer von »Vergeltungsmaßnahmen […] seitens eines Sohnes« geworden, der »sich sehr undankbar verhalten« habe. Im Gedanken an Paolo riss er sich zusammen und erklärte: »Ich kann nicht hassen, Euer Ehren. Ich vergebe ihm. Ich vergebe jedem, dem es eine Genugtuung ist, dass ich heute hier stehe, und allen anderen, die sich rächen wollten. Nur Gott kann über sie urteilen. Haben Sie Dank.«

Ich widerstand dem Bedürfnis aufzuspringen und auch etwas zu sagen. Am liebsten hätte ich gerufen: »Das ist nicht recht! Sie können diesen Mann nicht ins Gefängnis stecken. Bitte nicht – es wird ihn umbringen!« Stattdessen saß ich sprachlos und wie festgewurzelt da, als der Richter mehrere qualvolle Minuten lang sprach, bevor er meinen Vater direkt anschaute.

»Hiermit werden Sie zu einer Haftstrafe von einem Jahr und einem Tag verurteilt.«

Im Gerichtssaal blieb die Zeit stehen.

»Ein Jahr und einen Tag.«

Die Tränen schossen mir aus den Augen, doch bewegen konnte ich mich nicht. Alles, was mein Vater je erreicht hatte, war mit einem Schlag zunichtegemacht. Für den Rest seines Lebens würde er als der Aldo Gucci wahrgenommen werden, der wegen Steuerbetrugs hinter Gittern gesessen hatte.

Beim Aufstehen schwankte Papa leicht. Immer noch wackelig, nickte er dankbar, als der Richter erklärte, er werde die Urteilsvollstreckung um einen Monat aufschieben, damit er – und wir – Zeit hätten, uns vorzubereiten. Papa wurde angewiesen, seinen Pass abzugeben, damit er nicht nach Italien fliehen konnte. Um mich herum herrschte allgemeine Aufregung, die Journalisten hasteten aus dem Saal, um ihre Berichte abzuliefern und die Schande meines Vaters in die Öffentlichkeit zu tragen. Seine Anwälte murmelten miteinander, während sie ihre Papiere einpackten. Innerlich war ich ganz bei meinem Vater, wie er dort alleine stand. Ich befürchtete, ihm könnten die Beine versagen. Mir ging es ähnlich.

Während er in einen Nebenraum geführt wurde, um noch verschiedene Formalitäten zu erledigen, versuchte ich mühsam zu verstehen, was an einer Gefängnisstrafe für einen so alten Mann »gerecht« sein sollte. Wie konnte es sein, dass sein großes gesellschaftliches Wirken über die vielen Jahre nicht berücksichtigt wurde? In Wahrheit war er einfach zu prominent. Der Staat wollte ein Exempel statuieren, wie der spätere Bürgermeister von New York Rudolph Giuliani draußen auf den Stufen den wartenden Reportern erklärte: Das Urteil sollte anderen als Lektion dienen. Zu unserer großen Überraschung sagte Gould der

Presse, er halte das Urteil nicht für »hart oder ungerecht.« Ich dagegen fand es verdammt ungerecht.

Als ich im Vorraum mit Papa zusammenkam, hatte er sich so weit gefasst, dass er mir begegnen konnte. Er schämte sich so für seine schwarzen Fingerkuppen, die auf ein Stempelkissen gedrückt worden waren, dass er die Hände zu Fäusten geballt hatte. Doch damit war es mit den Demütigungen noch nicht vorbei, denn draußen wartete die Presse mit gezückten Kameras und Mikros. Papa ging mit mir durch das Geschrei zu dem auf uns wartenden Wagen. Im grellen Blitzlichtgewitter sah mein Vater nicht mehr aus wie ein geschlagener, erniedrigter Mann am schlimmsten Tag seines Lebens, sondern wie der eiserne Dr. Gucci, der diesem Rückschlag begegnete wie jedem anderen. Nie zuvor war ich so stolz auf ihn gewesen.

Als wir schließlich im Wagen saßen und der Fahrer uns vom Gerichtsgebäude fortfuhr, ließ er sich schwer in den Ledersitz sinken und knöpfte den Knopf seines Jacketts auf. Jetzt wolle er nur noch nach Hause, murmelte er, und mit Mama nach Palm Beach fliegen.

Wir hatten schon abgemacht, dass sie direkt nach der Gerichtsverhandlung kommen sollte, damit wir gemeinsam nach Florida reisen konnten. Wir hatten gehofft, wir könnten dort das Ende des Albtraums feiern. Stattdessen zählten wir nun die Tage, bis Papa im Oktober, einen Monat später, ins Eglin-Gefängnis am Rande von Pensacola in Florida gebracht würde.

Es tat gut, in der Sonne zu sein. Santino kam mehrmals zu Besuch, und wir versuchten alle, das Beste aus der gemeinsamen Zeit zu machen. Mama bereitete für uns auf der Veranda das Mittagessen; wir ruhten uns aus, gingen lange schwimmen und bemühten uns, so wenig wie möglich nachzudenken. Ich liebte es, meinen Vater zusammen mit »Alexina« zu beobachten, die nicht von seiner Seite wich. Doch ständig quälte mich der Gedanke, dass die Zeit ablief.

Als der gefürchtete Morgen gekommen war, mussten wir all unsere Kraft aufbringen, um ihn durchzustehen. Meine Mutter und ich waren es gewöhnt, dass sich mein Vater im Anzug und mit der Reisetasche auf den Weg zur Arbeit machte. Der Morgen des 15. Oktober dagegen war kein normaler Arbeitstag. Wir bemühten uns um stoische Ruhe, aber das Wissen um sein Reiseziel machte uns mürbe, und beide begannen wir zu weinen.

Zum Abschied küsste uns mein Vater.

»Ich komme dich besuchen, Papa, sobald sie es mir erlauben«, versprach ich.

Er schaute nicht zurück, als er auf der Rückbank im Wagen saß – er hätte es wohl nicht ertragen. Er hatte darauf bestanden, ohne uns zu fahren, und wir hatten ihn nicht umstimmen können. Gern hätte ich mich über seinen Wunsch hinweggesetzt und ihn bis zum letzten Moment begleitet. Aber die Gefängnisordnung besagte, dass ein neuer Gefängnisinsasse nicht von Familienmitgliedern begleitet werden durfte.

Mama und ich blieben in der Auffahrt stehen und schauten sehnsüchtig dem rasch davonfahrenden Auto nach. Wie sehr wir uns auch gegenseitig aufzumuntern versuchten, nichts konnte die tief sitzende Angst mindern, dass er das kommende Jahr womöglich nicht überlebte. Uns quälte die Vorstellung, wie er in seiner Gefängniskluft auf einer Pritsche neben Gott weiß was für einem Verbrecher saß, weit weg von allem, was ihm vertraut war.

Das Bundesgefängnis Eglin befand sich auf dem sogenannten Florida Panhandle, dem Nordwestzipfel Floridas, und war als Gefängnis für Häftlinge mit geringer Fluchtgefahr kategorisiert, die wegen Wirtschaftsverbrechen einsaßen. In der Nähe von Fort Walton Beach am Militärflugplatz Eglin, Auxiliary Field 6 gelegen, wurde es von der Presse auch »Club Fed« oder »Country Club« genannt. Doch es war und blieb eben ein Gefängnis, und kein Journalist vermochte sich vorzustellen, wie das war, mit Fremden zusammen weggeschlossen zu sein von allem, was man kannte.

Bei seiner Ankunft, bei der mein Vater noch einmal seine Fingerabdrücke hinterlassen musste, erhielt er eine neue Identität: die Gefängnisnummer 13124-054-E. Man wies ihm eine Koje in einem Zweiunddreißig-Betten-Schlafsaal in der Sektion D zu. Seine Kleider wurden gegen ein gestärktes blaues Hemd, Hosen und einen Pullover sowie weiße Socken und Turnschuhe ausgewechselt. Seinen Gürtel, die Armbanduhr oder sonstige persönliche Habseligkeiten wurden ihm, abgesehen von seiner Hornbrille, abgenommen.

Die Gefängniswärter führten ihn zu einem Trakt für siebenhundert Insassen, wo er Kissen, Decke, Handtuch und seine Gefängniskleidung erhielt. Er hatte sein eigenes Bett, abgesehen von einer Trennwand jedoch keinerlei Privatsphäre. Ein Gefängnisaufseher setzte ihn in Kenntnis über den Tagesablauf: morgens um fünf Uhr dreißig Licht an, um zweiundzwanzig Uhr dreißig Licht aus, Anwesenheitsappell fünfmal pro Tag. Für das Frühstück hatte man dreißig Minuten Zeit, für das Mittagessen eine Stunde, Abendessen gab es um sechzehn Uhr dreißig. Jeder Gefangene hatte etwa vierzig Stunden pro Woche gegen ein »leistungsbezogenes Gehalt« von wenigen Cent pro Stunde zu arbeiten. Das Geld konnte man dann für Telefonanrufe, Süßigkeiten oder frisches Obst ausgeben. Papa wurde der Schneiderei zugeteilt und musste an Kleidungsstücken Nummernschilder annähen oder aufbügeln – ein passender Job für jemanden wie ihn, muss wohl der Wärter gedacht haben.

Jeder Gefangene durfte zweimal am Tag eine Viertelstunde telefonieren, während die Mitgefangenen bereits hinter ihm in der Schlange warteten. Es gab keinerlei Privatsphäre, stattdessen während der kostbaren Gesprächsminuten mit einem geliebten Menschen nur ständig die Ungeduld der Wartenden.

Das allererste R-Gespräch meines Vaters galt Mama in Palm Beach, nach deren Stimme er sich so sehr sehnte. Er stand mit den anderen Gefangenen in der Schlange, bis er an der Reihe war – ein Tagesritual, das beiden während seiner gesamten Gefängniszeit Halt gab. Kaum hatte er »Hallo, Bruna« gesagt, brach er ab, und ihr war klar, dass er die Fassung verloren hatte. Es war das zweite Mal, dass sie ihn überhaupt weinen hörte. Das erste Mal war es passiert, als sie in der ersten Zeit seines Liebeswerbens versucht hatte, sich von ihm zu lösen. Da hatte er sie damit schockiert, dass er auf die Knie gefallen war und versprochen hatte, sie zu seiner Königin zu machen.

Damals hatte sie seinen Tränen schnell ein Ende bereitet. So auch jetzt. »Aldo!«, unterbrach sie ihn, als er sich beschwerte, die Wärter hätten ihm alles genommen. »Aldo, hör mir zu!« Er verstummte, und sie hörte, wie er plötzlich scharf einatmete.

»Ich bin immer für dich da, aber nur unter einer Bedingung«, sagte sie. »Du musst stark bleiben.« Obwohl am anderen Ende eiserne Stille herrschte, wusste sie, dass er ihr zuhörte. »Wenn ich dich noch einmal so höre, wirst du mich nie wiedersehen. Hast du mich verstanden?«

Mein Vater konnte sich gerade noch so weit zusammenreißen, um ihr zu antworten: »Ja, Bruna. Ich habe verstanden. Te lo prometto – ich verspreche es dir«, dann war die Zeit um.

Die Leitung war tot, und sie betete, dass sie genug getan hatte, um ihm durch die erste lange Nacht zu helfen. Sie setzte sich an seinen Schreibtisch, von dem aus man auf den Garten schaute, und weinte bittere Tränen. Noch ahnte sie nicht, dass ihre liebevolle Strenge den Rest seiner Gefangenschaft über den Ton angeben würde. »Bruna ist mein Gibraltarfelsen«, gab er an. »All meine Stärke habe ich ihr zu verdanken.«

Ich war schockiert, als sie mir erzählte, was sie an jenem Abend zu Papa gesagt hatte. Zum ersten Mal begriff ich, wie stark ihre Überlebensinstinkte tatsächlich waren und wie widerstandsfähig sie sein konnte. Es war mir wichtig, ihr das mitzuteilen. »Dein Leben lang hast du geglaubt, die Leute würden dich als launenhafte Mätresse abkanzeln. Jetzt werden sie merken, dass du eine mutige, standhafte und entschlossene Frau bist. Das ist die Frau, die Papa kennt und liebt. Das ist dein Vermächtnis.«

Noch stärker als alles, was ich sagen konnte, waren jedoch die Worte von Ruby Hamra, die sie bald danach zu einem gemeinsamen Mittagessen traf. Die beiden hatten sich über die Jahre angefreundet, und kurz bevor Ruby New York endgültig verließ, hatte Mama sie zu Blinis in den *Russian Tea Room* eingeladen. »Bruna, ich weiß nicht, ob wir uns noch einmal sehen werden. Aber eines möchte ich dir gern sagen: Du bist die stärkste Frau, die mir je begegnet ist«, sagte das PR-Kraftpaket zu meiner staunenden Mutter. »Keiner geht mit Aldo um wie du. Gegenüber allen anderen verhält er sich wie der Teufel. Kaum bist du in der Nähe, ist er wie ausgewechselt. Ich weiß nicht, was du mit ihm gemacht hast, aber es hat funktioniert.«

Meine Mutter war sprachlos, aber zum ersten Mal bekam sie eine Ahnung, dass sie vielleicht doch zäher war, als sie gedacht hatte. »Er ist in einer sehr strengen Familie aufgewachsen«, erklärte sie Ruby, um den geliebten Mann zu verteidigen. »Ihm wurde beigebracht, dass man zeigen muss, wer das Sagen hat. Er konnte sich nie entspannen, solange er davon keinen Abstand hatte. Ich vermute, dass er nur mit mir wirklich er selbst sein kann.«

Bar seines Namens und seines Stolzes hatte Papa keine Wahl – er musste er selbst sein. Und da nun kaum noch etwas von seinem früheren Leben übrig war, begriff er, dass es nur einen Menschen gab, mit dem er den Rest seines Lebens verbringen wollte: seine geliebte Brunicchi mit dem verborgenen stählernen Kern, die ihn einfach so liebte, wie er war.

FÜNFUNDZWANZIG

Ich weiß noch, mit welcher Sehnsucht meine Mutter und ich in meiner Kindheit den nächsten Besuch meines Vaters erwarteten. Wir freuten uns auf seine Gesellschaft ebenso wie auf den Sommer. Und genau wie ein willkommener Jahreszeitenwechsel wehte er mit einer warmen Brise herein und gab unserer Welt neue Farbe.

Jetzt hatte sich der Spieß umgedreht. Jetzt verlief Papas Leben monochrom, und er freute sich auf uns genau so wie wir früher uns auf ihn. Frustrierend nur, dass in den ersten Wochen jegliche Besuche verboten waren – die Gefangenen sollten sich erst einmal einleben. Da wir nichts weiter tun konnten als abzuwarten, kehrten Mama und ich nach New York zurück. Dort wurde sie zu seinem Rettungsanker, indem sie jeden Abend etwa gegen sechs Uhr seine Viertelstundenanrufe annahm: Er schilderte ihr, was er alles erlebt hatte, und sie umsorgte ihn, so gut es ging.

»Isst du auch genug? Schläfst du, Aldo? Sind die Leute nett zu dir?« Ihn dagegen interessierte nur eins: wann sie ihn besuchen würde. Bald, hatte sie ihm versprochen, doch beide wussten, dass es dauern würde. Weil er wusste, wie schwer es für sie werden würde, wollte er sie zu nichts drängen, was sie aufgeregt hätte. Sie waren sich gewiss, dass nichts sie trennen konnte, doch brauchten beide auch Zeit, um sich mit den neuen Umständen zurechtzufinden.

In Eglin waren Besucher sonntags zwischen acht Uhr morgens und drei Uhr nachmittags erlaubt. Bei der ersten Gelegenheit flogen Santino und ich ohne die geringste Vorstellung von dem, was uns erwartete, an die Golfküste. Ich war erleichtert, dass die sonnendurchflutete Landschaft und die Eichen mit dem reichlich herabhängenden Louisianamoos mit den Gefängnissen, wie ich sie aus dem Kino kannte, so gar nichts zu tun hatten. Statt Wachtürmen und Stacheldraht gab es nur einen einfachen Kontrollpunkt hinter einer gelben, auf den Asphalt gemalten Grenzlinie.

Jeden Sonntag trafen die Gefangenen in einem offenen Picknickbereich zusammen, wo Betontische, Sitzbänke und Sonnenschirme aufgestellt waren. Es waren bereits Dutzende Familien da, als wir kamen, jede um einen Gefangenen in blauer Gefängniskleidung geschart. Sie hatten Snacks und Limonade aus den Gefängnisautomaten gezogen, und die Atmosphäre erinnerte eher an einen Ausflug im Park als an eine Justizvollzugsanstalt. Nervös schaute ich mich um und suchte in der ungewohnten Menge meinen Vater. Da sah ich ihn in der Ferne stehen. Ich winkte, rannte auf ihn zu und fiel ihm, mit Mühe die Tränen zurückhaltend, in die Arme. So überwältigend es auch war, ihn zu sehen, so seltsam fand ich es zugleich, ihm in dieser Umgebung und in so ungewohnter Kleidung zu begegnen.

»Weiße Turnschuhe?«, rief ich und starrte mit offenem Mund auf seine Füße.

Er folgte meinem Blick und fragte: »Stehen sie mir?« Ich war froh, dass er seinen Sinn für Humor nicht verloren hatte.

»Nein, Papa«, antwortete ich halb lachend, halb weinend. »Du siehst lächerlich aus!«

Hand in Hand setzten wir uns. Ich musterte ihn und fragte ihn, wie es ihm gehe. Da ich ja wusste, wie sehr er Mama immer beschützen wollte, hätte ich gedacht, dass er in ihren Telefonaten seinen Alltag beschönigte. »Es geht mir gut«, versicherte er mir. »Schau dich doch mal um, die Leute hier sind wirklich harmlos.« Die blau gekleideten

Männer verschiedenster Hautfarbe, Größe und Religion sahen gewiss nicht nach Kriminellen aus, wie sie da mit ihren Familien lachten und sich unterhielten. Die meisten saßen ihre Zeit wegen Drogenvergehen oder Betrugs ab. »Es ist wirklich nicht so schlimm«, bekräftigte mein Vater. »Ich werde es überstehen.«

Dennoch war mir klar, dass es für meine Mutter hart sein würde, ihn dort zu sehen. Als er nach ihr fragte, erzählte ich ihm, es gehe ihr gut. Doch uns beiden war klar, dass sie nicht so bald kommen würde. In den folgenden Stunden sprachen wir zunächst über Geschäftliches, und anschließend unterhielt ich ihn mit Geschichten über Alexandra. Dann nahmen wir alle zusammen einen Imbiss, bevor er uns begeistert die Kapelle zeigte, in der er täglich die Messe besuchte. Er las viel, und der Glaube gewann für ihn immer mehr an Bedeutung. Das Gebet war ihm ein Rettungsanker geworden, es half ihm über die endlosen Stunden, in denen die Zeit stillstand und die Tage sich wie Wochen anfühlten. Der ruhelose Mann, der von einer Stadt zur nächsten gejettet war, musste sich plötzlich an ein völlig neues und viel langsameres Leben gewöhnen, in dem es viel Zeit zum Nachdenken gab.

Da er Gott gefunden hatte, lernte er ganze Passagen aus der Bibel und anderen Büchern auswendig, die ihm Sari Nandi empfohlen hatte. In einem seiner ersten Briefe aus dem Gefängnis schrieb er meiner Mutter: »Ich lebe in einer von Gott geschaffenen Welt voller Segen und Kraft.« Er begann, ihr Leitsätze zu schicken, und ermutigte sie, »das Leben voll und ganz zu leben, die Liebe tief zu empfinden, alles in seiner Schönheit zu sehen und nur auf Christus zu hören.« Als hätte sie das Leben ohne ihn an ihrer Seite voll und ganz leben können.

Er erzählte uns, es gebe eine Bibliothek mit Buchausleihe und ein Klassenzimmer, in dem Englischstunden für überwiegend spanisch sprechende Häftlinge stattfanden, an denen er – wegen seines italienischen Ausweises – teilnehmen musste. Er bekam Hausaufgaben zur Verbesserung seiner Lesefähigkeit und Ausspracheunterricht nach einem

Lehrbuch für die fünfte Klasse. Er kam sich wirklich vor wie in der Schule. Einer Ausspracheübung zufolge, die er uns mit schiefem Lächeln zeigte, war das Wort Steuer (taxes = *täck-sis*) der korrekte Plural von Steuer (tax = *täcks*). Obwohl er mehrere Sprachen fließend sprach, tat er klaglos alles, was man von ihm verlangte, und half anderen, wo er nur konnte.

Mehrere Gefangene kamen auf uns zu: »Ihr Vater ist toll. Wir lieben diesen Mann!« Sie nannten ihn »Bubba Gucci«, dem zärtlichen Spitznamen, den man in den Südstaaten einem älteren Bruder gibt, oder auch »*good ol' boy*« (guter alter Junge). »Es gibt nicht einen Tag«, erzählte mir einer von ihnen, »an dem er nicht die Fotos von euch in die Hand nimmt.« Ich hatte nicht einmal gewusst, dass Papa Fotos von uns bei sich trug, und war tief berührt.

Mich beruhigte das: Wenn ihn seine Mitgefangenen so achteten, würde ihm sicher nichts zustoßen. Als die Zeit um war, umarmten und küssten wir uns zum Abschied. Es war ein emotionaler Tag gewesen. Ich musste ihm versprechen, dass ich mich um Mama kümmern würde. Er drückte mir die Hand, bevor ich ging. »Sie wird bald kommen«, versicherte ich ihm.

Der einzige Gucci, der ihn im Gefängnis besuchte, war Robertos Sohn Cosimo. Ich fand es jämmerlich, dass keiner der anderen aus Italien kam, doch mein Vater verlor nie ein Wort darüber. Es war fast, als existiere dieser Teil seiner Familie gar nicht mehr. Zur Freude meiner Mutter begann er – nach dreißigjähriger Pause – wieder Briefe zu schreiben. In einer »Handvoll Zeilen«, die er ihr gewidmet hatte, schrieb er: »Mein Schatz, ich liebe dich so sehr, so sehr wie eh und je!« In Gedanken sei er immer bei ihr. Er sehe sie zu Hause vor sich, wie sie sich den Tag organisiere. Und dann schickte er ihr eine »warme Umarmung und ewige Liebe« und beschwor Erinnerungen herauf an einen seiner Briefe aus den Fünfzigern, in dem er aus der Ferne geschrieben hatte: »Ich habe den ganzen Tag auf die Uhr geschaut und mir vorgestellt, wo du bist und was du wohl gerade tust [...] was hast du heute angehabt, mein Liebes?« Allein bei dem Gedanken, dass sie ohne ihn war, ziehe sich »sein Herz zusammen«.

Ich flog alle zwei oder drei Wochen an den Wochenenden von New York nach Pensacola, wo ich ein Motelzimmer buchte, und besuchte Papa, so oft ich konnte. Am Sonntag Morgen erschien ich dann am Tor und durchlief mechanisch die Kontrollen der Sicherheitsleute, die meine Tasche durchsuchten und mich mit einem Metalldetektor scannten. Man durfte nichts, aber auch gar nichts mit hineinnehmen, also kamen auch persönliche Sachen oder Geschenke nicht in Betracht. Die Beklemmungsgefühle vom ersten Mal schwanden schnell, sodass die Kontrollen bald Routine wurden.

Sobald er mich im Hof erblickte, hellte sich sein Gesicht auf. Dann lief ich zu ihm und erzählte ihm die Neuigkeiten. Meist gab er sich Mühe, optimistisch zu wirken. Nur einmal beklagte er sich über das Essen und den Mangel an Kommunikationsfreiheit. »Ich vermisse die Küche deiner Mutter, und du hast ja keine Ahnung, wie frustrierend es ist, Schlange zu stehen und dann nur so kurz telefonieren zu können.« Da ich wusste, dass es ihn glücklich machen würde, nahm ich einmal Alexandra mit. Die Überraschung wirkte Wunder. Sie war erst achtzehn Monate alt und schon so hinreißend, dass sie auf Anhieb alle Häftlinge für sich einnahm. Als Papa sie mit vor Freude schimmernden Augen umarmte und küsste, kamen viele seiner Freunde herbei, um Hallo zu sagen. Stolz stellte er sie allen vor.

»Du hast eine wunderbare Familie, Bubba!«, rief einer der Gefangenen aus. Ein anderer versicherte mir: »Wir passen alle auf ihn auf. Er ist eine wahre Inspiration.« Und ein dritter fügte hinzu: »Ganz anders als der da hinten …!«, wobei er mit einer ruckartigen Bewegung auf einen Gefangenen wies, der mit seiner Familie in einer Ecke saß. Später erfuhr ich, dass es sich um den achtundfünfzigjährigen amerikanischen Modedesigner Albert Nipon handelte, dessen dreijährige Strafe wegen Steuerhinterziehung sich ihrem Ende näherte. Nach allem, was man hörte, war Nipon weniger beliebt als mein Vater, weil er sich aus allem heraushielt. Mein Vater versuchte zu erklären, dass je nach Persönlichkeit jeder anders mit der Situation umging und dass das auch mit der persönlichen Gesinnung zu tun hatte. Er wollte das Gute, das in ihm war, »großzügig mit anderen teilen«, wie er es formulierte. Dazu gehörte Respekt gegenüber den Wärtern ebenso wie gegenüber den Gefangenen. Diese Einstellung schien gut anzukommen.

Fünf Wochen nach seiner Einweisung traf ich ihn eines Sonntags mit einer Halskrause und einer genähten Wunde am Kopf an. Ich war erschrocken. »Es sieht schlimmer aus, als es ist«, sagte er verlegen. »Ich bin auf dem nassen Boden in der Waschküche ausgerutscht und habe mich selbst ausgeknockt. Ich hab zwar ein paar Schrammen, aber alles wird gut.« Zuerst machte ich mir Sorgen, ob das wohl stimmte, aber seine Mitgefangenen beruhigten mich. Ich war erleichtert. Als ich nachhakte, erfuhr ich, dass der Gefängnisarzt ihn für ein MRT und weitere Tests ins Krankenhaus geschickt hatte. Dabei war kein dauerhafter Schaden festgestellt worden. Dennoch illustrierte der Vorfall, dass Papa nicht mehr der Jüngste war und der Fürsorge bedurfte.

Er wischte meine Sorgen beiseite und bat mich, Mama nicht damit zu belasten. Dann kam er auf die eine Sache zu sprechen, auf die es ihm am schwersten fiel zu verzichten: seine Armbanduhr. Sein Leben lang war er ein Sklave der Zeit gewesen. Seine Tage liefen ab wie ein Uhrwerk, wenn er von einer Sitzung zur nächsten hastete. Die Zeit war sein Herr gewesen, und ohne Uhr fühlte er sich hilflos.

»Die Leute schmuggeln hier ständig Sachen rein – meist Zigaretten oder Drogen«, sagte er achselzuckend. »Da sollte es doch nicht so schwer sein, mir eine Uhr zu besorgen, oder?« Wir wussten beide, dass er sie nicht würde tragen dürfen. Doch allein schon das Bewusstsein, dass er sie hätte und sich – vor allem in den langen, heißen Nächten – der Uhrzeit versichern könnte, wäre ein kleiner, aber wichtiger Sieg.

Santino erklärte sich sofort bereit, das Risiko auf sich zu nehmen. Bei seinem nächsten Besuch zog er eine von meines Vaters Uhren übers

Handgelenk und wartete, bis wir alle zur Messe in der Kapelle saßen, ehe er sie abnahm und sie, wie vereinbart, flach in eine Bibel legte, die er einem der Häftlinge gab. So erhielt also mein Vater seine Gucci-Uhr und damit auch ein Stückchen seiner Würde zurück.

Da meine Mutter meinen Vater nicht verwöhnen konnte und völlig sich selbst überlassen war, machte sie sich – durchaus mit Absicht – in den Wohnungen in Rom, Berkshire und Palm Beach nützlich. So sehr sie sich aber auch beschäftigte, war sie doch einen Großteil ihres Lebens gewohnt gewesen, sich wenigstens einmal im Monat um Papa zu kümmern. Das fiel nun weg. »In Wahrheit bin ich ihm eine bessere Mutter gewesen als dir«, sagte sie mir einmal. »Wo ich auch war, und was ich auch gerade machte – sobald er wieder in meine Welt trat, drehte sich für mich alles um ihn. Alles andere wurde belanglos. Das war meine Schwäche.«

Auch mein Vater fühlte sich ohne Mama verloren, aber er hatte wenigstens Geschäfte, um die er sich kümmern konnte. Nur weil er im Gefängnis war, hieß das noch lange nicht, dass er sich nicht – zumindest gedanklich – mit der Firma verbunden fühlte. Ich spielte den Maulwurf, informierte mich bei seinen Anwälten und berichtete ihm von den neuesten Entwicklungen. Wenn er mich morgens gegen zehn Uhr EST (Eastern Standard Time) mit seinem ersten R-Gespräch anrief, übermittelte er mir eine To-Do-Liste und beauftragte mich mit verschiedenen Telefonaten. Wenn ich konnte, stellte ich die Verbindung zu einer Dreier-Konferenz am Telefon her, damit er die Geschehnisse draußen weiter orchestrieren konnte.

Da er wieder unter Schlaflosigkeit litt, verbrachte er die Nächte mit dem Verfassen Dutzender Briefe, die in meinem und seinem Namen an den Vorstand gehen sollten und das, wie er es nannte, »katastrophale Missmanagement« des Exekutivkomitees von Gucci anprangerten, das ein Vollblut in einen Ackergaul verwandle. Ich war mir sicher, dass die meisten dieser Briefe keinerlei Beachtung finden würden. Dennoch schrieb ich auf, was er mir diktierte, um es später zu tippen und zu verteilen, denn ich wusste, dass er sich dadurch zugehörig fühlte. Und schon das allein war es wert.

In seinem ersten Brief an Maurizio nach seiner Verhaftung (Kopien davon gingen auch an den Rest der Familie) schrieb er, er habe lang genug stillgehalten. »In den letzten achtzehn Monaten hat sich gezeigt, dass deine revolutionären Taktiken und deine konfrontative Führung absolut destruktiv sind. Du hast die ökonomische Grundlage eines Unternehmens ruiniert, das in vierzig Jahren mühevoller, harter Arbeit aufgebaut worden ist.« Weiter äußerte er »totale Missbilligung und Verachtung« für Maurizios albernes, unreifes Verhalten und verurteilte ihn für seine »Oberflächlichkeit […], fehlende Sensibilität und […] Undankbarkeit« gegenüber Menschen wie Papa, die, lange bevor er überhaupt geboren worden sei, ihr Leben für den Aufbau eines »kulturellen und ökonomischen Erbes« verwendet hätten. Er schloss mit der Bemerkung: »Gott möge dir vergeben für das, was du getan hast.«

Er konnte es kaum erwarten, das Gefängnis zu verlassen und den Kampf höchstpersönlich wieder aufzunehmen, doch das schien gänzlich außer Reichweite. Schon seit er im Oktober nach Eglin gekommen war, drängten wir sein Anwaltsteam, um eine Strafreduzierung zu bitten. Doch die Bitte wurde abgewiesen. Nach Papas Verurteilung setzten wir uns für seine Freilassung auf Bewährung ein, doch auch hier gab es keinerlei Fortschritte. Aus Tage wurden Wochen und Monate, und mein Vater begriff so langsam, dass ihn die Leute, die ihm Hilfe versprochen hatten, im Stich ließen. Es gab nur noch eine Handvoll Menschen, auf die er sich verlassen konnte.

Hinzu kamen weitere Sorgen. Obgleich er seine persönlichen Steuerschulden gänzlich getilgt hatte, verlangte die amerikanische Steuerbehörde zwanzig Millionen Dollar Nachzahlung von Körperschaftssteuer. Es folgte die Stadt New York mit einer gesonderten Steuerforderung. Daneben lief eine Ermittlung der italienischen Polizei wegen der Fälschung von Rodolfos Unterschrift, die – wie Papa wusste – für eine Amtsenthebung Maurizios von zentraler Bedeutung sein konnte.

Das von ihm so geliebte Weihnachtsfest näherte sich mit großen Schritten, und die Vorstellung, die Feiertage nicht mit uns verbringen zu können, stimmte ihn sehr traurig. Seine Stimme am Telefon klang flach, sein Humor kam ihm abhanden, wir alle spürten es.

»Vielleicht sollte ich ihn jetzt besuchen gehen«, verkündete Mama plötzlich. Sie hatte sich bislang immer gedrückt, aber nun ließ es sich nicht länger aufschieben. Santino, Mama und ich ließen Alexandra bei einem Kindermädchen zurück, flogen nach Pensacola und fuhren die restliche Stunde mit dem Auto Richtung Osten nach Eglin. Je näher wir kamen, desto nervöser wurde sie. Eine überdimensionierte Sonnenbrille verbarg ihre Augen. Als wir dann das Gefängnisgelände betraten und im Hof in die Richtung gingen, in der ich meinen Vater vermutete, konnte sie kaum sprechen.

Ich ließ ihr einen Vorsprung, und es war bewegend, ihren Zuneigungsbezeugungen zuzusehen. Sie umarmten sich liebevoll, bevor sie durch die Brillengläser das Gesicht, das sie so gut kannte und liebte, prüfend unter die Lupe nahm. Nie hätte er seine Gefühle vor ihr verstecken können. Nach einer Weile gesellten Santino und ich uns zu ihnen an einen der Picknicktische, und wir verbrachten zu viert den Nachmittag im Gespräch über dies und das, nur nicht über unsere wahren Gefühle. Mama beteiligte sich zwar am Gespräch, aber sie blieb starr vor Anspannung in dieser fremden Umgebung und nahm kein einziges Mal die Sonnenbrille ab. Ob sie nur ihre feuchten Augen nicht zeigen wollte? Oder ob sie sich schämte und ihre Befangenheit versteckte?

Ich war überrascht, als sie sich nicht um ihre Verantwortung drückte und mich am nächsten Tag nach einer schlaflosen Nacht in unserem Motel noch einmal ins Gefängnis begleitete. Der Gefängniskaplan hatte eine spezielle Weihnachtsmesse organisiert. Da saßen wir nun alle vier nebeneinander auf der harten hölzernen Kirchenbank und dachten unweigerlich an all die gemeinsam verbrachten Weihnachtsfeste in Florida und New York. Wie anders war das Leben jetzt. Papa hatte die

Weihnachtszeit immer besonders gemocht. Begeistert machte er sich auf die Suche nach einem Baum für das Wohnzimmer. Es gab kaum je Geschenke – sie blieben dem traditionellen italienischen Fest der Heiligen Drei Könige am sechsten Januar vorbehalten. Doch um Geschenke ging es ja auch nicht. Es ging um das Zusammensein als Familie, ums Brotbacken, um leckeres Essen und die Freude an der Weihnachtsstimmung. Wenn er dann stolz am Kopf des Tisches saß, erhob er das Glas auf Bruna und auf mich, seine einzige Tochter. Und plötzlich war alles in bester Ordnung, egal wie selten wir ihn gesehen haben mochten.

Weihnachten 1986 passte in diese so sehnlichst erwarteten Zusammenkünfte gar nicht hinein. Was wir jedoch nicht erwartet hatten, war der deutlich spürbare Gemeinschaftssinn zwischen den etwa hundert Gefangenen, ihren Familien und Freunden. Diese faszinierende Atmosphäre war sicher auch auf die Umstände zurückzuführen, unter denen wir alle dort zusammenkamen. Menschen, die einander völlig fremd waren, schüttelten sich die Hände. Gewöhnliche Kriminelle mischten sich unter Kinder und Frauen, und alle waren willkommen. Die Kapelle war randvoll mit Gottesdienstbesuchern. Alle trauerten um die erzwungene Trennung von ihren Lieben und kosteten diesen besonderen Anlass der gemeinsamen Andacht aus. Als es an die Weihnachtslieder ging und eine gefühlsgeladene Predigt über die Bedeutung von Familie folgte, waren Mama und ich nicht die Einzigen, die weinten.

Seltsamerweise war dies vermutlich das eindrücklichste Weihnachtsfest, das wir als Familie je erlebt haben. Ich würde es um nichts in der Welt missen wollen.

SECHSUNDZWANZIG

Wie mein Vater bin ich der Überzeugung, dass wir unser Schicksal selbst in der Hand haben und dass nicht alles in Stein gemeißelt ist. Mir gefallen die Worte der Autorin Anaïs Nin: »Das Wissen, dass wir für unser Handeln und unsere Haltung verantwortlich sind, braucht uns nicht den Mut zu nehmen, denn es bedeutet zugleich, dass wir die Freiheit haben, unser Schicksal zu verändern.«

Das Schicksal meines Vaters – und dementsprechend auch das von meiner Mutter und mir – war erheblich von dem uns bis dahin selbstverständlichen Weg abgewichen. Statt in seinen letzten Lebensjahren über Gucci zu walten und schließlich stolz ein Familienmitglied als Nachfolger zu wählen, war er in die Schande getrieben und hinter Gitter gebracht worden. Da er unbedingt die Kontrolle zurückerlangen und sein Leben noch einmal in den Griff bekommen wollte, ließ er sich jedoch durch diese Erfahrung nicht kleinkriegen und ging das neue Jahr mit unvermindertem Kampfgeist an. Für alle war deutlich zu sehen: So lange er noch atmete, würde er nicht aufgeben.

Eines Morgens saß er in der Gefängnisbibliothek am Schreibtisch und entwarf einen Brief an die gesamte Familie Gucci, in dem er einen Vorschlag zur Rettung des Unternehmens unterbreitete. Es war ein mutiger und tapferer Schritt. Er adressierte uns als »Meine Lieben« und erinnerte uns daran, dass er über mehr als drei Jahrzehnte die »treibende Kraft des Gucci-Imperiums« gewesen sei. Er zollte seinen Söhnen (sogar Paolo) Anerkennung und pochte auf das »Gütesiegel der Familie«, das wir alle trügen. Maurizios Handeln habe ihn, wie er sagte, »sehr geschmerzt«, aber er, Papa, wolle »Heilmittel und Lösungen« für »diese moralische und ökonomische Zerstörung« bieten, mit deren Hilfe »die Tradition und die Werte, die dem Namen Gucci zu einem so beneidenswerten Prestige und Ruhm verholfen haben«, wiederhergestellt werden könnten. Er gab sogar zu verstehen, dass er nicht mehr die Kontrolle über das Unternehmen anstrebte und bereit war, diese der nächsten Generation zu überlassen. Die Zukunft der Familie Gucci war angebrochen.

Nach einem qualvollen Gerangel mit den Obrigkeiten um die Festlegung eines Datums für eine Freilassung auf Bewährung stellten wir zwei Monate später einen neuen Anwalt ein, damit er sich mit dem Fall befasste. Es war vor allem ihm zu verdanken, dass Papa Ende März 1987 auf freien Fuß gesetzt wurde, um den Rest seiner Strafe im offenen Vollzug in West Palm Beach anzutreten. Die von der Heilsarmee geführte Einrichtung war für mehr als hundert Häftlinge verantwortlich, die über Tag tun und lassen konnten, was sie wollten, abends jedoch zum Zapfenstreich um zweiundzwanzig Uhr zurück sein mussten. Dieser Übergang wurde jedem Häftling von Eglin angeboten, wenn er seine Haftstrafe absolviert hatte. Mein Vater hatte nun die Möglichkeit, tagsüber bei Mama zu sein. Auch wenn er die Nächte zusammen mit anderen Gefangenen verbringen musste, fühlte es sich für uns irgendwie so an, als sei nun das Schlimmste überstanden.

Der Tag, an dem »Bubba Gucci« Eglin verließ, war in jeder Hinsicht ein denkwürdiger Tag. Vor allem die Strafgefangenen, die »den alten Mann« mochten und respektierten, waren traurig, dass er ging. Für viele war er zum Mentor geworden. Er hatte ihnen einen Sinn und ein Ziel im Leben vermittelt. Viele Freunde standen Schlange, um sich jubelnd und schulterklopfend von ihm zu verabschieden. Ich wünschte, ich hätte das miterleben können. Nach seiner Entlassung erhielten wir ein paar wunderbare Briefe von Mitgefangenen, die viel über ihn sagen. Besonders der Brief eines Mannes, den ich nur unter dem Namen George kannte, bringt mich noch heute zum Weinen. Er handelt von dem Tag, an dem Papa ging.

George schrieb:

Heute war für Ihren Vater der große Tag!
Als er zu uns kam, sagte ich zu ihm, sein Tag werde kommen. Wenn er Ruhe und Entspannung finden könne, werde alles gut sein. Mir scheint, er hat hervorragende Arbeit geleistet […] [und] hat sich seinen einzigartigen Sinn für Humor bewahrt und in einer sehr unangenehmen Umgebung Freundschaften geschlossen. Sie sollten immer stolz sein auf ihn, wie er hier mit sich umgegangen ist […].

Mit seiner Freundlichkeit hat er viele Menschen hier beeindruckt und sich nie von ihnen [den Wärtern] quälen lassen. Wir haben ihn dafür bewundert. Ich werde nie vergessen, wie wir uns manchmal hinausschlichen und hintenherum liefen, um in die Kantine zu kommen – er war immer mit dabei. Wenn ich ihn warnte, dass wir Ärger bekommen könnten, lächelte er nur und antwortete: »Los geht's!!« Jetzt möchte ich einfach »Auf Wiedersehen« sagen. Und bitte sagen Sie ihm »Viel Glück.« Ich habe mich gefreut, Sie alle kennenzulernen und werde nie vergessen, dass ich das Glück hatte, Aldo Gucci zu begegnen! Passen Sie auf ihn auf! George.

Selbst wenn die Gefängniszeit für Papa traumatisch gewesen war, sein Leben völlig umgekrempelt und ihn in einen Schatten seiner selbst verwandelt hatte, war er doch von der Aussicht beschwingt, die Tage mit Mama verbringen zu können. Auch sie war überglücklich, ihn wiederzuhaben, und fiel schnell in die Mutterrolle, obwohl sie sich bald damit abfinden musste, dass er die meiste Zeit mit New York und Italien telefonierte. Im Mai 1987 feierte er seinen zweiundachtzigsten Geburtstag. Sie wurde in diesem Jahr fünfzig. In ihren fast dreißig gemeinsamen Jahren hatten sie mehr durchlebt als die meisten Menschen, und ihre gemeinsame Reise war alles andere als leicht gewesen. Als lebenslange Zuschauerin ihrer Beziehung hatte ich mich oft gefragt, was sie eigentlich zusammen gehalten hatte, trotz all der äußeren Zwänge und der komplizierten Umstände.

Seltsamerweise hatte sich seit seiner Entlassung die Beziehungsdynamik noch einmal verändert. Er war verletzlicher und abhängiger von meiner Mutter geworden. Zwar engagierte er sich noch intensiv für sein Unternehmen, doch verhielt er sich ihr gegenüber viel zärtlicher. Er suchte sie sehnsüchtig, wenn sie außer Sichtweite war, um ihr – wie um sich ihrer zu versichern – die Hand auf die Schulter zu legen. Offensichtlich brauchte er sie mehr denn je, und sie wusste, dass sie für ihn stark sein musste. Dieser Rollentausch machte mich traurig. Ich hatte Angst, dass das Leben nie wieder werden würde wie früher.

Ihr friedvoller Aufenthalt in Florida endete damit, dass seine Bewährungszeit im Herbst 1987 ablief und er seinen Pass zurückerhielt. Nach diesem anstrengenden Jahr war Mama erleichtert, dass sie sich nun wieder frei bewegen und ihr normales Leben führen würden. Darauf freute sich auch mein Vater. Zuerst wollte er nach New York fliegen, dann weiter nach Florenz, um seine Söhne zu sehen und sich mit seinem Anwaltsteam zu treffen. Es ging ihm darum, das Unternehmen wieder auf Spur zu bringen. Meine Mutter wollte die Zeit in Italien nutzen, um in Rom alles in Ordnung zu bringen und eine Pause zu machen.

Dann geschah, noch während mein Vater in Palm Beach war, etwas Überraschendes. Bewaffnete Polizisten der *Guardia di Finanza* (der italienischen Finanz- und Zollpolizei) versuchten, Maurizio in Mailand zu verhaften. Ein korrupter Beamter hatte ihn jedoch gewarnt, sodass er rechtzeitig in die Schweiz fliehen konnte. Dabei hatte der Haftbefehl gar nichts mit Rodolfos Anteilen zu tun. Vielmehr hatte sich mein Bruder Paolo dafür gerächt, dass Maurizio die Steuerbehörde über seinen Kauf einer sechzig Jahre alten *Creole* informiert hatte, der größten je aus Holz gebauten Segeljacht. Paolo hatte sie aus einer illegalen Geldquelle bezahlt. Als Flüchtling befand sich Maurizio nun in einer extrem schwachen Position, sodass Papa und meine Brüder sich schleunigst mit der Forderung an den New York Supreme Court wandten, Gucci America wegen groben Missmanagements aufzulösen.

Der Rechtsstreit, der nun über den Atlantik hin- und herging, führte schließlich dazu, dass ein Richter in Florenz Einhalt gebot. Im Interesse der Anteilseigner setzte er einen Wirtschaftsprofessor als Obmann für den italienischen Unternehmenszweig ein, was zu Schlagzeilen führte wie: »Kann ein Außenstehender in Aldo Guccis Fußstapfen treten?« Mein Vater war außer sich. Nie hätte er sich vorstellen können, einem völlig Fremden die Kontrolle zu übertragen. Seine einzige Hoffnung bestand nun noch darin, dass sich das amerikanische Gericht davon überzeugen ließe, Gucci America aufzulösen. Es sah vielversprechend aus – wäre da nicht Paolo gewesen, der wieder alles durcheinanderbrachte.

»Ihr Sohn hat seine Anteile an eine anonyme dritte Partei verkauft«, wurde meinem Vater von seinen Beratern mitgeteilt.

»Wie bitte?«, antwortete Papa ungläubig. »An wen?«

»Das wissen wir noch nicht.« Wie wir bald herausfanden, hatte Maurizio private Verhandlungen mit der in Bahrain registrierten Investcorp geführt, die 1984 Tiffany gekauft hatte. Dann hatte er Paolo mit einem Trick dazu gebracht, ihm den Mehrheitsanteil zu überlassen. Der Codename für die Übernahme lautete »Project Saddle« (»Projekt Sattel«), in Anlehnung an das Pferdethema von Gucci. Das Schlimmste befürchtend fochten die Anwälte meines Vaters den Verkauf an, aber der Richter blieb hart: »Es ist ganz einfach […] man ist Ihnen in den Rücken gefallen.«

Es war aus und vorbei. Meine anderen zwei Brüder wurden überredet, ihre Anteile ebenfalls zu verkaufen, sodass es nur eine Frage der Zeit war, bis das Unternehmen ohne jeden Einfluss der Familie und mit Maurizio am Steuer in fremde Hände fiel.

Im März 1988 war es vollbracht. Ohne ein Wort, geschweige denn eine vorherige Absprache mit Papa, hatten Giorgio und Roberto die

Anteile verkauft, die er ihnen einst überlassen hatte, um die Kontinuität des Familiengeschäfts zu wahren. Mein Vater war davon ausgegangen, dass sie nie veräußert werden würden. Ebenso wenig hatte er erwartet, dass seine Söhne ihren Kindern die Möglichkeit verwehren würden, ihren Platz in der Firma einzunehmen, die er für sie alle aufgebaut hatte. Meine Brüder bekräftigten, das Angebot von Investcorp sei zu großzügig gewesen, als dass sie hätten widerstehen können. Ihnen sei dazu geraten worden, da die Anteile sonst ihren Wert hätten verlieren können. Sie hätten auch eine Familie, um die sie sich kümmern müssten, fügten sie noch hinzu, und sie könnten nicht mehr gegen Maurizio ankämpfen.

Papa war erschüttert. Die Gefängnisstrafe mochte das Schlimmste gewesen sein, das ihm je zugestoßen war. Doch nie hätte er sich vorstellen können, dass seine Söhne ihm so in den Rücken fallen würden. Was mochte das Schicksal nun noch für ihn bereithalten?

»Mit denen bin ich fertig,« sagte er zu Mama. »*È finita*« – »Es ist vorbei«. Eindringlich fügte er hinzu: »Wenn du und Patricia nicht wärt, hätte ich mich jetzt vermutlich erschossen.«

Am Boden zerstört, flog er schweren Herzens mit meiner Mutter nach Italien. Kaum waren sie in Rom angelangt, eilte sie zu ihrer Bank, um die Anteile und das Geld zu holen, die er ihr vor seiner Haftstrafe anvertraut hatte. Sie war froh, sich dieser Verantwortung zu entledigen, und reichte ihm den Packen mit einem Seufzer der Erleichterung.

»Ich wusste es!«, rief er mit dankbar glänzenden Augen. »Du bist der einzige Mensch auf der Welt, dem ich wirklich vertrauen kann.«

Gucci mochte nicht mehr das Unternehmen sein, das mein Vater gekannt hatte, doch hielt er immer noch kostbare 16,7 Prozent der Anteile, sodass er zumindest das Gefühl hatte, noch ein Stückchen von dem Imperium zu besitzen, das er einst aufgebaut hatte. Es war noch nicht verloren. Seit den Tagen, da er als Lieferbote mit dem Rad durch die holprigen Straßen von Florenz gefahren war, hatte er sich mit Haut und Haar für den Erfolg des Familiengeschäfts eingesetzt. Mehr als siebzig Jahre lang hatte er sich dem Unternehmen voll und ganz gewidmet. Er kannte nichts anderes, für ihn gab es keinen Plan B.

Meine Mutter hatte zwar immer geduldig auf ihre Zeit gewartet, und beide hätten wir ihn über viele Jahre gern mehr in unserem Leben gehabt. Doch seine Firma war sein Leben, das war uns immer bewusst. Ich hatte mit eigenen Augen erlebt, dass er nie kampflos aufgab, und fragte mich jetzt, was er wohl als Nächstes vorhatte.

Es freute ihn, als er hörte, dass ihn ein alter Freund sehen wollte. Severin Wunderman war der in Belgien geborene Holocaustüberlebende und Uhrmacher, dem Papa in den Siebziger Jahren zu einem großen Vermögen verholfen hatte. Wunderman saß nun im Vorstand von Gucci, und mein Vater hoffte, dass er dank seines Einflusses wenigstens als Gesellschafter mit von der Partie bleiben könnte.

Papa hatte mich zu dem Gespräch hinzugebeten. Als ich die Tür öffnete und Wunderman hereinließ, machte er einen guten Eindruck auf mich. Doch schon nach wenigen Minuten stellte sich heraus, dass Wunderman nicht etwa auf einen Freundschaftsbesuch vorbeigekommen war. Kaum hatten wir uns am Kaffeetisch niedergelassen, unterbrach Wunderman meinen Vater, der gerade seine Visionen für die Zukunft des Unternehmens darlegte. »Jetzt komm schon, Aldo, es ist Zeit loszulassen!«, sagte er mit einem Lächeln, das sich über das fahle Gesicht zog. »Du hast Großes erreicht! Jetzt genieß dein Leben und gib ein bisschen Geld aus!«

Meines Vaters Miene gefror, ich nahm seinen plötzlichen Stimmungswechsel genau wahr. Er starrte Wunderman an, der weiter alle Register zog, um Papa zum Verkauf seiner Anteile zu überreden. Nach allem, was mein Vater über die Jahre für ihn getan hatte, wurde mir direkt übel. Wunderman schien gar nicht bewusst zu sein, wie schlecht mein Vater bereits von seiner eigenen Familie behandelt worden war.

Ich konnte deutlich sehen, wie mein Vater die Schotten dicht machte und wusste: Das Treffen war beendet. Kaum war Wunderman gegangen, ließ er sich vollkommen erschöpft in seinem Armsessel fallen. Ohne es zu ahnen, hatte der Besucher genau das erreicht, wofür man ihn geschickt hatte. Denn nun lag es schmerzlich und klar auf der Hand: Mein Vater hatte keinen einzigen Verbündeten mehr. Als er sich halbwegs gefasst hatte, spie er wutentbrannt die Worte hinaus: »Verkaufen, sagt er! Was für ein Verrat! Alle haben sie mir den Rücken zugekehrt! Und jetzt auch noch Severin!« Nun wollte er nichts mehr mit Gucci zu tun haben. Er würde tatsächlich verkaufen, verkündete er. »Du und Bruna, ihr habt jetzt Vorrang für mich.«

Wie zur Bestätigung seiner Entscheidung wurde er von den US-Behörden darüber informiert, dass wegen seiner strafrechtlichen Verurteilung seine Aufenthaltsgenehmigung aufgehoben sei. Ohne sie würde er nicht mehr unbegrenzt in den Vereinigten Staaten bleiben können. Mit seiner Entscheidung, sich in den USA niederzulassen und hier auch seine Steuern zu bezahlen, hatte er unbeabsichtigt auch die strafrechtliche Verfolgung ermöglicht, während seine Familie ungeschoren davonkam. Er witzelte, er werde seine Greencard in Geschenkpapier von Gucci einwickeln und mit einem roten Griff versehen zurückgeben. Schlussendlich jedoch ging sie zusammen mit einem dicken Bündel Dokumenten an die Behörden.

Da nun der amerikanische Traum in Scherben lag, war es an der Zeit, die Sachen zu packen und endgültig nach Rom zurückzukehren.

Auch meine Liebesgeschichte mit den USA war nun zu Ende, und ich beschloss, zurück »nach Hause« zu gehen, nach Berkshire, wo ich meinen Eltern näher sein konnte. Santino und ich meldeten Alexandra in meiner alten Schule Hurst Lodge an. Ich genoss das englische Landleben und schaute meiner Tochter beim Spielen in eben dem Garten zu, in dem ich selbst als junges Mädchen so viel Zeit verbracht hatte.

Papa besuchte uns häufig. Er genoss die kostbaren Momente mit seiner geliebten Enkelin, die – da war er sicher – einmal »eine große Schönheit« werden würde. In einer meiner glücklichsten Erinnerungen an diese kummervolle Zeit in seinem Leben sehe ich ihn zusammen mit

Alexandra am Klavier sitzen. Sie haut auf die Tasten, während beide falsch dazu singen. Das war er und er brachte wieder einmal mit seiner Vitalität Farbe in unser Haus. Es fühlte sich großartig an.

Da mein Vater mich gut versorgt wissen wollte, sicherte er mir bei Gucci UK eine Position als Creative Director für London, Hong Kong und Tokio. Dieses Arrangement würde mich so lange mit dem Unternehmen verbinden, bis ich es verlassen wollte oder er seine Anteile verkaufte. Mir selbst überlassen pflegte ich nur wenig Kontakt mit den Leuten in Mailand oder New York. Ich behielt meinen Platz im Vorstand, konnte mich jedoch nicht überwinden, zu den Sitzungen zu gehen, in denen ich meinem Cousin Maurizio begegnet wäre.

Der Vorhang fiel im April 1989. Nach quälend langwierigen Verhandlungen neigte sich meines Vaters – und auch meine – Zeit mit Gucci dem Ende zu. Ich flog mit ihm nach Genf zu einem Treffen mit Investcorp, wo ich in meiner Funktion als Unternehmensleitung und Aldo Guccis Tochter eine Reihe von Dokumenten zu unterzeichnen hatte, die Teil der Abmachung waren – oder der Schweigegeldabsprache, wie ich sie nannte.

Am Abend vor diesem schicksalhaften Termin aßen wir im Beau Rivage, dem Hotel am See mit Blick auf das historische Wahrzeichen der Stadt, den Jet-d'Eau-Springbrunnen, der für Stärke, Ehrgeiz und Vitalität steht. Eine Reihe von Rechtsberatern hatten uns begleitet, doch war es wahrlich kein Vergnügungsabend. Dass Papa kaum Appetit hatte, war wohl nicht weiter verwunderlich. Selbst wenn er die Schweiz als reicher Mann verlassen würde, sollte doch sein Lebenswerk mit einem Federstrich von ihm abgetrennt werden.

Am nächsten Morgen legten wir den kurzen Weg zum Büro zu Fuß zurück. Wir wurden in einen Sitzungssaal geführt, in dem uns mehrere Leute erwartungsvoll entgegenblickten, und nahmen an dem langen schwarzen Tisch Platz, auf dem nur ein Telefon und zwei kleine, in Tiffany-Blau eingewickelte Päckchen lagen. Mein Vater war düster gestimmt. Mit stählernem Blick sprach er die Phalanx der Investcorp-

Vertreter an und warnte sie, ihr junger machthungriger Vorstandsvorsitzender werde das Unternehmen, das sie da gerade kauften, ruinieren. Es war eine sinnlose, aber symbolische Geste, die er Gucci schuldig zu sein meinte. Dieser Moment gehörte ihm, und er wollte ihn nicht wortlos verstreichen lassen.

»Beherzigen Sie meine Worte, meine Herren. Solange mein Neffe an der Spitze dieses Unternehmen steht, wird es nicht an seine frühere Stärke anknüpfen können.«

Sie dankten ihm höflich und warteten ab, während er den Stapel Papiere mit den Verkaufsbedingungen anstarrte. Dazu gehörte auch das Verbot, über Geschäfte der Firma zu reden oder Informationen weiterzugeben. Außerdem wurde uns beiden untersagt, für Produkte oder Projekte jeglicher Art unseren Namen zu verwenden.

Papas Füllhalter schwebte noch über der gepunkteten Linie, als mir plötzlich das Blut in den Kopf stieg. Das Gefühl war ähnlich wie damals im Gerichtssaal in New York. Noch einmal wurde er zu etwas gezwungen, das sein Leben lang undenkbar gewesen wäre.

Doch gab es keine Alternative. Er senkte den Füller aufs Papier und fuhr, während ein halbes Dutzend Paar Augen seinen Bewegungen folgte, mit der Feder kratzend darüber. Nachdem er mit einem Schnörkel unterzeichnet hatte, gab er die Zertifikate und damit seine letzte Verbindung zum Unternehmen ab. In den unangenehmen Minuten, die folgten, wurde das Dokument von den Anwälten wieder und wieder geprüft. Während die Tinte trocknete, warteten wir schweigend eine halbe Ewigkeit, bis das Telefon auf dem Tisch in die Stille hinein klingelte. Erst als die Stimme am anderen Ende bestätigte, dass die Gelder auf sein Bankkonto angewiesen worden seien, konnten wir endlich gehen.

Als wollten sie dem womöglich schlimmsten Moment im Leben meines Vaters Nachdruck verleihen, übergaben uns unsere Gastgeber zwei Abschiedsgeschenke. Mein Vater erhielt ein kunstvoll verziertes silbernes Zigarrenetui von Tiffany, in das nicht mehr als zwei Zigarren passten, ich ein kleines silbernes Milchkännchen. Gott weiß, was dieser Schnickschnack symbolisieren sollte. Nach seinem lebenslangen Engagement, das den Einsatz der in diesem stickigen Raum Anwesenden um ein Weites übertraf, war dieses lächerlich kitschige Zeug, das zweifellos eine ahnungslose Sekretärin hatte besorgen müssen, eine Beleidigung. Es wäre besser gewesen, wenn sie uns überhaupt nichts geschenkt hätten.

Zum Thema Schicksal sagte Anaïs Nin einmal, keiner von uns müsse »in der Knechtschaft der Vergangenheit« leben, wenn wir nur den Mut hätten, uns bewusst zu machen, wie uns die Vergangenheit geformt habe. Bei Gucci war es um die Vergangenheit gegangen, für meinen Vater jedoch auch um die Zukunft – nicht nur um seine, sondern auch um meine und die seiner Familie. Welche Zukunft hatte er nun noch, muss er sich gefragt haben, als wir das Gebäude verließen.

Immer hatte er das Gefühl gehabt, sein Leben selbst gestalten zu können. Nun aber zwangen ihn an seinem Lebensende die Umstände in Situationen, die außerhalb seiner Kontrolle lagen. Als Beobachterin lernte auch ich eine wichtige Lektion – dass nämlich keiner von uns weiß, was an der nächsten Ecke auf uns wartet.

SIEBENUNDZWANZIG

Jede Entscheidung, die wir im Leben treffen, hat Konsequenzen, manche davon sind unvorhersehbar. Als mein Vater beschloss, seine Gucci-Anteile seinen Söhnen zu schenken, hätte er sich nie träumen lassen, dass sie sie eines Tages verkaufen würden. Ebenso wenig hätte er je gedacht, dass der Neffe, den er aus dem Exil zurückgeholt hatte, sich als so doppelzüngig erweisen würde.

Auch ich hätte mir einen solchen Ausgang der Dinge nie vorstellen können, und jetzt fragte ich mich, was ich als Nächstes tun sollte. Da ich von Investcorp dafür bezahlt worden war, nicht über das zu sprechen, was ich wusste, also kein Buch schreiben und ebenso wenig unternehmerisch im Namen von Gucci aktiv werden durfte, war ich einigermaßen ratlos, wie meine Zukunft aussehen sollte. Für die Firma arbeitete ich nun nicht mehr. Stattdessen übernahm ich die schwierige Aufgabe, meinem Vater dabei zu helfen, nach seinem spektakulären Verlust von allem, was ihm lieb gewesen war, die Scherben aufzulesen.

Bald nach unserer Genf-Reise flog er allein nach Palm Beach. Es sei nicht nötig, dass meine Mutter ihn begleite, hatte er gesagt. Wir hatten beide zu Hause genug zu tun, außerdem wollte er nur den Verkauf des Hauses persönlich abwickeln. Wir wussten, wie schwer ihm das fallen würde. Als er eines Abends von seinem Abschiedsessen im Club Colette nach Hause kam, hörte er das Telefon klingeln. Es war meine Mutter, die völlig hysterisch aus Rom anrief.

»Aldo! Ist alles in Ordnung? Ich habe einen schrecklichen Traum gehabt!«

Da ihm ihre Albträume nur allzu vertraut waren und es bei ihr erst früh am Morgen war, versuchte er, sie zu beruhigen. Dieses Mal jedoch ließ sie sich nicht beschwichtigen. Sie sagte, in ihrem Traum habe sie ihn deutlich mit dem Gesicht nach unten auf der Badematte liegen sehen. Papa versicherte ihr, es gehe ihm gut. Dann ging er zu Bett. Am nächsten Morgen aber rief er sie zurück und gab zu, etwas sei tatsächlich nicht in Ordnung. Er habe Schwierigkeiten, Wasser zu lassen.

Nachdem sie ihm das Versprechen abgenommen hatte, nach New York zurückzukehren und sofort seinen Arzt aufzusuchen, rief sie mich in London an. »Bitte, Patricia, flieg heute noch nach New York und sorg dafür, dass er sein Versprechen hält. Ich bin überzeugt, dass da was nicht in Ordnung ist. Er wird sich bestimmt nicht von allein drum kümmern.« Ich nahm sogleich die nächste Concorde. Noch am selben Tag und nur wenige Stunden nach meiner Ankunft wurde Papa für eingehende Untersuchungen der stark vergrößerten Prostata ins Krankenhaus geschickt. Als ich Mama informiert hatte, machte auch sie sich auf den Weg.

Bei ihrer Ankunft stand die Diagnose bereits fest: Mein Vater hatte im Endstadium Krebs, der genau wie bei seinem Bruder Rodolfo in der Prostata begonnen hatte. Obgleich er für sein Alter ansonsten bei hervorragender Gesundheit war, sagten die Ärzte, dass sich die Krankheit bereits ausgebreitet habe und sich Metastasen in den Knochen gebildet hätten. Eine Chemotherapie könne den Prozess verlangsamen, doch gebe es keine Aussicht auf Heilung.

»Keine Heilung.«

Ich hörte die Worte zwar, doch verstehen konnte ich sie zunächst nicht – dieser erneute Schlag war einfach nicht zu verarbeiten. Papa schien die Augen komplett vor der Wahrheit zu verschließen. Er wollte keinerlei medizinische Details wissen und wies die Ärzte an, alles mit meiner Mutter und mir zu besprechen. Nach weiterer Befragung gab er allerdings zu, er habe seit Monaten Beschwerden gehabt. Da sie jedoch mitten in die Verhandlungen über seinen Verbleib im Unternehmen gefallen waren, hatte er es vorgezogen, sie zu ignorieren. Dies war nun also die Konsequenz.

Meine Mutter rang die Hände und wiederholte nur: »Ich hab's gewusst, ich hab's gewusst!« Ihr schlimmster Albtraum hatte sich bewahrheitet.

»Ich möchte nicht, dass irgendwer sonst es erfährt«, verkündete mein Vater.

»Aber Aldo, was ist mit deiner Familie?«, fragte sie.

»Nein!«, schnauzte er sie an. »Sie brauchen es nicht zu wissen, sie verdienen es einfach nicht.« Ernst schaute er uns an und ließ uns schwören, dass wir nichts verlauten lassen würden. Wir gaben ihm unser Wort.

Ungeachtet seiner Diagnose blieb er die nächsten Tage erstaunlich fröhlich und schmiedete Pläne mit uns für die Zeit nach seiner Entlassung. Kaum durfte er nach Hause, flogen er und Mama für einige Wochen nach Palm Beach, um an dem Ort allein zu sein, der ihnen beiden so viel bedeutete. Mein Vater hatte das Haus nur für uns gebaut, und nichts hatte die magische Kraft je getrübt, die jeden Kummer zu lindern vermocht hatte. Die besondere Alchemie dieses Ortes gab es nirgendwo sonst.

Dieser letzte Besuch vor dem Verkauf des Anwesens war sicher schmerzhaft, vor allem für Papa. Es muss ihm das Herz gebrochen haben, in seinem tropischen Garten umherzuwandern und die ihm so kostbare Wiese zu pflegen. Auch wenn ich am liebsten ab sofort jede freie Minute mit ihm verbracht hätte, war ich doch froh, diesen endgültigen Abschied nicht mitzuerleben.

Fast unmittelbar nach ihrer Rückkehr nach New York konnte ich ihnen eine Nachricht völlig anderer Natur überbringen, die vielleicht eine kleine Atempause bringen konnte: »Ich bin schwanger«, sagte ich. »Die Geburt steht im Februar an.« Sie waren überglücklich, dass sie sich nun wieder auf etwas freuen konnten und sich die Wogen zwischen Santino und mir anscheinend wieder geglättet hatten.

Zufällig gingen mein Vater und ich in die gleiche Ultraschallpraxis – er wegen seiner Prostatatests und ich wegen meiner Schwangerschaft. Eines Tages kamen wir zufällig gleichzeitig aus den Untersuchungszimmern. Wir fielen uns in die Arme. »Papa, es ist ein Mädchen!«, verkündete ich.

Mein Vater lachte. »Gott sei Dank!«, rief er. »Wäre es ein Junge, hätte ich es gar nicht wissen wollen.« Die Aussicht auf eine weitere Enkelin schien ihm – zumindest für eine Weile – Auftrieb zu geben. Jedenfalls, bis er Amerika endgültig verlassen musste.

Er war so lange geblieben wie nur irgend möglich, doch dann flog er zusammen mit meiner Mutter zum letzten Mal in einer Concorde vom John F. Kennedy-Flughafen ab. Als treuer Concorde-Passagier, der dreizehn Jahre zwischen London, Rom und den USA hin und hergeflogen war, gehörte er wohl zu den bekanntesten Gesichtern in dem Überschallflugzeug. Was er neben all dem Glamour, Champagner und Kaviar an der Concorde am meisten liebte, war ihre Geschwindigkeit – als wäre sie ein Spiegel seiner selbst. Auch davon nahm er jetzt Abschied. Kurz nach dem Start nahm er die Hand meiner Mutter, wandte sich ihr zu und fragte sie leise: »Ist es in Ordnung, wenn ich jetzt weine?«

Sie nickte wortlos und drückte ihm die Hand, während er durch das Fensterchen der verschwindenden Stadt nachschaute und seinen Tränen freien Lauf ließ.

Trotz seines schlechten gesundheitlichen Zustands und des Verlaufs der begonnenen Chemotherapie war der Sommer 1989 etwas Besonderes und völlig Neues für uns. Santino, Alexandra und ich fuhren zusammen mit Mama und Papa nach Porto Ercole, einer kleinen Küstenstadt anderthalb Stunden Autofahrt nördlich von Rom, wo sich meine Eltern eine kleine Wohnung hielten. Mein Vater hatte vorgeschlagen, wir sollten für die Woche, die wir dort verbringen wollten, ein Boot chartern und an der Küste des Argentario entlangsegeln, die für ihre silbern schimmernden Olivenbäume berühmt ist.

Wir segelten auf einem alten Holzschoner durch das klare Wasser, warfen hier und da in einer abgeschiedenen Bucht den Anker aus und ließen uns zu einem Teller *Spaghetti alle vongole*, gefolgt von *branzino* (Seebarsch) mit Salzkartoffeln und Petersilie nieder. Papa lag in der Badehose unter einem Baldachin und genoss die salzige Luft und die warme Sonne auf seinem vom Krebs verwüsteten Körper. Er las und schwamm ab und zu, bevor er sich ein Schläfchen gönnte. Ich hatte ihn noch nie so im Frieden mit sich gesehen, und zweifellos fragte er sich, warum nicht jeder Sommer so gewesen war. Angesichts der kurzen kostbaren Lebenszeit, die ihm noch blieb, war ihm klar geworden, dass nicht Geld oder Erfolg entscheidend sind, sondern die Gesellschaft derer, die wir lieben. Wenn ich mir die Videoaufnahmen dieser wenigen wunderbaren Tage anschaue, überkommt mich jedes Mal eine große Traurigkeit.

Wieder in Rom, fuhr er mit seiner Behandlung fort, wollte aber unbedingt, dass sich statt der Krankenschwester, die ihm zur Verfügung stand, Mama um ihn kümmerte. Er hatte solches Vertrauen in sie, dass sie scherzte: »Wenn ich ihm sagen würde, er soll Erde mit Olivenöl essen, würde er das wahrscheinlich tun!« Seine Brunicchi legte alles fest – von der Ernährung bis zu der Zahl der Stunden, die er täglich schlief. Eine Zeit lang zahlte sich ihr Programm aus, und er vertrug seine Behandlung erstaunlich gut.

Das Jahr ging langsam dem Ende zu. Da er noch reisen konnte, beschlossen wir, traditionell zu Hause in Berkshire Weihnachten zu feiern. Er hatte den Ort immer geliebt. Mit Musik im Hintergrund und Alexandra, die sich im Fernsehen Zeichentrickfilme ansah, fühlte sich das Haus nicht mehr wie das einstige Mausoleum an.

Als in der Woche vor Weihnachten ihr *babbo* und ihre *nonna* eintrafen, war Alexandra vor Begeisterung ganz aus dem Häuschen.

Gleich als Papa hereinkam, rannte sie ihm in die Arme. Er beugte sich zu ihr herunter und tätschelte ihr den Kopf, wie er es früher bei mir getan hatte. Dann fing er das Spiel an, das sie immer miteinander spielten. »*C'ho una cosina*!«– »Ich hab da eine Kleinigkeit«, neckte er sie lachend, bevor er mit viel Aufhebens eine Süßigkeit oder ein Spielzeug aus seiner Hosentasche fischte und es ihr lachend außer Reichweite hinhielt. Dieses kleine Ritual ist eine von Alexandras liebsten Erinnerungen an ihn.

Papa wirkte sehr glücklich. Meine Mutter drückte es sehr passend aus: »Dein Vater hatte drei Leidenschaften: das Essen, den Garten und die Frauen. Ich würde sagen, von allen dreien hat er das Gärtnern am meisten geliebt.« In Berkshire hatte er alle drei. Während sie also das Abendessen zubereitete, wanderte er wie in den alten Tagen über das Anwesen und bewunderte die Rosen und die Seekiefern, die er in früheren Jahren gepflanzt hatte. Auf meinem einstigen Spielplatz standen inzwischen lebensgroße Bronzeskulpturen von Emilio Greco, einem seiner Lieblingskünstler. Er sagte, die geschmeidigen Formen erinnerten ihn an meine Mutter, und polierte – zur Belustigung aller – stolz jede einzelne ihrer Kurven.

Die Essenszeiten in diesem Haus waren urkomisch, denn mein Vater machte mich, Santino und Alexandra zu seinen Komplizen, um ein paar von den Dingen essen zu können, die Mama ihm nicht mehr erlaubte. Sie wusste genau, was er im Schilde führte, und spielte das Spiel mit. Wann immer sie ihn dabei erwischte, wie er ein Stück Käse oder die fette Haut eines Brathähnchens klaute, schüttelte sie den Kopf oder hob drohend den Zeigefinger. Wir kicherten dann, während er sich reumütig gab. Kaum hatte meine Mutter ihm wieder den Rücken zugekehrt, krähte Alexandra auch schon mit einem »Nochmal, Babbo!« nach dem nächsten Streich.

Alle waren in Weihnachtsstimmung, doch dann schlug das Schicksal zu. Meine Mutter erfuhr, Diebe hätten in ihrer Abwesenheit versucht, in ihre römische Wohnung einzudringen. Sie flog daher sofort nach Rom, um nach dem Rechten zu sehen. Auch wenn die Eindringlinge nicht hineingekommen waren, hatten sie doch die Tür schwer beschädigt, und sie wollte die Wohnung nicht allein lassen. Papa konnte die Trennung von ihr nicht ertragen, sodass auch er beschloss zurückzufliegen und wir Weihnachten schließlich allein verbrachten.

Mama hat immer gesagt, dass alles, was geschieht, einen Grund hat. Als sich die Gesundheit meines Vaters wenige Tage nach seiner Ankunft in Rom plötzlich verschlechterte, meinte sie, es habe in den Sternen gestanden. Er wurde in der Klinik von Villa Flaminia aufgenommen, wo weitere Tests ergaben, dass sich der Krebs inzwischen auf die Leber und die Bauchspeicheldrüse ausgeweitet hatte. Die Uhr hatte wieder einmal geschlagen.

Da ich nichts von dem verstehen konnte, was sie mir unter Tränen am Telefon zu sagen versuchte, rief ich die Ärzte selbst an und fragte, was sie sich nicht zu fragen getraut hatte: »Wie lange noch?«

»Ein bis zwei Monate. Drei, wenn er Glück hat.«

Instinktiv fuhr mir die Hand schützend zum Bauch. Bis zum Geburtstermin fehlten nur noch sieben Wochen, ich war schon für Mitte Februar im Londoner Portland Hospital angemeldet. Die Fluglinien weigerten sich normalerweise, hochschwangere Frauen fliegen zu lassen. Ab der sechsunddreißigsten Woche war es vollkommen unmöglich, einen Flug zu bekommen. Ich musste schnell handeln. Ich gab daher den Plan auf, in England zu entbinden, und flog zusammen mit Santino, Alexandra und dem Kindermädchen am 14. Januar nach Rom, damit ich meinem Vater nah sein und noch so viel Zeit wie möglich mit ihm verbringen konnte.

Bei meiner Ankunft traf ich Mama in ihrer eigenen kleinen Welt an. Es war, als wisse sie etwas, von dem ich keine Ahnung hatte. Sie legte noch letzte Hand an ihre Frisur und ihr Make-up, bevor wir an diesem ersten Morgen Papa besuchen fuhren. Wie immer war ihre Erscheinung perfekt, aber weder Lippenstift noch Rouge konnten über ihre Erschöpfung hinwegtäuschen.

Auf dem Weg ins Krankenhaus rechnete ich mit dem Schlimmsten. Doch trafen wir ihn lebhafter an denn je. Er saß mit seiner Hornbrille im Bett und las Zeitung. Dabei sah er aus, als könnte er jeden Moment aufstehen und hinausgehen. Er machte sich lustig über seine missliche Lage und kommentierte meinen fortgeschrittenen Zustand. Seine ersten Worte zu mir waren: »Patricia! Bist du nicht eigentlich diejenige, die sich ausruhen sollte?« Meine Mutter fand das gar nicht lustig. Sie schüttelte nur den Kopf, während sie ihm die Bettdecke hochzog und die Kissen richtete.

Draußen war es zwar kalt und scheußlich, er jedoch schien wieder das alte sonnige Selbst zu sein. Jener erste Tag blieb allerdings der einzige, an dem es ihm gut ging – ein Eindruck, der täuschte. Noch wollte er nicht, dass wir irgendwem etwas von seiner Krankheit sagten. Daher kam also niemand zu Besuch, und genau das wollte er. Die einzigen Menschen, die über seinen Zustand Bescheid wussten, waren die gerade Anwesenden.

»Wie lange noch?«, fragte er mich und meinte die bevorstehende Geburt seiner neuen Enkelin.

»Ich werde sie genau hier bekommen«, erklärte ich ihm, froh über dieses Gefühl von Kontinuität. »In einer Stunde habe ich einen Termin beim Gynäkologen und treffe die nötigen Vorbereitungen.«

»*Brava*«, sagte er. »Ich bin froh, dass du alles so kurzfristig regeln konntest.« Bei unserem folgenden Gespräch über die nächste Generation und die Freude, die sie in unser Leben bringen würde, zwang ich mich zu einem Lächeln. Mama versuchte, nichts anzusprechen, was zu gefühlsträchtig gewesen wäre, und verbarg ihre Gefühle, indem sie die ganze Zeit Wirbel um Papa machte (hatte er auch seine Tabletten genommen?) und ständig in Bewegung war. Schließlich setzte sie sich auf das Sofa neben seinem Bett, während ich mich auf einem Stuhl gegenüber niederließ.

»Ich bin bald wieder draußen«, erklärte uns Papa in seinem gestreiften Pyjama optimistisch. »Es gibt noch so viele Orte, wo ich noch nicht mit dir gewesen bin«, sagte er mit einem liebevollen Blick in Mamas Richtung. »Wo du immer hinwolltest. Wir können doch immer noch nach Griechenland fahren.«

»*Smettila*« – »Hör auf«, Aldo! Sag nicht so ein dummes Zeug«, unterbrach ihn Mama. »Du musst dich jetzt darauf konzentrieren, gesund zu werden.«

Dann fing er wieder an: »Ich hätte mehr Zeit mit dir verbringen sollen, ich … «, und schon nickte er ein, genau wie damals, als wir an den Sonntagnachmittagen in Berkshire gemeinsam Western geschaut hatten. Es fühlte sich seltsam an, ihm nah zu sein, während er schlief, so vertraut war mir seine unbändige Tatkraft gewesen. Ich konnte ihn mir einfach nicht anders vorstellen.

Meine Mutter und ich wechselten uns ab, damit immer jemand bei ihm war. Da es ihm so gut zu gehen schien und wir nicht erwarteten, dass sich die Lage allzu schnell verschlechtern würde, sagte ich ihr, sie solle sich keine Sorgen machen. Sie brauche nicht ständig an seinem Bett zu wachen und solle sich doch in Ruhe um ihre Alltagsangelegenheiten kümmern.

Wenn ich nicht bei ihm war, hatte ich meist einen Geburtsvorbereitungstermin oder ging zu Alexandra, um die sich sonst das Kindermädchen kümmerte. Immer wenn ich mich auf den Weg ins Krankenhaus machte, warf mir dieses pflegeleichte Goldkind, das uns alle zusammenschweißte, eine Kusshand für ihren *babbo* zu, die ich dann mit der Hand für ihn auffangen musste. So lebten wir mit all dem Hin und Her und wollten noch immer nicht wahrhaben, dass seine Tage gezählt waren.

Am zweiten Nachmittag kam ich mit einem Strauß Blumen ins Krankenhaus, um ihn aufzumuntern. Er hasste es, an sein Zimmer gefesselt zu sein, in dem es keine Farben und kein Licht gab. Als ich ihn daher nicht im Bett, sondern im Rollstuhl vorfand, war ich nicht besonders überrascht.

»Ach Patricia!«, rief er. »Eine der Krankenschwestern hat mir gesagt, dass die Sonne scheint. Ich möchte raus und sie selbst sehen.« Wir wussten beide, dass es den Ärzten nicht recht wäre, doch versicherte er mir zwinkernd, sie würden es nie erfahren. Also rollte ich ihn durch den Gang zu einem großen Fenster mit Buntglas und stellte den Rollstuhl so hin, dass die Sonne Papa mit ihren wärmenden Strahlen ins Gesicht schien. Für mich fand ich einen Stuhl und ließ mich still neben ihm nieder, um ihn in diesem kostbaren Augenblick nicht zu stören.

»Könntest du mir meine Aktentasche bringen?«, fragte er mich kurz darauf, ohne die Augen zu öffnen. Ich tat, wie mir geheißen, und sah zu, wie er den Schnappverschluss öffnete und einen braunen Briefumschlag herauszog, der ein einziges Blatt Papier enthielt. »Lies das«, forderte er mich sanft auf.

Ich überflog die ersten Zeilen und hielt inne. Tief Luft holend, starrte ich auf sein Testament und protestierte: »Papa ... ich kann nicht!«

»Lies weiter«, sagte er beharrlich gestikulierend und schloss die Augen wieder. Plötzlich war er wieder der perfekte Geschäftsmann, der seine Geschäfte in Ordnung bringt. Da war etwas zu erledigen, und ich war die Einzige, die es tun konnte.

Ich leistete seiner Aufforderung Folge und las das Dokument schweigend durch, bevor ich es in den Umschlag zurücksteckte. Dann saßen wir minutenlang schweigend da. Ich schluckte die Tränen hinunter und dachte über die enormen Konsequenzen dessen nach, was ich gerade gelesen hatte. Nicht, dass mich das auch nur im mindestens interessierte. Mich interessierte nur er. Bis dahin hatte ich mich nur mit seinem Überleben befasst – gegen jede Wahrscheinlichkeit und jeden Tag aufs Neue. Nur so hatte ich es geschafft, die schrecklichen Ereignisse der jüngsten Zeit zu überstehen. Ein anderer Ausgang war für mich völlig undenkbar. Als ich mich gefangen hatte, sagte ich ihm genau das und fügte hinzu: »Ich kann das jetzt nicht ertragen ...«

»Ich weiß, ich weiß«, sagte er beschwichtigend, »aber verstehst du, was das bedeutet?«

»Ja, Papa«, antwortete ich. »Das tue ich.«

In Wahrheit war ich mir da nicht so sicher.

ACHTUNDZWANZIG

Es gibt Zeiten im Leben, da müssen wir uns Problemen stellen, denen wir am liebsten aus dem Weg gehen würden. Auf Wunsch meines Vaters sollte ich etwas organisieren, das mir unangenehmer war als alles, was ich in meinem Leben je hatte tun müssen. Eigentlich steckte meine Mutter dahinter, die den Schwierigkeiten nicht mehr ausweichen wollte und uns zwang zu erledigen, was wir zu lange vor uns hergeschoben hatten.

»Aldo, mich beschäftigt da schon seit einer Weile etwas«, sagte sie an demselben Tag, an dem er mir sein Testament gezeigt hatte. »Es ist Zeit, deine Söhne zu informieren.«

Als sie seinen entsetzten Gesichtsausdruck sah, fügte sie hinzu: »Du musst.«

Zu unserer Überraschung nickte er. »*Va bene*, Bruna. In Ordnung.«

Dann wandte er sich mir zu und sagte leise: »Kannst du dich bitte darum kümmern? Ich gebe dir die Nummern, damit du sie anrufen kannst. Sag ihnen, sie sollen kommen.«

»Morgen«, sagte meine Mutter drängend.

Ich hatte nie eine enge Beziehung zu meinen Brüdern gehabt. Und nach allem, was sie Papa angetan hatten, wollte ich sie auch gar nicht mehr sehen. Dennoch tat ich, was er mir aufgetragen hatte, und verabredete mich mit ihnen im Cavalieri Hilton gleich am nächsten Morgen. Ich kam etwas zu früh, setzte mich an einen Tisch und bestellte einen

Tee. Kurz darauf kamen sie dazu. Sie waren natürlich neugierig zu erfahren, worum es ging.

Nach der höflichen, aber steifen Begrüßung platzte ich mit der Nachricht heraus. »Ich fürchte, euer – *unser* – Vater wird nicht mehr lange leben. Er hat Krebs«, sagte ich in dem Bemühen, die Fassung zu wahren bei diesen Worten, die mir noch immer schwer über die Lippen kamen. »Die Diagnose wurde letztes Jahr gestellt. Er sagt, ihr könnt ihn sehen, wenn ihr möchtet.«

Das hatte keiner von ihnen erwartet. Auch wenn Papa schon über achtzig war, war er doch kaum je in seinem Leben auch nur einen Tag krank gewesen. Ich glaube, wir hielten ihn alle für unsterblich. Einen Moment lang herrschte schockiertes Schweigen. Sie starrten mich nur ungläubig an. Dann erhob Roberto die Stimme: »Warum haben deine Mutter und du uns das so lange verschwiegen? Wir sind seine Söhne! Warum hast du nichts gesagt?« Weitere Anklagen folgten, und von allen schlug mir – im neunten Monat schwanger und doch ebenso betroffen wie sie – nichts als offene Feindseligkeit entgegen.

»Es war die Entscheidung eures Vaters, euch nichts zu sagen. Das hat nichts mit mir zu tun«, erklärte ich ihnen tonlos, als sie endlich still waren. »Jetzt ist er so weit, dass er es euch wissen lassen will. Ihr könnt ihn morgen Nachmittag sehen. Er ist im Krankenhaus der Villa Flaminia. Morgen Nachmittag um drei.«

Ich zog mich mehr schlecht als recht aus dem Sessel hoch und verließ die Hotellobby. Meinen Tee hatte ich nicht einmal angerührt.

Wenn ich meine Brüder schon nicht hatte sehen wollen, so graute es meinen Vater vor dieser letzten Begegnung mit den Menschen, die ihn verraten hatten, sicher noch zehnmal mehr. Doch er wirkte merkwürdig gefasst. Er strahlte eine neue konzentrierte Zielstrebigkeit aus. Als wir ihm halfen, sich fertig zu machen, spürten wir seine Entschlossenheit, seinen Söhnen zu zeigen, welchen Preis er für ihren Verrat zahlen musste. Über viele Jahre hatte er ein Haarwasser verwendet, das sein Silberhaar geglättet hatte und auch dunkler erscheinen ließ. Am Tag vor dem Treffen bat er meine Mutter, ihm die Lotion auszuspülen. Die Wirkung war außerordentlich – sein Haar wurde unmittelbar weiß.

Nachdem er anstelle des Pyjamas einen marineblauen Nadelstreifenanzug angezogen hatte, der ihm um den Körper schlotterte, brachte er sich in dem kunstledernen Armsessel in Position. Er saß völlig aufrecht da und wirkte doch merkwürdig geschrumpft – man sah ihm jedes seiner vierundachtzig Jahre an.

Als die Glocken der nahegelegenen Kirche drei Uhr läuteten, hörten wir Schritte auf dem langen, steingefliesten Korridor. So ruhig wie möglich setzte ich mich auf die Bettkante, während meine Mutter, gewappnet mit ihrer Sonnenbrille, in der hintersten Ecke des Zimmers Platz nahm. Sie wünschte sich weit fort und war nur auf meines Vaters ausdrücklichen Wunsch geblieben.

Die Tür ging auf, und meine Brüder schoben sich einer nach dem anderen ins Zimmer wie verlegene Schulkinder, die vor den Direktor gerufen werden. Als sie Papa sahen, konnten sie ihr Erschrecken über seine Erscheinung nicht verbergen. Nachdem sie Mama und mich mit den üblichen Küsschen auf die Wangen begrüßt hatten, traten sie für ihre letzte Umarmung mit dem Vater an. Zu ihrer Überraschung blieb er vollkommen gelassen.

»Wie geht es dir?«, fragte Giorgio versöhnlich in dem Versuch, die greifbare Spannung im Raum zu mindern. »Wenn wir das nur früher gewusst hätten, Papa. Ich kann das alles gar nicht glauben.« Mein Vater nickte nur.

Paolo war sichtlich bestürzt über den Anblick seines Vaters und murmelte, wie leid es ihm tue, während Roberto, der lautstärkste der drei, sich noch einmal darüber beschwerte, sie hätten früher informiert werden sollen. Und als wäre es ihm gerade erst eingefallen, fügte er hinzu: »Ich hoffe, du hast keine Schmerzen.«

Papas wenige Antworten waren sehr knapp, außer einem vielsagenden Kommentar: »Meine Zeit im Krankenhaus hat mir – *wie die im Gefängnis* – viel Gelegenheit zum Nachdenken gegeben.« Dann sagte er nichts mehr. Seine Gleichgültigkeit ihnen gegenüber ließ allen das Blut gefrieren. Auch als Giorgio nervös fragte, ob sie denn nichts tun könnten, blieb mein Vater ungerührt. Mir schien, als warte er auf eine Entschuldigung oder Erklärung ihrerseits. Auf irgendetwas, das in irgendeiner Weise ihr Verhalten gerechtfertigt oder erklärt hätte, wie es zum Verkauf des Unternehmens gekommen war. Stattdessen boten sie ihm nichts als Plattitüden.

Mama hatte eine Weile von ihrer Ecke aus still zugesehen. Doch nun konnte sie es nicht länger ertragen. Sie entschuldigte sich und verließ eilig das Zimmer. Meine drei Brüder schauten sich und dann mich nervös an, bevor sie sich wieder Papa zuwandten, der stocksteif dasaß. So langsam schien ihnen aufzugehen, zu welchem Zweck sie herbeigerufen worden waren. Es war der Tag des Jüngsten Gerichts.

Papa hatte nicht die Absicht, ergreifende letzte Worte zu sprechen. Er konnte ihnen keine Vergebung oder Absolution erteilen. Sein Schweigen sagte alles. Er lag im Sterben und hatte sie eingeladen, damit sie sahen, dass die einzigen Menschen, die ihm wirklich etwas bedeuteten, die ganze Zeit über an seiner Seite geblieben waren.

Seine Verachtung war nicht zu übersehen. Ihnen blieb nur noch zu gehen.

Sie küssten ihn zum Abschied und schlossen, nachdem sie den Raum verlassen hatten, leise die Tür. Erst jetzt sackte er in sich zusammen. Es gab nun nichts mehr für ihn zu tun.

Noch immer erregt von der Begegnung, ging meine Mutter nach Hause, um sich auszuruhen, während ich für den Rest des Tages bei Papa blieb. Er war nachdenklich und fast ein wenig melancholisch. Eine Tür hatte sich fühlbar geschlossen, er wollte mit der Außenwelt nichts mehr zu tun haben.

Ich fragte ihn, ob er etwas brauche. Fast unmerklich schüttelte er den Kopf. Als ich im Gehen noch einmal zurückschaute, hatte ich eine plötzliche Vorahnung.

»Ist es in Ordnung, wenn ich gehe, Papa?«, fragte ich besorgt.

Er sah auf, als merke er jetzt erst, dass ich noch im Raum war. »Alles gut«, antwortete er mit einem schwachen Lächeln. »Geh nach Hause, Patricia. Ruh dich aus. Es war ein langer Tag.«

Irgendwann im Laufe der Nacht fanden ihn die Nonnen. Er war nach einer Hirnblutung neben seinem Bett zusammengebrochen und kaum noch bei Bewusstsein. Gegen fünf Uhr morgens riefen sie meine Mutter an, und wir machten uns sofort auf den Weg. Als wir hereinkamen, lag er bewegungslos da und starrte an die Decke, als warte er auf Mama, um sie noch ein letztes Mal zu sehen.

»Aldo!« Sie rang nach Luft. Die blauen Augen, die er so lange mühsam offengehalten hatte, begegneten ihrem Blick für den Bruchteil einer Sekunde, um *addio* zu sagen. Dann schlossen sie sich. Sie war froh, dass sie noch rechtzeitig gekommen war. Er hatte ihr einmal gesagt, er habe keine Angst vor dem Sterben. Schlimmer sei die Aussicht, sie dann allein zurückzulassen. Sie wusste, dass er für sie durchgehalten hatte.

Die nächsten paar Stunden lag er halb im Koma da. Meine Mutter und ich hatten unsere Wachposten eingenommen und hielten ihm von jeder Seite eine Hand. An seinem flatternden Atem war zu erkennen, dass sein Körper sich der Krankheit endlich ergeben hatte. Pflichtbewusst rief ich auf Mutters Geheiß hin Giorgio an und bat ihn, die anderen über die neueste Wende zu informieren. Sie sollten doch Bescheid wissen.

Allerdings hatten wir nicht erwartet, dass sie so schnell wiederkommen würden – diesmal mit großem Gefolge. Zusammen mit ihren Familien standen sie dicht versammelt im Empfangsbereich direkt vor meines Vaters Zimmer. Meine Brüder trauten sich schließlich noch einmal herein und stellten sich an den Fuß des Bettes. Zu hören war nur Papas rasselnder Atem. Während ich seine Hand drückte – so wie er es bei meiner Hochzeit getan hatte –, betete ich um ein Wunder. Ich wusste nun, wie es sich anfühlt, wenn man jemanden, den man liebt, loslassen muss.

Am neunzehnten Januar gegen Mittag wurde sein Keuchen immer schwerfälliger. Als wir uns näher über ihn beugten, spürte meine Mutter, wie seine Finger sich ein winziges bisschen enger um die ihren schlossen. Sein Herz war noch immer stark, und sie wusste, dass er darum kämpfte, bei seiner geliebten Brunicchi zu bleiben. Nun musste sie etwas tun, das sie lange vermieden hatte. Sie wischte sich die Tränen weg, stand auf und beugte sich über ihn.

Mit dem Mund nah an seinem Ohr, sagte sie: »*Amore mio*, kannst du mich hören?« Ihre Stimme war plötzlich erstaunlich kraftvoll. »Geh, Aldo. Lass los, Aldo. Gott ist mit dir. Geh in Frieden.«

Nahezu unmittelbar veränderte sich sein Atem. Es schmerzte zwar immer noch, ihn zu hören, doch schien er nun tiefer und gleichmäßiger zu sein.

Obwohl ich verzweifelt versuchte, für beide stark zu bleiben, begann ich doch am ganzen Körper zu zittern, als ich spürte, dass er nun jederzeit weggleiten konnte. Eine Nonne, die sich um Papa gekümmert hatte, legte mir die Hand auf die Schulter und sagte, die letzte Phase im Leben meines Vaters könne jetzt schlimm werden. »Sie haben ein Leben zu beschützen, meine Liebe«, fügte sie sanft hinzu. »Sie sollten sich jetzt besser verabschieden.«

In meiner Not sah ich hinüber zu meiner Mutter. Sie nickte nur. Es war klar, dass sie bis zum Ende bleiben würde. Mit schweren Gliedern stand ich auf und legte eine schützende Hand über sein ungeborenes Enkelkind. Ich beugte mich zu ihm, um ihn auf die Wange zu küssen und flüsterte: »Ich liebe dich, Papa.«

Wie ich das Zimmer verließ oder am Rest der Familie vorbeikam, die ich kaum kannte, weiß ich nicht mehr. Was ich noch weiß, ist, dass einige von ihnen mir im Korridor mit offener Feindseligkeit entgegenblickten. So schnell es mir in meinem Zustand möglich war, lief ich die Treppe hinunter aus dem Gebäude. Draußen holte ich tief Luft und brach in Tränen aus. Ich wusste, dass ich meinen Vater nicht mehr lebend sehen würde.

Seit ich ein kleines Mädchen war, hatte es mir vollkommen gereicht zu wissen, dass Papa mich liebte und immer wiederkommen würde, auch wenn er physisch nicht bei mir war. Mir war das genug. Das änderte sich nun, und ich fühlte mich zu jung, um damit umzugehen.

Ich spürte, wie sich mein Baby in mir bewegte, schloss die Augen und atmete mehrmals tief durch, um mich wieder in den Griff zu bekommen und das Kind vor meiner Trauer zu bewahren. Es war die unschuldige nächste Generation, und ich betete darum, dass ein Teil meines Vaters durch meine Tochter weiterleben möge.

Geradeso wie es ihm ein Trost gewesen war, so tröstete auch mich nun die Synchronizität der Ereignisse. Sein Leben schwand dahin und zugleich war ein neues im Entstehen. Mir drängte sich der Gedanke auf, dass der Mann, der sein Leben lang alles so akribisch geplant hatte, auch dies noch irgendwie hingekriegt hatte. Von der Wiege zum Grab und wieder zurück.

Seine Mutter Aida war einst mit ihm schwanger gewesen, wie ich es nun war, und ihre Hoffnungen für die Zukunft ihres Babys müssen ebenso hochfliegend gewesen sein wie die jeder jungen Mutter. Sie hatte ihren Sohn Aldo auf ihre Weise geliebt, so wie mein Vater mich geliebt hatte. Die Familienlinie wurde fortgeführt, ich trug die nächste Generation in mir und damit auch ihre Träume.

Papa starb später an jenem Abend, mit Bruna Palombo, der Liebe seines Lebens, an seiner Seite.

Sehr viel später – lange nachdem er uns für immer verloren gegangen war – erzählte meine Mutter von einem Traum, den er in der Nacht vor seinem Sturz aus dem Bett gehabt und ihr erzählt hatte. Es war eines ihrer letzten Gespräche gewesen. »Ich sah meine Mutter«, bekannte er.

»Was hat sie gemacht?«, fragte Mama, fasziniert von der Bedeutsamkeit seiner Vision.

Papa lächelte. »Sie stand oben auf der Treppe«, antwortete er. »Ich glaube, sie wartete auf mich …«

EPILOG

Innerer Frieden mit diesem allumfassenden Gefühl von Zufriedenheit und Harmonie ist oft nur ein schöner Traum, der auch mir über weite Strecken meines Lebens vorenthalten geblieben ist. Und doch sehnen wir uns alle danach.

In den Tagen unmittelbar nach Vaters Tod war an Frieden überhaupt nicht zu denken. Nicht für mich und erst recht nicht für meine Mutter, deren schlimmste Qualen gerade erst begannen. Papas Begräbnis am 21. Januar 1990 brachte kaum Trost, und die bewusste Trennung vom Rest der Familie in der Kirche versinnbildlichte die tiefe Kluft zwischen uns.

Auch nach dem Gottesdienst war an Ruhe nicht zu denken, denn nun begann erst einmal die drei Stunden lange Fahrt im Konvoi, der Papas letzte Reise zum Familiengrab begleitete. Meine Großeltern Aida und Guccio lagen dort schon seit fast fünfzig Jahren. Auch Grimalda und Rodolfo waren im Mausoleum beigesetzt, wohingegen Vasco auf einem anderen Friedhof ruhte. Mein Vater hatte sie alle überlebt. Die Einzige, die an dieser schier unendlichen Fahrt nach Soffiano bei Florenz nicht teilnahm, war Olwen; die Reise wäre für sie zu anstrengend gewesen.

Ich hatte mich den ganzen Vormittag zusammengerissen, doch als wir ans Friedhofstor kamen und dann hinter dem Sarg her durch die Gräberreihen gingen, weinte ich wie noch nie in meinem Leben. Papa würde nie wieder in unser Leben schneien, ein Lächeln auf dem Gesicht und ein freundliches Wort auf den Lippen. Nie wieder würde er das Haus mit seiner Energie und Tatkraft erfüllen, mit dieser für ihn so typischen Lebensfreude. Er war vielleicht nicht der beste Vater der Welt gewesen, aber er war *mein* Vater. Und in den letzten fünf Jahren seines Lebens hatte sich unter seinen vielen Schichten der echte Aldo Gucci gezeigt, der Mann, den meine Mutter und ich bedingungslos verehrten. Zumindest dafür war ich dankbar.

Wir folgten dem Rest der Familie mit ein paar Schritten Abstand und stellten uns am Eingang zum Marmor-Mausoleum hinter die Trauergesellschaft. Die meisten Menschen dort waren mir völlig fremd geworden. Mama stand wie versteinert neben mir. Erst als die anderen gegangen waren, konnten wir eintreten und einen stillen Moment allein in der Gruft verbringen. In der Ecke fiel mir ein Kruzifix ins Auge. Auf dem kleinen Altar darunter standen vier Kerzen und mehrere gerahmte Fotografien, die Familienangehörige im Lauf der Jahre dort abgestellt hatten und die mittlerweile verblasst waren. In diesem Mausoleum ruhten meine Großeltern gemeinsam mit meiner Tante und meinem Onkel. Von den meisten Mitgliedern der berühmten Gucci-Dynastie waren nur noch bröselnde Knochen übrig.

Ein paar Monate später zog es mich noch einmal allein zum Friedhof. Aus meiner Handtasche holte ich ein Foto, das ich neben die anderen stellte, damit es das Gesamtbild dieser einst stolzen Familie vervollständigte. Es zeigte meinen Vater auf meiner Hochzeit in Jamaika. Ganz in Weiß gekleidet deutete er mit ausgestrecktem Arm auf das Meer und die untergehende Sonne. »Ich vermisse dich, Papa«, flüsterte ich, küsste den Bilderrahmen und sprach ein stilles Gebet. Dann kehrte ich nach Rom zurück.

Am 19. Februar 1990, genau einen Monat nach meines Vaters Tod und nur zwei Türen entfernt von dem Raum, in dem er seinen letzten Kampf verloren hatte, erblickte meine Tochter Victoria das Licht der Welt.

Die verblüffende Symmetrie setzte sich darin fort, dass die Krankenschwester, die sich um mein Baby und mich kümmerte, dieselbe Nonne war, die meinem Vater die Augen geschlossen hatte.

Victoria kam in einer für mich traumatischen Zeit zur Welt und das merkte man ihr an. Das schlaksige, nervöse und empfindliche Kind forderte mehr Fürsorge und Aufmerksamkeit als Alexandra nach ihrer Geburt, und ich musste oft an Mama denken, die es auch mit mir nicht immer leicht gehabt hatte. Nun musste ich mich um zwei Kinder, meine kriselnde Ehe und eine Vielzahl von Kleinigkeiten kümmern, ganz zu schweigen von meiner Mutter, deren Trauer sich zu einer ausgemachten Hysterie entwickelt hatte. Ich fürchtete wirklich um ihren Verstand. Ohne den Mann, der ihr gleichzeitig Vater, Freund, ein Ehemann und ein Sohn gewesen war, stand ihr niemand zur Seite, der sie hätte anleiten oder ihre inneren Qualen hätte lindern können. Auch ihr Guru Sari Nandi war kurz zuvor gestorben, und so fühlte sie sich völlig verlassen. Stundenlang starrte sie in den Himmel und rief den Namen meines Vaters, ehe sie sich in den Schlaf weinte. Ihr einziger Trost war, dass Papa sie noch in ihren Träumen besuchte.

Ich kümmerte mich um sie, so gut ich konnte, musste aber auch Formalitäten erledigen. Der *notaio*, der den Nachlass meines Vaters verwaltete, hatte meine Brüder und mich im Zentrum Roms in seine Kanzlei gebeten. Das Dokument, das er verlas, datierte vom 12. April 1988, war also vier Wochen, nachdem Roberto und Giorgio ihre Gucci-Anteile verkauft hatten, verfasst worden. Ich war die Einzige im Raum, die den Inhalt des Testaments schon kannte. Der Notar listete zunächst eine Liste von Gegenständen auf, die mein Vater Olwen, seinen Enkeln und verschiedenen Mitarbeitern hinterließ. Dann kam er zu dem Punkt, der die Anwesenden am meisten interessierte. Im Vollbesitz seiner geistigen Kräfte enterbte mein Vater Paolo vollständig und benannte mich zu seiner »alleinigen und universellen Erbin«, auch wenn eine solche Verfügung im Auge des Gesetzes eher symbolisch als wörtlich zu verstehen war.

Die Atmosphäre im Raum veränderte sich spürbar. Den Blick starr geradeaus gerichtet, wand ich mich auf meinem Stuhl und wäre am liebsten im Boden versunken, denn ich spürte geradezu die bohrenden Blicke der Anwesenden. Allen musste klar sein, dass mein Vater seine Söhne bewusst verstoßen hatte. Das kam für alle unerwartet. Als mein Vater mir im Krankenhaus sein Testament zu lesen gegeben hatte, war auch ich, sein einziges weibliches Kind, überrascht gewesen. Seine Entscheidung sei endgültig, hatte er betont. Außerdem hätten seine Söhne zu seinen Lebzeiten ihren väterlichen Erbteil in Form von Aktien als Schenkung erhalten. Zuzüglich zahlreicher Geschenke, die er ihnen im Lauf des Lebens gemacht hatte. Mehr habe er, abgesehen vom Mindesterbteil nach italienischem Recht, nicht zu vergeben. Allerdings hatte Papa seinen Söhnen auch noch allerhand zu sagen.

In einem Abschiedsbrief, den der *notaio* mit monotoner Stimme verlas, verdammte er Paolos »niederträchtiges und demütigendes Verhalten«, fügte allerdings großzügig hinzu, er vergebe allen, die ihn »verletzt« hätten. Sein letzter Wunsch sei es, dass seine Familie ihm »zum Gedächtnis Harmonie, Toleranz und gegenseitige Liebe finden möge«.

Harmonie in einer Beziehung bedeutet, dass es keinen Streit und keine Uneinigkeit gibt. Papa wollte das Unmögliche. Er wollte Frieden.

Meine Brüder, die mich als kleines Mädchen kennengelernt hatten und natürlich genau wussten, dass ich weder meine Position ausgenutzt noch an ihren Machtspielen teilgenommen hatte, waren sichtbar erbost. Die drei verließen wortlos die Kanzlei. Danach hatten wir nie wieder etwas miteinander zu tun.

Die Voraussagen meines Vaters über die Zukunft der Firma bewahrheiteten sich. Investcorp hätte seinen Rat besser befolgen sollen. Schon nach wenigen Jahren wurde Maurizio entlassen, nachdem er so hohe Schulden angehäuft hatte, dass das Unternehmen am Rande des Bankrotts stand. Sein Weggang schuf Platz für andere, die mit ihrem Weitblick die Firma Gucci nach und nach zu ihrer einstigen Größe zurückführten. Als Allererstes verlegten sie das Hauptquartier wieder nach

Florenz, in die angestammte Heimat des Unternehmens. Im Jahr 2011 wurde dort auch das Gucci-Museum eröffnet, das den Unternehmergeist meines Großvaters und die Leistungen meines Vaters endlich würdigte.

Zum Zeitpunkt dieser öffentlichen Ehrung Papas als Visionär der Firma war mein Bruder Giorgio als einziger Gucci seiner Generation noch am Leben. Maurizio wurde 1995 von zwei Männern aus nächster Nähe mit vier Schüssen niedergesteckt. Beauftragt hatte die Mörder seine rachsüchtige Exfrau Patrizia. Die »Schwarze Witwe«, wie sie in der Presse genannt wurde, saß für den Mord sechzehn Jahre im Gefängnis. Paolo starb, nachdem er wegen nicht geleisteter Unterhaltszahlungen ins Gefängnis musste, und Roberto erlag fünf Jahre später einem Krebsleiden. Obwohl Olwen, wie von meiner Mutter vorhergesagt, meinen Vater um mehrere Jahre überlebte, konnte nicht einmal sie mehr das wunderbare Gedenken an das Erbe ihres Mannes in Florenz in Augenschein nehmen. Sie wurde auch nicht neben ihm auf dem Friedhof von Soffiano beigesetzt, sondern auf dem Grundstück ihres Sohnes Giorgio an der Küste des Argentario, wo auch Paolo seine letzte Ruhe fand. Roberto wurde in der Gucci-Gruft beigesetzt, in der bis zum heutigen Tag noch zwei Grablegen frei sind.

Die inneren Qualen meiner Mutter hielten ein gutes Jahr nach Papas Tod unvermindert an. An diese Zeit denke ich nicht gern zurück, und auch Mama hat sie aus ihrer Erinnerung gestrichen. Schließlich fing sie sich wieder, doch in den fünfundzwanzig Jahren seit seinem Tod hat sie niemanden gefunden, der dem einst so leidenschaftlich um sie werbenden Mann das Wasser hätte reichen können. Erst seit Kurzem kann sie über die Jahre mit ihm überhaupt reden.

»Was war das für eine Geschichte mit uns beiden, Patrizina!«, sagte sie, und ihre braunen Augen strahlten. »Du kennst nicht einmal die Hälfte davon! Lange war mir nicht bewusst, wie viel ich ihm bedeutete.« Sie warf die Hände in die Luft und rief: »*Me n'ha fatte tante!*« (»Er hat mir ganz schön zugesetzt!«). Und sie fügte hinzu: »Ich weiß, er war kein Heiliger, aber das war ich auch nicht, und trotzdem hat er mich geliebt. So einen wie Aldo wird es nie wieder geben.«

Die Madonna mit dem Kind, die mein Vater so liebte, hat sie noch auf dem Nachttischchen stehen, und in ihrer Wohnung hängen mehrere gerahmte Fotografien von ihm. Mama hat zwar Freunde, aber sie ist von Natur aus nicht sehr gesellig und bleibt lieber für sich. Sie ist das Alleinsein gewöhnt und mag es so. Manchmal gibt sie damit an, wie viele Tage am Stück sie völlig für sich sein kann. Vielleicht zum ersten Mal in ihrem Leben ist sie richtiggehend abgeklärt. Erst kürzlich sagte sie, dass sie mich habe, sei allein schon das viele Leid wert gewesen. Heute schätze ich sie mehr denn je und telefoniere fast täglich mit ihr. Es hat über vierzig Jahre gedauert, aber jetzt verstehen wir uns endlich richtig gut.

Ihre Rolle als Großmutter füllt Mama mit Leidenschaft aus, und alle meine Mädchen lieben ihre »Nonna B.«. Gern unterhält sie uns mit dem Humor, den mein Vater so liebte, beschreibt auf ihre unverwechselbare Art Menschen und Situationen und verwendet dabei römische Ausdrücke, die uns unweigerlich zum Lachen bringen.

Wie sie selbst sagt, hat sie nun, wenn auch spät, zu sich gefunden. »Dein Vater hat immer gesagt, ich sei auf meine eigene Weise sehr klug. Als er wusste, dass er sterben würde, hat er das oft wiederholt und mir erklärt: ›Brunicchi, du wirst es schaffen!‹ Ich habe ihm nicht geglaubt.«

Dass Papa sie noch mindestens zwanzig Jahre lang in ihren Träumen besuchte, war ihr ein großer Trost. Dann hatte sie eines Nachts einen Traum, der ihr lebhaft in Erinnerung blieb. Mein Vater trug Anzug und Fedora, wie damals im Laden an der Via Condotti. Sie stand vor ihm und versuchte vergebens, einen verschlossenen Koffer zu öffnen.

»Ich habe die Schlüssel nicht, Aldo!«, beschwerte sie sich und hantierte an dem Schloss herum. Er versicherte ihr ruhig, er habe sie ihr gegeben. »Nein, hast du nicht!«, rief sie verzweifelt, doch er wartete mit einem wissenden Lächeln auf den Lippen ab. Als sie den Blick senkte, sah sie, dass sie die Schlüssel die ganze Zeit in der Hand gehabt hatte. Sie sah lachend zu ihm auf. Doch da war er verschwunden.

Am nächsten Morgen spürte sie, dass eine große Last von ihr abgefallen war. Er erschien ihr nur noch einmal, winkte ihr zum Abschied zu und verschwand in der Ferne. Seine Augen waren das Letzte, was sie noch sehen konnte. Er besuchte sie nie wieder in ihren Träumen. An diesem Tag wurde sie die starke Frau, die er immer in ihr gesehen hatte.

Und diese Frau fand im Sommer 2009 die Kraft, mir seine Briefe zu zeigen, mich auf eine Reise zu schicken, die mir die wahre Geschichte hinter den Schlagzeilen erschloss. Einfach war es nicht, ihr Informationen zu entlocken – das war es nie. Ich erinnere mich an einen Tag in meiner Kindheit, an dem ich die Schränke meiner Mutter durchforstete und ein Fotoalbum aus früheren Jahren fand. Als ich es voller Vorfreude öffnete, musste ich feststellen, dass Mama Dutzende von Fotos herausgerissen und damit noch mehr Leerstellen in meinem Leben produziert hatte.

»Warum hast du das gemacht, Mama?«, fragte ich sie verwirrt.

»Ich mochte die Erinnerungen nicht«, erwiderte sie ausdruckslos. »Ich wollte nicht mehr daran denken.« So warf sie ihren Erinnerungen wieder einmal die Tür vor der Nase zu, weil sie zu viel Angst vor den eigenen Gefühlen hatte. Immerhin wusste sie aus Erfahrung, dass diese Gefühle sie in dunkle Tiefen ziehen konnten.

Ich sammelte so viele Informationen, hielt so viele Details fest, wie ich nur konnte, und dann setzte ich alles, was ich fand, Stück für Stück zusammen. Wenn ich Mama besuchte, hatte ich immer die Hoffnung, dass ich mehr erfahren, auf etwas Unerwartetes stoßen würde. Dann, auf einem dieser Besuche in Rom, passierte es.

Als ich vor ihrem Haus eintraf, wartete Mama schon auf der Terrasse und ließ mich rasch ein. Seit den Tagen meines Vaters hatte sich in der Wohnung kaum etwas verändert, und alles war genau so, wie ich es von früher kannte. Mama hatte die Fensterläden geöffnet, die sie normalerweise geschlossen hielt, damit es im Wohnzimmer kühl blieb und die Möbel vor der Sonne geschützt waren. Trotz ihres fortgeschrittenen Alters und sogar im hellen Sonnenlicht war sie so schön wie eh und je. Sie trug ein dezentes Make-up, das ihre noch immer makellose Haut hervorhob.

Weil ihr ihre Privatsphäre über alles ging, brachte ich mein Buch sehr behutsam zur Sprache. Ich bat sie, einzelne Passagen zu lesen. »Mir wäre es sehr recht, wenn du es dir ansehen könntest, Mama.« Mein sanfter Tonfall war unserem neuerdings guten Verhältnis ebenso geschuldet wie einer neuen Liebe in meinem Leben.

Sie lächelte. »Vielleicht, Patricia. Eines Tages. Aber erst muss ich dir etwas zeigen.«

Genau wie einige Jahre zuvor stand sie auf, ging ins Schlafzimmer und kam mit einem Brief zurück, von dem sie sich damals noch nicht hatte trennen wollen.

Wir setzten uns an den Esstisch, und sie zeigte mir, die Lesebrille auf der Nase, eine Seite mit Papas unverwechselbarer Handschrift. Sie räusperte sich und sagte: »Das war der letzte Brief deines Vaters. Er trägt das vom Datum 18. Januar 1990. Es ist der schönste und innigste Brief, den er je geschrieben hat ...«

Sie stockte. Da ich spürte, dass sie die Worte nicht würde vorlesen können, die er ihr auf dem Sterbebett geschrieben hatte, nahm ich ihr das Blatt aus der Hand. Ich richtete mich auf und begann laut zu lesen:

Ich möchte meinen Gefühlen Ausdruck verleihen und betrachte ich es als meine Pflicht, der Frau, die mir mehr als dreißig Jahre lang eine treue Lebensgefährtin war, meine Wertschätzung und Hingabe zu bekunden. Die Liebe und Zuneigung, die ich für Bruna empfinde, sind unermesslich. Danke, Bruna, für alles, was du für mich getan hast, für deine innere Stärke, die mir in all meinen Unternehmungen geholfen hat. Du bist eine vorbildliche Frau, eine bescheidene dazu, und du verdienst den Respekt und die Bewunderung aller, die je das Privileg hatten, dich kennenzuler-

nen. Vor sechsundzwanzig Jahren schenktest du mir eine Tochter, unsere Patricia. Welch ein göttliches Geschenk. Sie könnte schöner nicht sein, denn sie hat alle deine guten Eigenschaften geerbt. Ich werde nie genug Worte für die Freude und die Dankbarkeit finden, die du verdienst. Von euch, meinen Söhnen, erwarte ich, dass ihr euch an den moralischen Grundsätzen orientiert, die auch mich in meinem Leben und meiner Bewunderung für Bruna geleitet haben. Ich möchte, dass Giorgio, Paolo und Roberto Brunas Vorzügen Respekt erweisen. Dieser Brief

An dieser Stelle riss der Satz ab. Ein Strich aus blauer Tinte zog sich bis zum Fuß der Seite. Ich sah zu meiner Mutter auf, deren Augen feucht schimmerten. Ich war sprachlos. Mama wischte rasch eine Träne weg. »Die Nonnen glauben, dass er in diesem Augenblick die Gehirnblutung hatte«, sagte sie. »Sie haben mir den Brief später gegeben, zusammen mit seinen anderen Habseligkeiten. Ich möchte, dass du ihn behältst.« Ich starrte ungläubig auf die von Schwäche gezeichnete Schrift meines Vaters, und mein Blick folgte den Worten, die in sich in einer Linie aus Tinte verloren. Dies war sein letzter Wille, sein eigentliches Testament. Er wusste, dass er sterben würde, und fand nun, so glaube ich, endlich seinen Frieden. In den letzten Lebensjahren hatte er erleben müssen, wie alles, was er erschaffen hatte, zerstört wurde. Sämtliche Ziele waren ihm abhandengekommen. Sein Leben war sinnlos geworden, und vermutlich hätte er es so nicht lange ertragen. Doch nun, am Ende, erkannte er, dass in Wahrheit nur Mama – und ich – zählten. Mein Vater wollte, dass Dankbarkeit und Freude mein Leben prägen. Und mit seiner Hilfe war es genau so gekommen. Er wünschte sich in seinem Gedenken Harmonie, Toleranz und Zuneigung, und das hatten wir nun endlich erreicht. Mein Verhältnis zu meiner Mutter hatte sich komplett verändert. Ich liebte sie über alles. Mein Vater hatte recht. Sie war eine »vorbildliche Frau«. Als ich vor langer Zeit einmal gebeten wurde, eine glückliche Erinnerung an meine Mutter zu erzählen, fiel mir nichts ein. Inzwischen habe ich begriffen, dass meine glücklichsten Erinnerungen an sie womöglich noch vor mir liegen.

»*Dono divino*«, nannte mich mein Vater gern. Und welch ein Geschenk des Himmels hatte er mir mit diesem Brief gemacht – eine liebevolle Botschaft aus dem Grab, fast fünfundzwanzig Jahre nach seinem Tod. Halb weinend, halb lachend erkannte ich, dass sich der Kreis für uns geschlossen hatte. Unsere gemeinsame Reise war noch lange nicht zu Ende. Sie hatte uns nur auf einen neuen Weg geführt.

Und wie immer hatte mein Vater, der unvergleichliche Aldo Gucci, das letzte Wort gehabt.

DANKSAGUNG

Allen Menschen, die mir bei diesem Buch geholfen haben, möchte ich meinen Dank aussprechen. Meinem Agenten Alan Nevins dafür, dass er das Projekt auf die Beine stellte, und meiner Lektorin Suzanne O'Neill für ihre unablässige Unterstützung und ihre guten Ratschläge. Meiner Koautorin Wendy Holden dafür, dass sie meine Stimme einfing und der komplexen Geschichte, die hundert Jahre umspannt, Form gegeben hat. Meinen lieben Freunden Enrico, Andrea und Bree dafür, dass sie mir ihre Sicht auf meine Beziehung zu meinen Eltern schenkten und mir längst vergessene Anekdoten erzählten, die mich zum Lachen brachten. Gregory Lee, der so viel Liebe und Frieden in mein Leben gebracht hat und mir von Anfang an bei diesem literarischen Abenteuer zur Seite stand, Texte redigierte, Korrektur las und übersetzte. Meinen Töchtern Alexandra, Victoria und Isabella, die geduldig warteten, bis sie am Ende die gesamte Geschichte ihrer Herkunft lesen konnten, und mich ertrugen, wenn ich mal wieder mit den Nerven am Ende war. Und vor allem meiner Mutter, ohne deren – bisweilen etwas zögerliche – Hilfe und ohne deren tiefe Einblicke in die drei Jahrzehnte mit meinem Vater dieses Buch gar nicht möglich gewesen wäre. Und nicht zuletzt grüße ich alle, die in all den Jahren mir, meiner Familie und der Firma Gucci verbunden gewesen sind und deren Namen ich hier nicht genannt habe.

Ich hoffe, ich habe meinen Vater stolz gemacht.